ESV
ERICH
SCHMIDT
VERLAG

AF524944

GRUNDLAGEN DER ROMANISTIK

Herausgegeben von Ulrich Detges, Thomas Klinkert, Elmar Schafroth und Ulrich Winter

Band 28

Einführung in die Fachdidaktik Spanisch

von

Corinna Koch

ERICH SCHMIDT VERLAG

Bibliografische Information der Deutschen Nationalbibliothek
Die Deutsche Nationalbibliothek verzeichnet diese Publikation in der Deutschen Nationalbibliografie; detaillierte bibliografische Daten sind im Internet über http://dnb.d-nb.de abrufbar.

Weitere Informationen zu diesem Titel finden Sie im Internet unter
ESV.info/978-3-503-19111-6

ISBN 978-3-503-19111-6
ISSN 0340-9686

www.ESV.info

Dieses Papier erfüllt die Frankfurter Forderungen der Deutschen Bibliothek und der Gesellschaft für das Buch bezüglich der Alterungsbeständigkeit und entspricht sowohl den strengen Bestimmungen der US Norm Ansi/Niso Z 39.48-1992 als auch der ISO-Norm 9706

Druck und Buchbinderei: Hubert & Co., Göttingen

Vorwort

Die vorliegende *Einführung in die Fachdidaktik Spanisch* richtet sich gleichermaßen an Spanischstudierende mit dem Berufsziel Lehramt und an (schulische) Lehrende des Faches Spanisch wie an Interessierte benachbarter Disziplinen. Sie soll als **Arbeitsgrundlage bzw. Informationsbasis** dienen, um einen ersten einführenden und aktuellen Überblick über das Fachgebiet der Spanischdidaktik zu erhalten – sowohl **in wissenschaftlicher Hinsicht**, z. B. bezüglich Forschungsmethoden und aktueller fremdsprachendidaktischer Prinzipien, als auch **mit Blick auf die Schulpraxis**, z. B. in Form von konkreten Hinweisen zur Planung von Spanischunterricht.

Da die Inhalte nur überblicksartig behandelt werden können, finden sich nach jedem größeren Teilkapitel weiterführende **Literaturhinweise**, die nach Bedarf zur Vertiefung genutzt werden können, sowie **Zusammenfassungen** der wichtigsten Inhalte, die eine schnelle inhaltliche Orientierung ermöglichen. Die **Kurzvorstellung der wichtigsten fachdidaktischen Zeitschriften** (siehe 1.2.1 „Spanischdidaktik als wissenschaftliche Disziplin“) bildet den Ausgangspunkt, sich immer auf dem aktuellen Stand der Entwicklungen und Trends halten zu können.

Ziel der vorliegenden Einführung ist es somit, ein übersichtliches und – durch griffige **Erklärungen** („So kurz wie möglich, so lang wie nötig“) sowie vielfältige **Beispiele** – verständliches Werk zur **schnellen Einarbeitung in die wichtigsten Bausteine der Fachdidaktik Spanisch** zu bieten. Die (Teil-)-Kapitel können einzeln gelesen werden, eine chronologische Lektüre ist jedoch empfehlenswert, um z. B. das notwendige Hintergrundwissen für Kapitel 4 „Unterrichtsplanung und -durchführung“ bereits mitzubringen, das vorherige Inhalte aufgreift und zusammenführt.

Das Werk schließt mit einer **Bibliographie** der verwendeten Literatur sowie einem **Register**, das – über das Inhaltsverzeichnis hinaus – durch Schlagworte das schnelle Auffinden von Informationen solcher Themen ermöglicht, die wie „Methoden“ oder „Hausaufgaben“ nicht explizit im Inhaltsverzeichnis erscheinen.

Danksagung

Mein besonderer Dank gilt Stefan Schreckenberg und Ulrich Detges für die Initiierung der vorliegenden Einführung, Lena Posingies und Katharina Einert vom Erich Schmidt Verlag für die redaktionelle Betreuung sowie meinem Münsteraner Fachdidaktikteam, Christine Adammek, Alina Brandt, Svenja Haberland, Antonio Manrique Zúñiga, Yseult Roch, Marie Heusinger von Waldegge, Jacqueline Sandbothe und Florian Schnieder, für die Unterstützung bei Recherchen und Korrekturen sowie die inhaltsbezogenen Gespräche. Ebenso danke ich meiner Familie für ihre Geduld und Umsicht.

Inhaltsverzeichnis

1 Das Schulfach Spanisch und seine Fachdidaktik

Der institutionelle Spanischunterricht und seine Fachdidaktik haben im Vergleich zu anderen Schulfremdsprachen eine vergleichsweise kurze Tradition, was zunächst überraschen mag. Gleichzeitig betont dies jedoch die rasante Entwicklung, die beide in den letzten Jahrzehnten erfahren haben. Spanisch gehört heute zu den fest etablierten modernen Schulfremdsprachen in Deutschland und seine Fachdidaktik verfolgt als wissenschaftliche Disziplin sowohl theoriebasiert als auch praxisbezogen vielfältige Forschungsansätze.

1.1 Das Schulfach Spanisch

Um die aktuelle Situation des Schulfaches Spanisch, v. a. im Verhältnis zu anderen modernen Fremdsprachen, verstehen zu können, ist es entscheidend, über Grundkenntnisse seiner geschichtlichen Entwicklung zu verfügen, da letztere wichtige Erklärungsansätze liefern. Ein genauer Blick auf aktuelle Zahlen von Fremdsprachenlernenden erlaubt es zudem, den ‚Boom' des Spanischen differenzierter zu betrachten (1.1.1). Strukturiertes Wissen über Gründe, warum Spanisch als schulische Fremdsprache gewählt werden sollte, ist des Weiteren von Nöten, um als Spanischlehrkraft zum einen in schulischen Informationsveranstaltungen und Beratungssituationen zur Sprachenwahl fachkundig Auskunft geben zu können und um zum anderen mögliche Erwartungen der Lernenden an den Spanischunterricht zu antizipieren, die diese Sprache aus bestimmten Gründen gewählt haben (1.1.2). Die bildungspolitischen Vorgaben stellen das dritte entscheidende Element als Grundlage unterrichtlichen Handelns dar, da sie den Rahmen abstecken, in dem schulischer Spanischunterricht stattfindet, und gleichzeitig inhaltliche und kompetenzbezogene Impulse geben (1.1.3). Das vorliegende Kapitel beleuchtet daher diese drei Kernbereiche des Schulfaches Spanisch.

1.1.1 Entwicklung und aktueller Stand in Deutschland

Im 15. und 16. Jahrhundert findet angeleitetes Fremdsprachenlernen in der Regel als Privatunterricht statt. Sogenannte **‚Sprachmeister'** vermitteln fremde Sprachen, darunter auch Spanisch, vorwiegend nach dem Vorbild der Methodik des Lateinunterrichts, d. h. durch Auswendiglernen und Übersetzen literarischer Texte, aber es werden auch Dialoge zum ‚Überleben' bei Auslandsreisen oder im Kontakt mit zielsprachigen Sprecherinnen und Sprechern im eigenen Land eingeübt (vgl. Voigt 1998, 29). Hilfsmittel zum Fremdsprachenlernen gibt es in dieser Zeit kaum. Die wenigen Lehrbücher erscheinen in kleinen, sehr teuren Auflagen und sind eher in Klöstern und Fürstenhöfen anzutreffen (vgl. ebd., 26).

Im 17. und 18. Jahrhundert nimmt in deutschen Gelehrtenkreisen das Interesse für spanische Literatur und Sprache zu und durch einen Ausbau der wirtschaftlichen Beziehungen mit Lateinamerika gewinnt **Spanisch als Handelssprache** v. a. in Hamburg, Bremen, Nürnberg und Augsburg zunehmend an Bedeutung (vgl. ebd., 34–35). Das erste Dokument, das institutionellen Spanischunterricht belegt, stammt aus dem Jahr 1618 (vgl. ebd., 31). An der ersten bedeutsamen Handelsschule in Hamburg, im Jahr 1778 eröffnet, wird Spanisch neben Italienisch und Holländisch unterrichtet, liegt aber hinter Französisch und Englisch in Umfang und Durchgängigkeit des Unterrichts noch weit zurück (vgl. ebd., 35). Als Lehrmittel stehen in dieser Zeit primär in den spanischen Niederlanden hergestellte Grammatiken und Dialogbücher zur Verfügung (vgl. Michler 2015, 25).

Im 19. Jahrhundert wird Spanisch schließlich auch in **Realschulen und Realgymnasien** unterrichtet, jedoch überwiegend auf freiwilliger Basis. Zu dieser Zeit findet noch kaum eine Qualifizierung der Spanischlehrkräfte statt, weil das Fach als Schulfremdsprache noch keine ausreichende Bedeutung gewonnen hat (vgl. Voigt 1998, 42). Da sich das – eher literaturbasierte und an der Lateinmethodik orientierte – Vermittlungsmodell an Fürsten- und Adelshöfen für die Vorbereitung auf Handelsgespräche als wenig sinnvoll erweist, wird der Sprachunterricht zunehmend in öffentliche Einrichtungen verlagert (vgl. ebd., 35). Durch eine Reform des höheren Schulwesens im Jahr 1870 nimmt die Bedeutung moderner Fremdsprachen insgesamt zu: Spanisch wird nun optional nach Französisch (erste Fremdsprache) und Englisch (zweite Fremdsprache) angeboten, allerdings nur wenige Jahre und mit geringen Wochenstunden. Die allgemein gestiegene Bedeutung der modernen Fremdsprachen im Schulwesen belebt die Beschäftigung mit ihrer Methodik und Didaktik, so dass erste spezialisierte Fachzeitschriften erscheinen und an Universitäten das wissenschaftliche Interesse am Fremdsprachenunterricht wächst (vgl. ebd., 36 und 41–42).

Anfang des 20. Jahrhunderts hat der Spanischunterricht einen beständigen, aber weiterhin nachgeordneten Stand im fremdsprachlichen Unterrichtsangebot. Durch die Neutralität Spaniens im ersten Weltkrieg steigt in Deutschland das Interesse an Spanisch nach 1918 zu Ungunsten von Französisch. Im Abitur kann nun Spanisch anstelle von Französisch belegt werden (vgl. ebd., 42), in Hamburg und Bremen wird Spanisch stellenweise sogar als erste Fremdsprache zugelassen. Nach einer Reform des höheren Schulwesens durch die Nationalsozialisten wird Englisch nach 1938 vor Latein die häufigste erste Fremdsprache. Am Gymnasium stehen bei der Wahl der dritten Fremdsprache nunmehr Französisch, Italienisch und Spanisch zur Auswahl (vgl. Grünewald 2017a, 13). Eigenständige Publikationen der Spanischdidaktik sind im ersten Drittel des 20. Jahrhunderts jedoch kaum anzutreffen, es erfolgt eine Orientierung an den **Nachbardisziplinen** (vgl. Voigt 1998, 43). Durch die politische Isolation von Franco-Spanien nach dem Zweiten Weltkrieg geht der Status des Spanischunterrichts auf seinen Stand vor 1900 zurück; stattdessen werden die Sprachen der Siegermächte in ihren jeweiligen Besatzungszonen zu regulären Schulfremdsprachen (vgl. Grünewald 2017a, 13). In der Deutschen Demokratischen Republik wird Russisch bis 1989 die einzige verpflichtende Fremdsprache in den Klassen fünf bis zehn (vgl. Helle 1993, 13), zunächst optional gefolgt von Englisch oder Französisch mit geringer Stundenzahl, bis die zweite Fremdsprache beim Übergang in die Abiturstufe 1965 obligatorisch wird (vgl. ebd., 14–15). Spanisch wird in der DDR aufgrund der Handelsbeziehungen zu lateinamerikanischen Ländern, v. a. zu Kuba, im Schuljahr 1969/70 als optionale dritte Fremdsprache an Erweiterten Oberschulen eingeführt, allerdings in Konkurrenz zu zahlreichen weiteren Sprachen (vgl. ebd., 48–49). In der Bundesrepublik wächst ab Mitte der 1960er Jahre zudem das Tourismus-Interesse an Spanien (vgl. Voigt 1998, 46). An Universitäten wird Spanisch allmählich ein **eigenes Studienfach** und der Spanischunterricht erhält u. a. Unterstützung durch die Consejería de Educación der spanischen Botschaft, das Instituto Cervantes sowie die Federaciones de Padres de Familia zum Erhalt von Spanisch in Migrantenfamilien (vgl. Bernecker 2006, 153). Große Bedeutung zur Etablierung des Spanischunterrichts hat in der Bundesrepublik Deutschland des Weiteren das Verfassen von Lehrplänen für Spanisch: Bremen veröffentlicht 1950 die ersten, ab den 1970er Jahren erfolgt in fast allen Bundesländern eine intensivere Arbeit an Lehrplänen (vgl. ebd., 157). Es bleiben aber aufgrund des diktatorischen Franco-Regimes Vorbehalte gegenüber Spanisch bestehen (vgl. ebd., 155). Eine deutliche Verbesserung der Situation des Spanischen als Schulfach bringt Mitte der 1970er Jahre die Reform der gymnasialen Oberstufe, in deren Folge Spanisch zunehmend als dritte oder vierte Fremdsprache ab der Oberstufe angeboten wird (vgl. Grünewald 2017a, 14). Nach der Wiedervereinigung zeigt sich in den neuen Bundesländern ein erheblicher Bedarf an qualifizierten Spanischlehrkräften. Das fehlende Angebot an Spanischunterricht bremst somit trotz „gestiegener Nachfrage […] das Wachstum des Spanischen“ (Bernecker 2006, 157). Auch im 21. Jahrhundert wird Spanisch als Schulfach in einigen alten Bundesländern politisch nicht gefördert, z. B. in Bayern (vgl. Grünewald 2017a, 15).

Folglich blickt Spanisch erst auf eine vergleichsweise **kurze Tradition** als Schulfremdsprache zurück.

Im 21. Jahrhundert zeigen **aktuelle Zahlen** des Statistischen Bundesamtes (2019) zum Schuljahr 2018/19, dass derzeit bundesweit 463.968 Schülerinnen und Schüler an allgemeinbildenden Schulen Spanisch lernen. Im Vergleich zu Zahlen aus dem Jahr 2006/07 (259.301 Spanischlernende) stellt dies einen Zuwachs von mehr als 79 % dar, im Vergleich zu 2011/12 (374.664 Spanischlernende) von 24 %. Damit kann Spanisch nicht nur **enorme Zuwächse** verzeichnen, es ist im Vergleich mit anderen geläufigen zweiten und dritten Fremdsprachen wie Französisch, Latein und Italienisch sogar die einzige Fremdsprache, die überhaupt Zugewinne in den letzten gut zehn Jahren vorweisen kann. Nichtsdestotrotz steht Spanisch in der Schullandschaft auch im Schuljahr 2018/19 nach wie vor weit hinter Französisch (1.401.189 Lernende) und auch deutlich hinter Latein (597.279 Lernende) (vgl. Statistisches Bundesamt 2007, 2012, 2019).

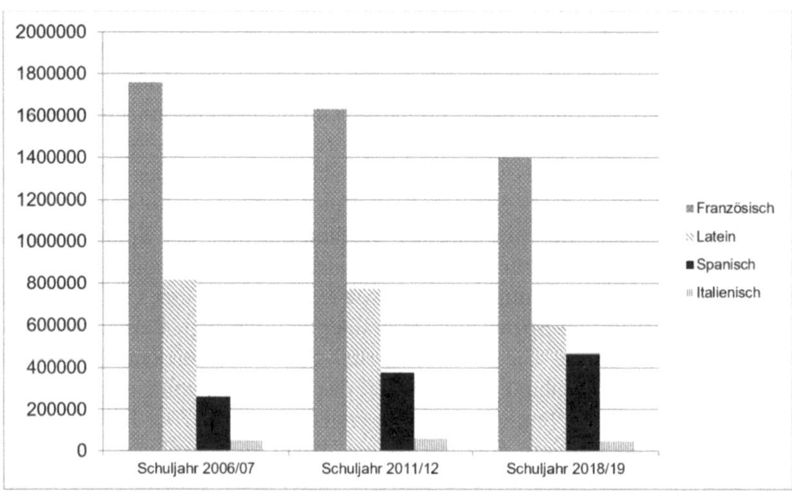

Diagr. 1: Lernendenzahlen an allgemeinbildenden Schulen in Deutschland nach Zahlen des Statistischen Bundesamtes (2007, 2012, 2019)

Während Spanisch in der **gymnasialen Sekundarstufe I** mit 169.602 Lernenden derzeit noch weit hinter Französisch (658.446 Lernende) und Latein (426.453 Lernende) zurücksteht, steht es in der **gymnasialen Sekundarstufe II** hingegen mit 149.856 Lernenden zwar vor Latein mit 130.785, aber nach wie vor hinter Französisch mit 201.189 Lernenden. In der **Sekundarstufe II integrierter Gesamtschulen** nimmt Spanisch bei den zweiten und dritten Fremdsprachen mit 45.606 Lernenden hingegen den ersten Platz ein, vor

Französisch mit 20.517 und Latein mit 10.101 Lernenden (vgl. Statistisches Bundesamt 2019). Diese Zahlen verdeutlichen, dass Spanisch häufig erst in der Oberstufe als neubeginnende Fremdsprache und insgesamt seltener als Französisch und Latein gewählt wird. Die einzigen beiden Bundesländer, in denen Spanisch nach Englisch die meistgelernte Fremdsprache ist, sind Bremen und Hamburg, was sich geschichtlich anhand der schon früh bedeutsamen Handelsbeziehungen der Hansestädte mit Lateinamerika erklären lässt (siehe oben). Der besonders gravierende Unterschied in den Bundesländern Rheinland-Pfalz und dem Saarland, in denen zehn- bzw. elfmal so viele Lernende Französisch statt Spanisch lernen (vgl. ebd.), kann zudem auf die geographische Nähe zu Frankreich zurückgeführt werden.

Dass Spanisch derzeit v. a. spät gelernt wird, bestätigen auch die Zahlen im **Vorschulbereich**, denen zufolge etwa 5 % der bilingualen Kindertagesstätten auf Spanisch ausgerichtet sind, das entspricht 52 Kitas deutschlandweit. Stärker vertreten sind in diesem Bereich bilinguale Einrichtungen mit Englisch (41 %), Französisch (30 %) und Dänisch in Schleswig-Holstein (6 %) (vgl. Frühe Mehrsprachigkeit an Kitas und Schulen 2014, 3–5). In der **Grundschule** lernen derzeit bundesweit 2.089 Schülerinnen und Schüler Spanisch (im Vergleich zu 92.023 für Französisch) (vgl. Statistisches Bundesamt 2018). In der **Erwachsenenbildung** belegt Spanisch laut Volkshochschulstatistik zum Arbeitsjahr 2017 nach Deutsch als Fremdsprache (1.139.821 Lernende) und Englisch (427.071 Lernende) den dritten Platz mit 184.426 Lernenden, vor Italienisch mit 141.125 und Französisch mit 132.384 Lernenden (vgl. Reichart/Lux/Huntemann 2018, 46).

Es kann insofern ohne Frage festgehalten werden, dass Spanisch bereits seit einigen Jahren ‚boomt', ein differenzierter Blick zeigt jedoch, dass bei Weitem noch nicht von einer gleichberechtigten Belegung im Vergleich zur Schulfremdsprache Französisch die Rede sein kann. Derartige Behauptungen schüren das Konkurrenzdenken zwischen Französisch- und Spanischlehrkräften (vgl. auch Bär 2012a, 35), obwohl es im Sinne der **Mehrsprachigkeitsdidaktik** (siehe hierzu Kapitel 2.2.8 „Mehrsprachigkeit") wünschenswerter wäre, dass idealerweise *beide* Sprachen und möglichst noch weitere gelernt werden. Caspari und Rössler plädieren ferner für eine bessere Koordination in den Schulen und innerhalb von Stadtteilen, so dass die Lernenden nicht in einer Jahrgangsstufe zwischen den beiden Sprachen wählen müssen, sondern komplementäre Sprachenprofile entstehen (vgl. Caspari/Rössler 2008, 78).

Ein Blick ins **europäische Ausland** verdeutlicht, dass Spanisch auch dort in den letzten Jahrzehnten als Schulfremdsprache an Bedeutung gewonnen hat. In Großbritannien hat Spanisch beispielweise Deutsch in den *A-Level*-Prüfungen (Äquivalent zum deutschen Abitur) bereits seit 2004 und mittlerweile um das Doppelte überholt. Selbst Französisch, die derzeit noch meist gelernte schulische Fremdsprache in Großbritannien, liegt nur noch knapp vor Spanisch (vgl. Tinsley/Board 2017, 11–12; Long/Danechi 2018, 3). In französischen Schulen ist Spanisch mittlerweile die häufigste zweitgelernte Fremdsprache nach Englisch (vgl. Ambassade de France en Espagne 2014; Académie de Lyon 2015).

Zusammenfassung

Seit dem 17. Jahrhundert gibt es institutionellen Spanischunterricht. Spanisch wird zunächst als Zusatzangebot eingeführt, entwickelt sich in der zweiten Hälfte des 20. und zu Beginn des 21. Jahrhunderts jedoch zunehmend zu einer fest verankerten Schulfremdsprache, die in einigen Bundesländern auch als zweite moderne Fremdsprache nach Englisch gewählt werden kann. Trotz einer rapiden Zunahme der Spanischlernenden im letzten Jahrzehnt liegt Spanisch in der deutschen Schullandschaft derzeit (noch) weit hinter Französisch und Latein und wird hauptsächlich als spät einsetzende Fremdsprache gewählt.

Weiterführende Literatur: Aktuelle Lernendenzahlen sind jeweils kurz nach Schuljahresende auf der Homepage des **Statistischen Bundesamtes** abrufbar: https://www.destatis.de/DE/Publikationen/Thematisch/BildungForschungKultur/Schulen/AllgemeinbildendeSchulen.html (Zugriff: 01.12.2019). **Voigt, Burkhard (1998):** Zur Geschichte des Spanischunterrichts in Deutschland. In: ders. (Hrsg.): Spanischunterricht heute: Beiträge zur spanischen Fachdidaktik. Bonn, S. 23–52.

1.1.2 Gründe für die Wahl des Faches Spanisch

Welche Fremdsprache(n) Lernende nach Englisch wählen, hängt von einer Vielzahl von Faktoren ab. Häufig sind Präferenzen und Empfehlungen von Eltern, Geschwistern, Freunden und/oder Lehrkräften ausschlaggebend. Für das Spanische werden, z. B. im Rahmen von Informationsveranstaltungen oder in Beratungsgesprächen, häufig folgende Gründe angeführt:

Die spanische Sprache zählt mit **477 Millionen** (Tendenz steigend) nach Mandarin die meisten **erstsprachlichen** – umgangssprachlich „muttersprachlichen" – **Sprecherinnen und Sprecher** weltweit und derzeit lernen darüber hinaus 21 Millionen Menschen weltweit Spanisch als Fremdsprache (vgl. Instituto Cervantes 2018, 5). In den sozialen Netzwerken Facebook und Twitter ist Spanisch nach Englisch die am Zweithäufigsten genutzte Sprache (vgl.

ebd., 32). Aufgrund der **Plurizentrik** des Spanischen sind jedoch acht große Standardvarietäten zu unterscheiden; die „unidad en la diversidad“ (Polzin-Haumann 2005, 286; siehe 3.3.6 „Sprachbewusstheit (Sek. II)“) – „Einheit in der Vielfalt“, übrigens auch das Motto der Europäischen Union – besteht allerdings darin, dass sich Sprechende einer Varietät in der Regel problemlos mit Sprechenden einer anderen Varietät verständigen können (vgl. Zimmermann 2006, 571) (siehe auch Kapitel 7.2 „Klassenraum-Spanisch“). Die Vielfalt der spanischen Sprache, der Lernende begegnen können, schlägt sich auch in ihrer **geographischen und kulturellen Diversität** nieder. So sind zahlreiche spanischsprachige Länder beliebte Reiseziele und auch als typisch geltende Gewohnheiten, Musik, Filme, Sport, kulinarische Besonderheiten etc. begeistern in Deutschland zunehmend (vgl. Christ 2004, 75; Braun 2004, 3). Durch die Präsenz spanischsprachiger Musik im deutschen Radio und bei Veranstaltungen, spanischer Serien oder spanischsprachiger Immigrantinnen und Immigranten im Umfeld, ggf. auch spanische Restaurants, lässt sich außerdem häufig ein direkter Lebensweltbezug für die Lernenden herstellen (vgl. Kräling 2017b, 58).

Bezüglich des späteren **Berufslebens** der Lernenden steht Spanien als wichtiges EU-Mitgliedsland ebenso im Fokus wie die Handelsbeziehungen zu Lateinamerika. Spanisch wird dadurch zu einer zentralen Welthandels- und Verkehrssprache, deren Beherrschung den Lernenden zu Vorteilen auf dem nationalen und internationalen Arbeitsmarkt verhelfen kann (vgl. Grünewald 2017a, 12). Um sich Kompetenzen im Spanischen über das schulische Zeugnis hinaus in international anerkannter Form bestätigen zu lassen, ist seit 1989 das **DELE** (*Diploma de Español como Lengua Extranjera*) von Bedeutung – und dies auch, weil es Lernende motiviert, sich, z. B. in einer Arbeitsgemeinschaft und zu Hause, in Vorbereitung auf die Prüfungen über die Spanischstunden hinaus mit der Sprache zu beschäftigen. Das vom spanischen Ministerio de Educación, Cultura y Deporte ausgestellte Zertifikat bescheinigt das erreichte Niveau in verschiedenen sprachlichen Fertigkeiten. Organisiert wird das Diplom vom Instituto Cervantes, die Festlegung der Prüfungsinhalte sowie die Korrektur und Bewertung der Prüfungen erfolgt an der Universidad Salamanca (vgl. www.dele.org). Im Einklang mit den Kompetenzstufen des Gemeinsamen europäischen Referenzrahmens für Sprachen (Europarat 2001; siehe hierzu Kapitel 1.1.3 „Bildungspolitische Vorgaben für das Fach Spanisch“) gibt es Prüfungsmöglichkeiten zwischen A1 und C2. Seit 2014 bzw. 2015 wird ferner ein *Nivel inicial para escolares* (A1 bzw. A2/B1) angeboten, das sich gezielt an Oberstufenlernende im dritten Lernjahr richtet.

Ein häufig vorgebrachter Grund für die Wahl des Spanischen ist darüber hinaus die **angeblich leichtere Lernbarkeit**, inbesondere im Vergleich zu Französisch. In der Tat erscheint die größere Korrespondenz von Schreibung und Lautung zunächst als ‚lernleichter': Im Französischen werden 37 Phoneme durch 130 Grapheme wiedergegeben (vgl. Stein 2010, 24–28), im Spanischen sind es nur 24 Phoneme, die durch lediglich 34 Grapheme realisiert werden (vgl. Blaser 2011, 73–74). Auch die einfachere Bildung zusammengesetzter Zeiten und die einteilige spanische Negation werden als Vorteile genannt. Bei einer genaueren Analyse des Schwierigkeitsgrads für deutsche Lernende ist das Argument der leichteren Lernbarkeit allerdings nicht haltbar: Das Französische mutet Lernenden weniger Tempora zu, gibt Hilfestellungen durch die konsequente Verwendung von Subjektpronomen und *subjonctif* und *impératif* stellen Lernende trotz zweifelsfreier Herausforderung vor weniger Probleme als *subjuntivo* und *imperativo* (vgl. Caspari/Rössler 2008, 69–70). Diese Informationen sind für Lernende auch deshalb wichtig, weil in Gesprächen mit Schülerinnen und Schülern immer wieder zu vernehmen ist, dass diese Französisch zum Ende der Sekundarstufe I abwählen, weil es ihnen zu schwer erscheint, und Spanisch als neueinsetzende Fremdsprache belegen. Der Trugschluss, dort wäre weniger Lernanstrengung erforderlich, wird meist schnell enttäuscht. Der sprachliche Anforderungsgrad ist somit zwischen Französisch und Spanisch recht ausgeglichen und es sollte, wie in Kapitel 1.1.1 bereits angemerkt, statt einer Konkurrenzsituation eher das Lernen beider Sprachen angestrebt werden, zumal zahlreiche Synergieeffekte erzielt werden können (siehe dazu Kapitel 2.2 „Aktuelle fremdsprachendidaktische Tendenzen").

Zusammenfassung

Spanisch ist die zweithäufigste Erstsprache weltweit, die auch im Internet eine zentrale Rolle spielt. Das Spanische zeichnet sich durch acht verschiedene Standardvarietäten sowie kulturelle und geographische Vielfalt aus. Als EU- und Handelssprache kann die Beherrschung des Spanischen, die z. B. mit dem Zertifikat DELE attestiert werden kann, berufliche Vorteile mit sich bringen. Ein Trugschluss ist jedoch die leichtere Lernbarkeit des Spanischen im Vergleich zu Französisch, denn das Spanische hält in bestimmten Bereichen sogar größere Herausforderungen für die Lernenden bereit.

Weiterführende Literatur: Caspari, Daniela/Rössler, Andrea (2008): Französisch gegen Spanisch? Überlegungen aus Sicht der romanischen Mehrsprachigkeitsdidaktik. In: Zeitschrift für Fremdsprachenforschung 19, H. 1, S. 61–82. **Diploma de Español como Lengua Extranjera (2019):** www.dele.org. **Instituto Cervantes (2018):** El español: una lengua viva: Informe 2018. https://cvc.cervantes.es/lengua/espanol_lengua_viva/pdf/espanol_lengua_viva_2018.pdf (Zugriff: 01.12.2019).

1.1.3 Bildungspolitische Vorgaben für das Fach Spanisch

Für die Planung und Durchführung von Spanischunterricht in Deutschland (siehe 4. „Unterrichtsplanung und -durchführung“) sind vier bildungspolitische Dokumente zu berücksichtigen: Inhalte des Gemeinsamen europäischen Referenzrahmens sind in die deutschen Bildungsstandards eingegangen, die wiederum von jedem Bundesland in Lehrplänen ausgestaltet werden, bevor auf dieser Grundlage jede Schule ein individuelles Schulcurriculum erstellt (siehe Tab. 1; vgl. auch Koch 2017a).

Europa-ebene	**Bundes-ebene**	**Bundesland-ebene**	**Schul-ebene**
Gemeinsamer europäischer Referenzrahmen	**Bildungsstandards** für neue Fremdsprachen	**Lehrplan** für die jeweilige Schulform	**Schulcurriculum** jeder einzelnen Schule

Tab. 1: Bildungspolitische Vorgaben für den Spanischunterricht und ihre Wirkebenen

Der 2001 vom Europarat veröffentlichte **Gemeinsame europäische Referenzrahmen für Sprachen (GeR)** stellt für den Spanischunterricht in Deutschland eine entscheidende Bezugsgröße dar, weil er nach eigenen Angaben die Grundlage „für die Entwicklung von zielsprachlichen Lehrplänen, curricularen Richtlinien, Prüfungen, Lehrwerken usw. in ganz Europa“ (Europarat 2001, 14) liefert. Der in 40 Sprachen übersetzte GeR zielt darauf ab, die Ausbildung und Bescheinigung fremdsprachlicher Kompetenzen vergleichbarer und transparenter zu machen. Unabhängig von einer konkreten Sprache, Lerngruppe oder -situation legt er fest, was Lernende können müssen, um eine der sechs Kompetenzebenen zu erreichen: A1 und A2 bescheinigen eine elementare, B1 und B2 eine mittlere oder C1 und C2 eine kompetente Sprachverwendung. Für alle sprachlichen Fertigkeiten liegen separate Beschreibungen für jede dieser Ebenen vor, so dass in den Fertigkeiten unterschiedliche Niveaus erreicht werden können. Des Weiteren liefert der GeR ein Raster speziell für die mündliche Kommunikation (vgl. ebd., 35–38) und definiert die Progression allgemeiner Kompetenzen rund um das Sprachenlernen (vgl.

ebd., 103–109), z. B. Lernfähigkeit, sowie allgemeinsprachliche Kompetenzen (vgl. ebd., 110–130) wie lexikalische und grammatische Kompetenzen.

Kritisiert wird der GeR u. a. dafür, dass seine Skalen lediglich „gefühlt" (Quetz 2007, 49) seien, weil diese v. a. durch die Zusammenführung **subjektiver Einschätzungen von Schweizer Lehrkräften** entstanden sind (vgl. Jones 2013, 107; Bärenfänger 2016, 61), obwohl der Europarat selbst anführt, dass eine „Kombination von intuitiven, qualitativen und quantitativen Forschungsmethoden" (Europarat 2001, 33) bei der Konzeption genutzt worden sei. Ebenso wird bemängelt, dass die Formulierungen zu vage und nicht ausreichend operationalisiert seien, wodurch eine objektive Einstufung kaum möglich sei (vgl. Kecker 2016, 19–20).

Nichtsdestotrotz ist der GeR als „eines der zentralen bildungs- und sprachenpolitischen Dokumente des Europarats" mit **„wegweisender Wirkung"** (Fäcke/Tesch 2017, 16) bzw. als der „wichtigste Bezugspunkt der fachdidaktischen und sprachenpolitischen Entwicklungen in Europa und darüber hinaus" (Schröder/Tesch/Nold 2017, 20) zu bewerten. Die enthaltenen Kann-Beschreibungen präzisieren Fremdsprachenniveaus auf eine revolutionäre Weise (vgl. ebd., 16) und können Lernende zum Sprachenlernen motivieren. Sie sind zudem sowohl zur Fremd- als auch zur Selbstevaluation einzusetzen. Dadurch begünstigt der GeR eine stärkere Lerner- und Handlungsorientierung (vgl. Bärenfänger 2013, 24). Da er mittlerweile in allen europäischen Ländern für die Klassifizierung von Sprachkursen, Zertifikaten, Lernmaterialien und Abschlüssen verwendet wird, kann das Ziel, für eine verstärkte Einheitlichkeit und Transparenz zu sorgen, als erreicht gelten (vgl. ebd.).

Seit 2018 komplettiert der bisher auf Englisch erschienene **Companion** den GeR (Europarat 2018). Diese Ergänzung nimmt sich zahlreicher Kritikpunkte am GeR an und liefert eine noch genauere Beschreibung zu Ziel und Ausrichtung desselben. Der Companion fügt neue Beschreibungselemente auf verschiedenen Niveaustufen und für verschiedene sprachliche Fertigkeiten hinzu sowie Kann-Beschreibungen zu ganz neuen kommunikativen Fertigkeiten. Letztere haben in den letzten zwei Jahrzehnten gesellschaftliche Relevanz erlangt, z. B. Sprachmittlung und Online-Interaktion. Auch differenziert er die Niveaustufen noch stärker aus, z. B. durch ein „‚Pre-A1' level" (ebd., 23). Insgesamt erscheint der Companion als „sinnvolle und wichtige Ergänzung" (Bärenfänger u. a. 2018, 6–7) und ist gleichzeitig Beweis für die „Offenheit und Bereitschaft des Europarats, den GeR an veränderte Kontexte anzupassen und wo nötig zu erweitern" (ebd., 6). Neue und alte Niveaustufen werden „in einem Guss" (ebd., 3) geliefert und in zahlreichen Anhängen wird das Zusammenspiel der alten und neuen Elemente deutlich. Auch eine stärkere Berücksichtigung des Umgangs mit literarischen Texten ist positiv hervorzuheben (vgl. ebd., 5). Dennoch bleiben statt einer Analyse tatsächlicher Lernendenleistungen subjektive Einschätzungen die empirische Basis für die Kann-Beschreibungen (vgl. ebd., 6). Auch die stärkere Berücksichtigung von Mehrsprachigkeit ist grundsätzlich lobend hervorzuheben, es findet jedoch keine Verbindung zum Referenzrahmen für plurale Ansätze zu Sprachen und Kulturen (RePA) (Candelier u. a. 2009) statt (vgl. Bärenfänger u. a. 2018, 5). Sprachmittlung wird im Companion überdies so weit gefasst, dass auch Prozesse innerhalb *einer* Sprache dazu zählen. Dies wirft die Frage auf, wie Sprachmittlung nach diesen Vorgaben im Fremdsprachenunterricht gezielt gefördert werden kann bzw. ob durch dieses erweiterte Verständnis nicht das bisher entscheidende Element der Mittlung zwischen mindestens zwei Sprachen in den Hintergrund rückt (vgl. Europarat 2018, u. a. 33).

Als zweites zentrales bildungspolitisches Dokument für die Planung und Durchführung von Spanischunterricht in Deutschland sind die **Bildungsstandards der Kultusministerkonferenz (KMK)** zu nennen, die analog zum GeR auf europäischer Ebene für alle 16 deutschen Bundesländer auf nationaler Ebene eine einheitliche Vorgabe bilden. Für Spanisch gelten wie für alle modernen Fremdsprachen die Bildungsstandards für die erste Fremdsprache (Englisch/Französisch) für den Mittleren Schulabschluss (2003) und die Bildungsstandards für die fortgeführte Fremdsprache (Englisch/Französisch) für die Allgemeine Hochschulreife (2012). Letztere haben seit dem Schuljahr 2016/2017 auch die Einheitlichen Prüfungsanforderungen in der Abiturprüfung (EPA) abgelöst. Da Spanisch an Hauptschulen kaum angeboten wird, sind die Bildungsstandards für diese zudem auslaufende Schulform (vgl. KMK 2004) an dieser Stelle nicht von Bedeutung.

Der „PISA-Schock" im Jahr 2000 und die vergleichsweise schwachen Leistungen, die auch nachfolgende Schulleistungsstudien wie TIMSS, IGLU und DESI deutschen Lernenden attestierten, sowie die aufgedeckten großen Unterschiede zwischen den deutschen Bundesländern führten zu einem Umdenken in Deutschland und zur Entwicklung der Bildungsstandards. Die mit den einheitlichen Vorgaben verbundenen Ziele waren die Verbesserung der Qualität schulischer Bildung und ein gerechteres, vergleichbareres und durchlässigeres Bildungssystem (vgl. Fäcke/Tesch 2017, 18). Dass der GeR quasi zeitgleich zu diesen Überlegungen erschien, ist für Barbara Schmenk „ein historischer Zufall" (Schmenk 2015, 8). Basierend auf den Kann-Beschreibungen des GeR sind auch die Bildungsstandards im Rahmen eines kommunikativen Ansatzes mit konkretem Anwendungsbezug auf kompetenzorientierte **„ergebnisbezogene Leistungserwartungen"** (Herzog 2013, 20) ausgerichtet, die für das Ende bestimmter Jahrgangsstufen definiert werden. Mit Abschluss der Sekundarstufe I sollen Lernende durchschnittlich das Niveau B1 erreicht haben, beim Abschluss der Sekundarstufe II durchschnittlich das Niveau B2.

Als **Kompetenzen** für den Mittleren Schulabschluss am Ende der Sekundarstufe I schreiben die Bildungsstandards für moderne Fremdsprachen die folgenden vor (vgl. KMK 2003, 10):

- funktional kommunikative Kompetenzen, d. h. die Fertigkeiten Hör-, Hörseh- und Leseverstehen, Sprechen als „an Gesprächen teilnehmen“ und als „zusammenhängendes Sprechen“, Schreiben und Sprachmittlung sowie die dafür notwendige Verfügbarkeit sprachlicher Mittel, d. h. Wortschatz, Grammatik, Aussprache und Intonation sowie Orthographie (siehe 3.3.1);
- interkulturelle Kompetenzen mit den Teilbereichen „soziokulturelles Orientierungswissen“, „verständnisvoller Umgang mit kultureller Differenz“ und „praktische Bewältigung interkultureller Begegnungssituationen“ (siehe 3.3.2) sowie
- methodische Kompetenzen, unterteilt in „Textrezeption (Leseverstehen und Hörverstehen)“, „Interaktion“, „Textproduktion (Sprechen und Schreiben)“, „Lernstrategien“, „Präsentation und Mediennutzung“ sowie „Lernbewusstheit und Lernorganisation“ (siehe 3.3.3).

Die Bildungsstandards für die Allgemeine Hochschulreife am Ende der Sekundarstufe II übernehmen die ersten zwei Kompetenzen – mit kleinen Änderungen (siehe 3.3.1 und 3.3.2; siehe Tab. 2). Zudem ergänzen sie, begründet durch die stärkere Bedeutung des Umgangs mit einer Vielfalt von Texten und Medien (vgl. KMK 2012, 12), die

- Text- und Medienkompetenz, die sich durch einen weiten Textbegriff auf mündliche, schriftliche und medial vermittelte Texte bezieht (siehe 3.3.4).

Hinzu kommen in der Sekundarstufe II

- Sprachbewusstheit (siehe 3.3.5) und
- Sprachlernkompetenz (siehe 3.3.6),

wobei Teilaspekte dieser beiden Kompetenzen in der Sekundarstufe I bereits enthalten sind, z. B. Lernstrategien in den methodischen Kompetenzen (siehe 3.3.3). Die „methodischen Kompetenzen“ der Bildungsstandards für die Sekundarstufe I fallen in der Sekundarstufe II als eigener Bereich jedoch weg.

<table>
<tr><td rowspan="3">Sprachlernkompetenz</td><td>Interkulturelle kommunikative Kompetenz
Verstehen Handeln
Wissen Einstellungen Bewusstheit</td><td rowspan="3">Sprachbewusstheit</td></tr>
<tr><td>Funktional kommunikative Kompetenz
Hör-/Hörsehverstehen
Leseverstehen
Schreiben
Sprechen
Sprachmittlung

Verfügen über sprachliche Mittel
und kommunikative Strategien</td></tr>
<tr><td>Text- und Medienkompetenz
mündlich schriftlich medial</td></tr>
</table>

Tab. 2: Kompetenzübersicht der Bildungsstandards (Sekundarstufe II) (KMK 2012, 12)

Kritik wird u. a. an den **Regelstandards** (vgl. KMK 2003, 3; KMK 2012, 5) geäußert, da diese im Durchschnitt, aber nicht von allen Lernenden erreicht werden (können). Dem dadurch entstehenden Risiko, schwächere Lernende zu benachteiligen, könnten Mindeststandards Abhilfe leisten, die definieren, welches Niveau jede bzw. jeder Lernende zu einem bestimmten Zeitpunkt mindestens erreicht haben muss (vgl. Klieme u. a. 2003, 27). Es wird zudem die geringe Bedeutung bemängelt, die **literarischen Texten** in den Standards für die Sekundarstufe I beigemessen wird, sowie die Vernachlässigung ihres Beitrages „zur fremdsprachlichen Kompetenzentwicklung und zur Entfaltung der individuellen Schülerpersönlichkeit" (Caspari u. a. 2008, 12) in der Sekundarstufe II. Dies mag u. a. mit der **schlechten Testbarkeit** dieser Elemente begründet werden. Die den Bildungsstandards zugrunde gelegte Kompetenzdefinition nach Weinert beinhaltet aber nun einmal auch schwer messbare Elemente: Weinert definiert Kompetenzen als „die bei Individuen verfügbaren oder durch sie erlernbaren kognitiven Fähigkeiten und Fertigkeiten, um bestimmte Probleme zu lösen, sowie die damit verbundenen *motivationalen,* *volitionalen und sozialen Bereitschaften und Fähigkeiten*, um die Problemlösungen in variablen Situationen erfolgreich und verantwortungsbewusst nutzen zu können“ (Weinert 2001, 27–28; Hervorhebung: C.K.). Durch die Abkehr von der Inputorientierung, d. h. der Vorgabe zu vermittelnder Inhalte, zu einer Fokussierung auf die anzustrebenden Lernergebnisse (Outputorientierung) und die damit verbundenen spärlichen Aussagen zu den Unterrichtsinhalten sehen Kritiker eine Gefährdung des Bildungsauftrags, da Sachkenntnissen „nur noch ein geringer Stellenwert zuerkannt“ (Rössler 2007, 4) wird. Wenn Lernen „in *exemplarischer* Auseinandersetzung mit Themen, die fachlich, motivatorisch und gesellschaftlich relevant sind“ (KMK 2012, 12; Hervorhebung: C.K.) erfolgt, entsteht die Gefahr der **Beliebigkeit**. Eine Vergleichbarkeit von Noten und Abschlüssen ist ferner bisher nur bedingt erreicht worden, da bei zentralen Prüfungen erst langsam erste Bemühungen angestellt werden, gleiche Prüfungsaufgaben zu integrieren (siehe unten). In einem föderalen Staat wie Deutschland ist das Erreichen einer tatsächlichen Vergleichbarkeit jedoch grundsätzlich schwierig und würde ein prinzipielles Umdenken voraussetzen (vgl. Fäcke/Tesch 2017, 21).

Positiv ist den Bildungsstandards hingegen zuzuschreiben, dass diese zu einer bedeutenden Weiterentwicklung des Unterrichts beigetragen (vgl. Schröder/Tesch/Nold 2017, 14) und „eine grundlegende Diskussion über die **Kernanliegen der Fächer** und deren Bildungsziele“ (Caspari u. a. 2008, 2) angestoßen haben. Die regelmäßigen Überprüfungen, inwiefern die Bildungsstandards erreicht worden sind, geben Lehrkräften zugleich die Chance, Rückschlüsse auf ihren eigenen Unterricht zu ziehen und dadurch ihre Professionalität als Lehrkraft und ihren Unterricht weiter zu entwickeln (vgl. Bärenfänger 2013, 28). Die kompetenzorientierte Fokussierung auf das, was Lernende bereits können, stellt des Weiteren im Vergleich zur vorherigen Defizitorientierung, d. h. die Fokussierung darauf, was Lernende noch nicht können, eine **lernerfreundliche Entwicklung** dar (siehe auch 2.2.1 „Lernerorientierung“). Die Outputorientierung gibt den Lehrenden darüber hinaus größere Freiheiten bei der Unterrichtsgestaltung für eine individuelle Lerngruppe. Zudem eröffnet die Einteilung in überschaubare Einheiten durch die Kompetenzen und Fertigkeiten den Weg für motivierende kurzfristige und transparente Ziele und Bewertungen (vgl. Caspari u. a. 2008, 10).

Um zu überprüfen, inwiefern die Vorgaben der Bildungsstandards in allen Bundesländern erreicht werden, gibt es **zentrale Prüfungen** in Form des Mittleren Schulabschlusses und des Abiturs. Darüber hinaus gibt es **Ver**gleichs**a**rbeiten (VERA) in den Klassen 3 und 8, die jährlich in Deutsch, Mathematik und Englisch oder Französisch als erster Fremdsprache – damit also nicht in Spanisch – stattfinden (https://www.iqb.hu-berlin.de/vera) und je nach Bundesland anders heißen, z. B. in Hessen und Nordrhein-Westfalen „Lernstandserhebungen", in Hamburg „KERMIT – **K**ompetenzen **ermit**teln" sowie „Kompetenztests" in Sachsen und Thüringen. Aufgaben für die Vergleichsarbeiten werden für alle Länder vom Institut für Qualitätsentwicklung im Bildungswesen (IQB) bereitgestellt, die Auswertung erfolgt jedoch in den einzelnen Ländern. Beim Abitur haben mit Ausnahme von Rheinland-Pfalz alle Bundesländer mittlerweile ein **Zentralabitur** für ihr Bundesland eingerichtet. Das IQB stellt dafür einen gemeinsamen Pool von Aufgaben zur Verfügung (https://www.iqb.hu-berlin.de/abitur), die die einzelnen Bundesländer seit 2017 für ihr Zentralabitur nutzen *können* – eine Verpflichtung gibt es aber derzeit noch nicht und es besteht die Möglichkeit, bundeslandspezifische Anpassungen der Aufgaben vorzunehmen (vgl. Fäcke/Tesch 2017, 22 und 70). Zudem sind für die Fremdsprachen bisher ausschließlich Aufgaben für Englisch und Französisch enthalten. Wie für alle modernen Fremdsprachen besteht in Spanisch die Abiturprüfung aus einer kombinierten Aufgabe, die derzeit Schreiben und Sprachmittlung abprüft, wobei die Schreibaufgabe auch Leseverstehen und – ebenso wie die Sprachmittlungsaufgabe – die Verfügbarkeit sprachlicher Mittel, interkulturelle kommunikative sowie Text- und Medienkompetenz und Sprachbewusstheit integriert testet.

Das dritte zentrale Dokument bei der Planung von Spanischunterricht ist der **Lehrplan** des jeweiligen Bundeslandes, in dem der Unterricht stattfindet, und für die jeweilige Schulform, in der Spanisch gelernt wird. Diese Dokumente heißen – hier exemplarisch für das Gymnasium aufgeführt – in Bayern, Rheinland-Pfalz, Saarland, Sachsen, Schleswig-Holstein und Thüringen „Lehrpläne", in Brandenburg und Mecklenburg-Vorpommern „Rahmenpläne", in Berlin, Niedersachsen und Sachsen-Anhalt „Rahmenrichtlinien", in Baden-Württemberg, Bremen und Hamburg „Bildungspläne", in Hessen „Kerncurricula" und in Nordrhein-Westfalen „Kernlehrpläne" (alle Lehrpläne befinden sich auf der Plattform www.bildungsserver.de). Die Lehrpläne gestalten die Bildungsstandards in landesspezifischer Weise aus und orientieren sich dabei unterschiedlich eng an den oben skizzierten nationalen Vorgaben.

Als viertes Dokument kommt das **Schulcurriculum** hinzu, dass sich zu zwei Dritteln nach dem landesspezifischen Lehrplan richtet und zu einem Drittel schulintern in Zusammenarbeit von Lehrkräften, Lernenden und Eltern gefüllt wird (vgl. Wacker 2008, 163). In der Sekundarstufe I orientiert es sich in der Regel eng am verwendeten Lehrwerk, das häufig als „heimlicher Lehrplan" bezeichnet wird. Mit der Zulassung eines Lehrwerkes für den unterrichtlichen Einsatz hat das jeweilige Kultusministerium jedes Bundeslandes einem Lehrwerk jedoch vorab attestiert, dass es alle notwendigen Vorgaben umsetzt.

Zusammenfassung

Bildungspolitische Vorgaben für den Spanischunterricht stellen auf europäischer Ebene der Gemeinsame europäische Referenzrahmen (GeR), auf Bundesebene die Bildungsstandards, auf Landesebene die Lehrpläne und auf Schulebene das Schulcurriculum dar. Mit dem Erscheinen der ersten zwei Dokumente zu Beginn des 21. Jahrhunderts fand eine Umstellung auf kompetenzorientierten Unterricht statt. Obwohl beide Dokumente auch Schwächen bergen, haben sie dennoch zu einer Neuausrichtung des Fremdsprachenunterrichtes und größerer Vergleichbarkeit innerhalb von Europa und der deutschen Bundesländer beigetragen.

Weiterführende Literatur: Europarat (Hrsg.) (2001): Gemeinsamer europäischer Referenzrahmen für Sprachen: lernen, lehren, beurteilen. Niveau A1, A2, B1, B2, C1, C2. München. **Europarat (Hrsg.) (2018):** Common European Framework of Reference for Languages: Learning, Teaching, Assessment: Companion Volume with New Descriptors. https://rm.coe.int/cefr-companion-volume-with-new-descriptors-2018/1680787989 (Zugriff: 01.12.2019). **KMK = Sekretariat der Ständigen Konferenz der Kultusminister der Länder in der Bundesrepublik Deutschland (Hrsg.) (2003):** Bildungsstandards für die erste Fremdsprache (Englisch/Französisch) für den Mittleren Schulabschluss. https://www.kmk.org/file admin/Dateien/veroeffentlichungen_beschluesse/2003/2003_12_04-BS-erste-Fremdsprache.pdf (Zugriff: 01.12.2019). **KMK = Sekretariat der Ständigen Konferenz der Kultusminister der Länder in der Bundesrepublik Deutschland (Hrsg.) (2012):** Bildungsstandards für die erste Fremdsprache (Englisch/Französisch) für die Allgemeine Hochschulreife. https://www.kmk.org/file admin/Datei en/veroeffentlichungen_beschluesse/2012/2012_10_18-Bildungsstandards-Fortge f-FS-Abi.pdf (Zugriff: 01.12.2019).

1.2 Die Fachdidaktik des Spanischen

Auf wissenschaftlicher Ebene beschäftigt sich die Spanischdidaktik mit der Analyse von Spanischunterricht, dessen Normen und ihrer operativen Umsetzung. Dabei orientiert sie sich einerseits an den vorgestellten bildungspolitischen Dokumenten, denkt andererseits aber auch über sie hinaus, um den Unterricht weiterzuentwickeln (1.2.1). Während sie auf der einen Seite eigene fachdidaktische Ansätze verfolgt, orientiert sie sich auf der anderen Seite an einer ganzen Reihe von Bezugsdisziplinen, die sich fachlich relevanten Inhalten sowie Lern- und Bildungsprozessen in verschiedener Hinsicht widmen und damit für die Spanischdidaktik von Bedeutung sind (1.2.2).

1.2.1 Spanischdidaktik als wissenschaftliche Disziplin

Der Begriff „Didaktik" kommt vom griechischen Wort „didáskein", das **„lehren"** bedeutet, und wird im Deutschen hauptsächlich in Bezug auf schulischen Unterricht verwendet (vgl. Doff 2017, 90). Für jedes Schulfach gibt es in Deutschland je nach Größe und Grad der Etabliertheit im Schulsystem eine mehr oder weniger große wissenschaftliche Fachdidaktik, die sich der Erforschung des Faches und der Ausbildung von Lehrkräften widmet (vgl. Decke-Cornill/Küster 2015, 7). Auch die **Fremdsprachendidaktik** ist in diesem Sinne eine Fachdidaktik, die sich jedoch mit einer Gruppe von Fächern und den ihnen gemeinsamen Elementen beschäftigt. Bei den Fachdidaktiken der Einzelsprachen – Englischdidaktik, Französischdidaktik, Spanischdidaktik etc. – stehen jeweils die spezifische Sprache, ihre Geschichte, Fachkultur und Position in der schulischen Sprachenlandschaft sowie ihr gesellschaftlicher Status im Zentrum der Aufmerksamkeit. Übertragungen von Konzepten und Ideen von einer auf eine andere Sprachdidaktik sollten insofern stets genau überprüft werden (vgl. ebd., 1). Die Fremdsprachendidaktik und ihre einzelsprachlichen Fachdidaktiken sind dabei eine Art **„deutsche Sonderdisziplin"** (Schmenk 2015, 13), die in anderen Ländern auf keine direkten Äquivalente stößt. Im Vergleich zu Nordamerika beschreibt Barbara Schmenk die deutsche Fremdsprachendidaktik in diesem Kontext beispielsweise als „systematischer, fundierter, durchdachter, auch wissenschaftlicher ausgerichtet" (ebd., 12), denn in Nordamerika verteilen sich die Tätigkeitsfelder auf verschiedene wissenschaftliche Disziplinen wie *Applied Linguistics, Second Language Acquisition, Education* und *Curriculum Development* sowie die fachwissenschaftliche Arbeit in den Einzelphilologien (vgl. ebd., 13). Aufgrund der engen Verwobenheit mit Traditionen, Sichtweisen und institutionellen Rahmenbedingungen lässt sich daher die deutsche Spanischdidaktik nicht unmittelbar mit der spanischsprachigen Forschung im Bereich ELE (*Español como Lengua Extranjera*) gleichsetzen.

Die deutsche Spanischdidaktik ist – wie die Fremdsprachendidaktik und die anderen Fachdidaktiken von Einzelsprachen – zugleich eine **analytische, normative und operative Disziplin** (Decke-Cornill/Küster 2015, 3–4): Sie beschreibt und deutet, wie Lernen im Spanischunterricht *erfolgt* (analytisch); sie begründet fundiert, wie diese Lernprozesse aussehen *sollten* (normativ); und sie macht Vorschläge, wie diese Lernprozesse konkret *umgesetzt* werden können (operativ). Sie ist somit eine „angewandte Wissenschaft" (Doff 2017, 90), die sich im „Spannungsfeld von Theorie und Praxis u. a. mit Lehr- und Lernprozessen, mit Inhalten, Fragen der Stoffauswahl und der Methodik, sowie mit Zielen" (ebd.) beschäftigt. Dies schlägt sich auch in der **Vielfalt der fachdidaktischen Zeitschriften** nieder, die von

- eher **forschungsorientierten** Journalen, z. B. *Fremdsprachen Lehren und Lernen* und *Zeitschrift für Fremdsprachenforschung*,
- über **Mischformen**, die stellenweise eher theoretische bzw. praktische Anteile haben, z. B. *Zeitschrift für Romanische Sprachen und ihre Didaktik*,
- bis zu eher **praxisorientierten** Periodika, z. B. *Hispanorama*, *Der Fremdsprachliche Unterricht Spanisch* oder *Praxis Fremdsprachenunterricht*,

variiert (siehe Tab. 3). Darüber hinaus ist ein Blick in die Nachbarfachdidaktiken, v. a. Englisch, Französisch und Deutsch als Fremdsprache, lohnenswert – sofern bei einer Übertragung eine genaue Prüfung der Passung erfolgt (siehe oben). Um sich einen Überblick über die vielfältigen Beiträge in Zeitschriften und Sammelbänden in Bezug auf ein bestimmtes Thema unkompliziert verschaffen zu können, wird der kostenlose Literaturrechercheservice des Informationszentrums für Fremdsprachenforschung an der Philipps-Universität Marburg empfohlen. Dieser ‚liefert' zwar nicht die Beiträge selbst, aber bibliographische Angaben sowie Abstracts und Schlagworte, die die eigene Auswahl sehr erleichtern (https://www.uni-marburg.de/ifs/literaturrecherche).

Name	Verlag	Erscheinungshäufigkeit	Charakteristika
Fremdsprachen Lehren und Lernen (FLuL)	Gunther Narr http://periodicals.narr.de/index.php/flul	einmal im Jahr	theoretisch ausgerichtet jeweils ein übergreifendes Heftthema
Zeitschrift für Fremdsprachenforschung (ZFF)	Schneider Hohengehren herausgegeben von der Deutschen Gesellschaft für Fremdsprachenforschung (DGFF) http://dgff.de/publikationen/zff/	zweimal im Jahr	theoretisch ausgerichtet kein übergreifendes Heftthema
Zeitschrift für Romanische Sprachen und ihre Didaktik (ZRomSD)	ibidem https://www.ibidem.eu/de/zeitschriften/zeitschrift-fuer-romanische-sprachen-und-ihre-didaktik.html	zweimal im Jahr	theoretisch und praktisch ausgerichtet kein übergreifendes Heftthema, u. a. Praxisvorschläge

Name	Verlag	Erscheinungshäufigkeit	Charakteristika
Hispanorama	BerlinDruck herausgegeben vom Deutschen Spanischlehrerverband (DSV) https://www.hispanorama.de/zeitschrift/	viermal im Jahr	wenn ganzes Heft didaktisch, dann ein übergreifendes Heftthema ansonsten nur didaktischer Teil, da übergreifendes Heftthema dann fachwissenschaftlich
Der Fremdsprachliche Unterricht Spanisch	Friedrich https://www.friedrich-verlag.de/sekundarstufe/fremdsprachen/spanisch/unterricht-spanisch/	viermal im Jahr	praktisch ausgerichtet ein übergreifendes Heftthema (theoretischer Basisartikel plus Praxisvorschläge)
Praxis Fremdsprachenunterricht	Cornelsen https://www.oldenbourg-klick.de/zeitschriften/praxis-fremdsprachenunterricht	sechsmal im Jahr	praktisch ausgerichtet meist ein übergreifendes Heftthema (Ausnahmen „À la carte"), u. a. Praxisvorschläge

Tab. 3: Wichtige Zeitschriften für die Spanischdidaktik

Innerhalb der fremdsprachlichen Fachdidaktiken – und infolgedessen auch bei der Spanischdidaktik – werden klassischerweise drei Teilbereiche unterschieden, die sich auch in ihren fachbezogenen Bezugswissenschaften widerspiegeln (siehe 1.2.2): Sprach-, Literatur- und Kulturdidaktik. Die **Sprachdidaktik** beschäftigt sich damit, wie die Fremdsprache selbst gelernt und gelehrt wird (analytisch), werden sollte (normativ) und werden kann (operativ) (siehe hierzu auch Kapitel 3.3.1 „Funktional kommunikative Kompetenz (Sek. I & II)"). Die **Literaturdidaktik** widmet sich in diesen drei Herangehensweisen Lernprozessen im Umgang mit literarischen Texten, wobei wie zu den Bildungsstandards in Kapitel 1.1.3 bereits angemerkt – ein weiter Textbegriff zugrunde gelegt wird, der auch auditive Texte wie Lieder und audiovisuelle Texte wie Filme sowie Texte aus einer Kombination von statischen Bildern und geschriebener Sprache wie Comics einbezieht (siehe hierzu auch Kapitel 3.3.4 „Text- und Medienkompetenz“ sowie 4.6 „Textarbeit“). Die **Kulturdidaktik** setzt sich damit auseinander, wie kulturelle Lernerfahrungen gemacht und angeleitet werden, werden sollten und können (siehe hierzu auch Kapitel 3.3.2 „Interkulturelle kommunikative Kompetenz (Sek. I & II)“). Im Vergleich zur Sprach- und Literaturdidaktik ist die Kulturdidaktik der jüngste Teilbereich, der v. a. aus einer „Abkehr von essentialistischen, nationalkulturell orientierten Landeskunde- und Kulturkonzepten“ (Hallet 2017a, 180) hervorgegangen ist sowie einer zunehmenden „Wahrnehmung für die interkulturelle Dimension aller fremdsprachigen Kommunikation“ (ebd., 181; vgl. auch Corti 2019, 20). Der verwendete Kulturbegriff ist somit ein weit gefasster, der die „Gesamtheit der in einer Gesellschaft hervorgebrachten Artefakte“ und alle „menschlichen Tätigkeiten, Verhaltensweisen und symbolischen Produkte“ (ebd.) einschließt. Die Kulturdidaktik ist häufig eng mit der Literaturdidaktik verbunden, da gerade literarische Texte eine besonders fruchtbare „metakulturelle Reflexionsebene“ (ebd., 184) eröffnen. Alle drei Teilbereiche beziehen sich im Sinne des **didaktischen Dreiecks** (vgl. z. B. Jank/Meyer 2002, 55) jeweils auf die Lernenden (und ihre Lernprozesse), die Lehrenden (und ihre Ausbildung) und den Lerngegenstand in Form der Fremdsprache (als Gegenstand und Kommunikationsmittel im Unterricht) sowie ihrer Literatur und Kultur und behalten dabei stets die Rahmenbedingungen von institutionalisiertem Fremdsprachenunterricht im Blick.

Der Spanischunterricht blickt, wie in Kapitel 1.1.1 bereits dargestellt, bisher auf eine kurze Tradition zurück. In Bezug auf eine **wissenschaftliche Fachdidaktik** finden sich jedoch auch für die anderen Fremdsprachen erst ab Mitte bis Ende des 19. Jahrhunderts erste Initiativen, sich strukturiert mit der Vermittlung fremder Sprachen zu befassen. Dies belegt u. a. das Erscheinen der Zeitschrift *Die Neueren Sprachen* ab 1893 (vgl. Reimann 2018, 136–137; Doff 2017, 91) – die seit 2010 als Jahrbuch des Gesamtverbandes Moderne Fremdsprachen eine Renaissance erlebt.

Die Entstehung der Fachdidaktiken verschiedener Schulfremdsprachen als *wissenschaftliche* Disziplinen beginnt sogar erst in den 1960er und 1970er Jahren, in denen auch die erste Phase der Lehrerausbildung zunehmend an die Universitäten verlagert wird und erste Professuren für fremdsprachliche Fachdidaktiken eingesetzt werden, z. B. 1971 Ludger Schiffler an der Pädagogischen Hochschule Berlin, später Freie Universität Berlin, und 1974 Herbert Christ an der Universität Gießen (vgl. Reimann 2018, 144). In Abgrenzung zur Sprachlehr- und -lernforschung, die ebenfalls in den 1970er Jahren entstand, „aus hochschulpolitischen Gründen" mittlerweile aber im Prinzip nicht mehr existiert (vgl. ebd., 123), zeichnet die Fachdidaktik dabei aus, dass sie „ihren Gegenstandsbereich sprachenspezifisch" angeht und „die Fremdsprachenlehrerausbildung zu ihren Kernaufgaben" (Doff 2017, 92) zählt. Mit der Gründung des **Deutschen Spanischlehrerverbandes (DSV)** 1970 beginnt auch von Seiten der Lehrenden an Schulen ein gemeinsamer Ansatz, die Kräfte für das Engagement zugunsten des Spanischen als Schulfremdsprache zu bündeln. Ab den 1980er Jahren kann dann von einer institutionellen und konzeptionellen „Etablierung und Konsolidierung" (ebd.) der fremdsprachlichen Fachdidaktiken gesprochen werden. Mit der Gründung der **Deutschen Gesellschaft für Fremdsprachenforschung (DGFF)** 1989 erhalten die fremdsprachlichen Fachdidaktiken zudem erstmals eine übergreifende „offizielle Interessenvertretung" (ebd.).

Ein Blick auf den aktuellen Stand der Spanischdidaktik an deutschen Hochschulen (Stand: Juli 2019) – anhand der Internetauftritte und der Stellenausschreibungen der letzten Jahre – macht deutlich, dass vier **Professuren** ausschließlich für Spanischdidaktik verantwortlich sind, im Vergleich zu sechs Professuren für Französisch, dass aber mit 22 Professuren das gängigste Modell die Kombination aus Französisch- und Spanischdidaktik in einer einzigen Professur ist. Darüber hinaus gibt es sieben Professuren, die anteilig sowohl in der Fachdidaktik als auch in der Fachwissenschaft verortet sind. Im Vergleich zu einer früheren Erhebung (vgl. Zydatiß/Klippel 1998), die noch keine Professur ausschließlich für Spanischdidaktik ausmachen konnte, belegen diese Zahlen eine rasante Entwicklung, da sich die Professuren für die Didaktik der romanischen Sprachen in den dazwischenliegenden 20 Jahren annähernd verdoppelt hat. Dieser enorme Anstieg ist u. a. durch die Auswirkungen des Bologna-Prozesses zu erklären, da die Einführung der modularisierten Bachelor- und Masterstudiengänge eine deutliche Aufwertung der fachdidaktischen Lehre bedeutete und somit „der Bedarf an fachdidaktischer Expertise" (Grünewald/Verriere 2015, 30) augenscheinlich wurde.

Bezüglich ihrer Forschungszweige werden die fremdsprachlichen Fachdidaktiken mittlerweile „durch Methodenpluralität und interdisziplinäre Vielfalt" bestimmt, wodurch sie eine große „Breite und Tiefe" (Bonnet 2017, 81) erreichen und ihrem „komplexen Gegenstand" (ebd., 83) gerecht werden können. Dafür greifen die fremdsprachlichen Fachdidaktiken verstärkt auch auf **Forschungsmethoden** ihrer Bezugswissenschaften zurück (siehe 1.2.2), wodurch auch die starke Zunahme empirischer fremdsprachendidaktischer Forschungsarbeiten seit der „empirischen Wende in den Bildungswissenschaften" (Reimann 2018, 123) zu Beginn des 21. Jahrhunderts zu erklären ist.

Da sich Sprache und Texte jedoch „nicht vollständig durch die empirische Erforschung ihrer Produktion oder Rezeption erfassen“ lassen, haben auch weiterhin gleichermaßen hermeneutische Zugänge ihre Berechtigung in der fremdsprachlichen Fachdidaktik (Bonnet 2017, 81). **Hermeneutik** kann in diesem Zusammenhang „als Oberbegriff der Bemühung, den Sinn von Texten zu erschließen“ (ebd., 85) und damit als **„theoretische Forschung“** (Legutke 2016, 39–49) verstanden werden kann. Bezüglich der nicht-empirischen Forschungsansätze der fremdsprachlichen Fachdidaktiken sieht man sich einer „beinahe unüberschaubare[n] **Methodenpluralität**“ (ebd., 84; Hervorhebung: C.K.) gegenüber, die sich allein aus den vielen hermeneutischen Verfahren der Literaturwissenschaft ergibt. Ein klassischer fremdsprachendidaktischer, hermeneutisch-orientierter Zugang ist beispielweise die Bestimmung des didaktischen Potenzials einer Textsorte anhand ihrer gattungsspezifischen oder gattungstypischen Merkmale (vgl. z. B. del Valle Luque 2018). Die Auswahl der passenden Forschungsmethode sollte dabei immer vom Forschungsgegenstand und der Forschungsfrage ausgehen, denn die Methode ist keinesfalls beliebig zu wählen, wie bereits der griechische Ursprung verdeutlicht: „Methodos“ bedeutet „Weg auf ein Ziel hin“ (Bonnet 2017, 81).

Die empirischen Herangehensweisen, derer sich die fremdsprachlichen Fachdidaktiken bedienen, sind hingegen überschaubar. Auch der Begriff „**Empirie**“ kommt aus dem Griechischen, von „empeiría“, d. h. „Erfahrung(swissen)“. Von empirischer Forschung wird gesprochen, wenn z. B. im Rahmen einer wissenschaftlich kontrollierten Beobachtung, Befragung oder Messung systematisch Daten gesammelt und ausgewertet werden (vgl. Riemer 2014, 15). Dabei wird auf grundsätzlicher Ebene zwischen quantitativen und qualitativen Zugängen unterschieden. Bei quantitativer Forschung wird mit Daten gearbeitet, „die typischerweise gezählt werden können“ und zu denen „klare Vorannahmen und eng fokussierte Fragestellungen“ (Daase/Hinrichs/Settinieri 2014, 104) vorliegen. Es geht folglich darum, beispielsweise im Rahmen geschlossener Befragungen durch Fragebögen oder strukturierte Beobachtungen, vorher formulierte Hypothesen zu testen, um aus den Ergebnissen der Studie „generalisierbare Gesetzmäßigkeiten größerer Reichweite“ (ebd.) herleiten zu können. Bei einem qualitativen Forschungsdesign stehen hingegen „Exploration und Verstehen“ (Riemer 2014, 20) im Zentrum, die Hypothesen sollen erst generiert werden. Im Sinne dieser offeneren Herangehensweise liegen gleichsam Daten vor, die in der Regel verbal sind und somit nicht unmittelbar quantifizierbar; sie werden z. B. durch Interviews oder textbasierte Inhaltsanalysen gewonnen (vgl. Meyer/Fichten 2009, 42). Um zu umfassenderen Erkenntnissen zu gelangen, bedient man sich in größeren Forschungsvorhaben idealerweise quantitativer und qualitativer Zugänge, deren Erkenntnisse sich im Sinne einer „**Triangulation**“ (ebd., 44) gegenseitig ergänzen und validieren (für einen umfänglichen Überblick über die verschiedenen Forschungszweige und -methoden in der Fremdsprachendidaktik vgl. Caspari u. a. 2016).

Forschung ist in den fremdsprachlichen Fachdidaktiken jedoch nicht nur Wissenschaftlerinnen und Wissenschaftlern vorbehalten. Spätestens seit Beginn des 21. Jahrhunderts (vgl. Wissenschaftsrat 2001; Keuffer/Oelkers 2001; Schocker-v. Ditfurth 2001) leistet das sogenannte **„forschende Lernen"** als „(hochschul-)didaktisches Prinzip" (Sprenger 2017, 79) zunehmend einen entscheidenden Beitrag zur reflexiven Lehrerbildung. Dem Wissenschaftsrat zufolge wird dadurch vorbereitet, dass Lehrkräfte „mit einer forschenden Grundhaltung" auch im späteren Berufsleben Theoriewissen für die Analyse und Gestaltung ihres Unterrichts nutzen (vgl. Wissenschaftsrat 2001, 41). Um eine solche Grundhaltung bereits im Studium anzubahnen, eignen sich „praxisbezogene Forschungserfahrungen" (Horstkemper 2003, 117), in deren Rahmen die Lehramtsstudierenden situativ eingebunden alle Schritte eines eigenen kleinen Forschungsprojekts „kognitiv, emotional und sozial" durchlaufen – „vom Ausgangsinteresse, den Fragen und Strukturierungsaufgaben des Anfangs über die Höhen und Tiefen des Prozesses, Glücksgefühle und Ungewissheiten, bis zur selbst (mit-)gefundenen Erkenntnis oder Problemlösung" (Huber 2003, 16). Forschendes Lernen leistet damit im Idealfall einerseits einen Beitrag zur **Professionalisierung zukünftiger Lehrkräfte**, indem sie Forschungsmethoden anwenden, die ihnen auch später im Berufsleben für die Weiterentwicklung des eigenen Unterrichts nützlich sein können (vgl. Horstkemper 2003, 120), und andererseits einen „Beitrag zur Unterrichts- und Schulentwicklung" (Meyer/Fichten 2010, 7), indem Impulse aus den Forschungsprojekten „in die Praxis zurückzufließen" (Riemer 2013, 359). Letzteres kann besonders gut gelingen, wenn das forschende Lernen im Sinne der Aktionsforschung in der schulischen Praxis, z. B. bei konkreten Problemen, ansetzt und von den Studierenden in enger Abstimmung oder ggf. auch in Zusammenarbeit mit den Fachlehrkräften vor Ort durchgeführt wird. Eine Teamarbeit mit erfahrenen Lehrkräften erfolgt z. B. im Rahmen der „Oldenburger Teamforschung" (vgl. u. a. Bechtel 2015a, 21–22; Beispiele für die konkrete Durchführung forschenden Lernens in verschiedenen Bundesländern finden sich z. B. in Grünewald u. a. 2014 und Bürgel/Koch 2019).

Zusammenfassung

Die Spanischdidaktik ist eine junge, angewandte, wissenschaftliche Disziplin, die sich damit beschäftigt, wie die spanische Sprache, ihre Literaturen und Kulturen (im schulischen Kontext) unterrichtet und gelernt *werden*, wie dies erfolgen *sollte* und wie es operativ umgesetzt werden *kann*. Entsprechende Ergebnisse werden u. a. in fremdsprachendidaktischen Zeitschriften publiziert. Die Forschungsansätze der Spanischdidaktik sind vielfältig, wobei sie auf Forschungsmethoden aus ihren Bezugswissenschaften zurückgreift. Insbesondere die empirische fremdsprachendidaktische Forschung ist auf dem Vormarsch, aber auch hermeneutische Zugänge, z. B. aus der Literaturwissenschaft, erfüllen zentrale Ziele der Spanischdidaktik.

Weiterführende Literatur: Doff, Sabine (2017): Fremdsprachendidaktik. In: Surkamp, Carola (Hrsg.): Metzler Lexikon Fremdsprachendidaktik: Ansätze – Methoden – Grundbegriffe. Stuttgart, S. 58–61 bzw. 90–93. **Riemer, Claudia (2014):** Forschungsmethodologie Deutsch als Fremd- und Zweitsprache. In: Settinieri, Julia/Demirkaya, Sevilen/Feldmeier, Alexis/Gültekin-Karakoc, Nazan/Riemer, Claudia (Hrsg.): Empirische Forschungsmethoden für Deutsch als Fremd- und Zweitsprache: Eine Einführung. Paderborn, S. 15–31.

1.2.2 Bezugswissenschaften

Bezugswissenschaften der Spanischdidaktik sind zunächst die **Fachdidaktiken der anderen modernen Fremdsprachen**, v. a. die Englisch- und die Französischdidaktik, sowie die **Fremdsprachendidaktik** als Fachdidaktik der Gruppe fremdsprachlicher Fächer, die alle über eine längere Tradition und eine breitere Aufstellung als die Spanischdidaktik verfügen. Auch die – teilweise mit den zuvor genannten Didaktiken verbundene – **Mehrsprachigkeitsdidaktik** (siehe 2.2.8 „Mehrsprachigkeit") stellt einen wichtigen Bezugspunkt dar, da Spanisch als häufig spät gelernte Fremdsprache in besonders intensiver Weise auf vorgelernte Fremdsprachen und Erfahrungen zurückgreifen kann. Des Weiteren nutzt die Spanischdidaktik, wie die anderen fremdsprachlichen Fachdidaktiken, Erkenntnisse aus den Fachwissenschaften Sprach-, Literatur- und Kulturwissenschaften zu ihrer und anderen Sprachen sowie aus den Erziehungs- und verschiedenen Kognitionswissenschaften.

Eine (fremdsprachliche) Fachdidaktik ist somit von Grund auf **interdisziplinär** ausgerichtet. Ohne Frage ist folglich die fachdidaktische Transformation von Erkenntnissen der Bezugswissenschaften ein zentrales Element ihrer

Arbeit (vgl. z. B. Schumann/Steinbrügge 2008), neuere Ansätze machen aber verstärkt deutlich, dass die fremdsprachlichen Fachdidaktiken in „interdisziplinärer *Verquickung* mit anderen Disziplinen" (Fäcke 2017a, 21; Hervorhebung: C.K.) forschen und dabei auch selbst Impulse für angrenzende Disziplinen geben können, so dass ein tatsächlicher Austausch stattfindet (vgl. z. B. Bürgel/Siepmann 2014 und 2016 für den Dialog mit der Sprachwissenschaft sowie Koch/Lang/Schmitz 2017 und Koch/Schmitz im Druck für den Dialog mit der Literaturwissenschaft). Dies gilt es, in Zukunft weiterzuführen, denn was Hans-Ingo Radatz für das Verhältnis zwischen Sprachwissenschaft und Fremdsprachendidaktik formuliert, gilt prinzipiell für alle Bezugswissenschaften: Die Zusammenarbeit ist bisher „typischerweise eine Einbahnstraße" (Radatz 2016, 7), sprich fremdsprachendidaktische Forschungsergebnisse werden von den Nachbardisziplinen wenig beachtet.

Aus fachlicher Sicht sind die Sprach-, Literatur- und Kulturwissenschaft die zentralen Bezugswissenschaften der fremdsprachlichen Fachdidaktik, da sie letzterer Erkenntnisse und Herangehensweisen zu ihren drei zentralen Inhaltsbereichen liefern. Die **Sprachwissenschaft** beleuchtet Sprache aus verschiedenen Perspektiven und geht dabei im Wesentlichen zwei Fragen nach: „Was ist Sprache?" und „Wie funktioniert sie?" (Hahn 2017b, 328). Die Antworten auf diese beiden auch für die fremdsprachlichen Fachdidaktiken entscheidenden Fragen entstehen in den vielen verschiedenen Teildisziplinen der Linguistik und prägen die fremdsprachlichen Fachdidaktiken nachdrücklich. Neben dem Rückgriff auf relativ stabil bleibende Beschreibungen von Sprache, z. B. in Form von Grammatikregeln, spiegelt sich die Bezugnahme auf die Sprachwissenschaft auch in der geschichtlichen Entwicklung der Methodik des Fremdsprachenunterrichtes wider. Letztere wurde vielfach durch Impulse aus der Linguistik beeinflusst: Übungen zu Satzbaumustern der audiolingualen und audiovisuellen Methode (siehe 2.1 „Methodische Entwicklung im Verlauf der Geschichte") greifen beispielsweise auf die „Unterscheidung in syntagmatische und paradigmatische Reihen" zurück (Küster 2017a, 62). Der kommunikative Ansatz des Fremdsprachenunterrichts wird zudem durch Ergebnisse aus sprachwissenschaftlichen Teildisziplinen wie Pragmatik und Soziolinguistik beeinflusst, die etwa durch Korpusanalysen anhand großer Textmengen den tatsächlichen und situationsgebundenen Gebrauch einer Sprache in Mündlichkeit und Schriftlichkeit bestimmen können (vgl. Müller-Hartmann 2016, 16). Auf diese Art und Weise ist es beispielweise möglich, Kriterien wie die Frequenz bestimmter Ausdrücke in der Alltagssprache darüber mitbestimmen zu lassen, ob diese Teil des Grund- oder Aufbauwortschatzes für Fremdsprachenlernende werden sollen (vgl. Küster 2017a, 62). Die Soziolinguistik liefert darüber hinaus wertvolle Systematiken, die bei der unterrichtsbezogenen

Auswahl und dem Vergleich verschiedener Varietäten des Spanischen zum Einsatz kommen (siehe 4.7 „Klassenraumsprache").

Gleichsam bietet die **Literaturwissenschaft** als „wissenschaftliche Beschäftigung mit literarischen Texten und dem Handlungsbereich Literatur" (Nünning 2017a, 237) zentrale Grundlagen für die fremdsprachliche Literaturdidaktik, die – wie die Literaturwissenschaft – auf einem weiten Textbegriff basiert und daher auch Text-Bild-Kombinationen wie Filme und Comics einschließt (siehe 4.6 „Textarbeit"). Zu besagten Grundlagen zählen u. a. Gattungsmerkmale, Ansätze der Erzähltheorie sowie Formen der Intertextualität bzw. der Intermedialität. In besonderem Maße beeinflusst die Literaturwissenschaft die Literaturdidaktik durch die Rezeptionsästhetik, die den Blick auf die Interaktion zwischen Text und Rezipierende legt (vgl. Fäcke 2017a, 21) und damit zu einer Intensivierung der Lerner- und Handlungsorientierung sowie zu einer Entwicklung kreativer Methoden zur Textarbeit für den Fremdsprachenunterricht beigetragen hat, die bis heute eingesetzt werden (vgl. Küster 2017a, 66; Nünning 2017a, 238). Die Literaturwissenschaft liefert somit nicht nur Erkenntnisse zu Literatur als Inhalt des Fremdsprachenunterrichtes, sondern gibt zugleich Anregungen hinsichtlich der methodischen Auseinandersetzung mit diesen Texten im unterrichtlichen Kontext. Im Rahmen der Didaktisierung literarischer Werke muss überdies stets eine literaturwissenschaftliche Analyse erfolgen, so dass eine enge Verbindung zwischen literaturwissenschaftlichen und literaturdidaktischen Verfahren besteht.

Die **Kulturwissenschaft** ist eine relativ junge Disziplin, die sich verstärkt seit den 1960er Jahren herausgebildet hat. Wie bereits in Kapitel 1.2.1 in Bezug auf die Kulturdidaktik dargelegt, geht die Genese dieser Wissenschaft auf die Ausweitung des Kulturbegriffes und die Abkehr von der zuvor primär betriebenen Landeskunde zurück (vgl. Fäcke 2017a, 22). Kultur wird als menschliches Konstrukt gesehen, das sich nicht nur in Literatur oder Kunst widerspiegelt, sondern sich gleichermaßen in „Verhaltens-, Wahrnehmungs- und Denkweisen" sowie in „Werten, Ritualen und Symbolen" manifestiert (Reinfried 2017a, 67). Im Einklang mit der Ausbildung interkultureller Handlungsfähigkeit sind kulturwissenschaftliche Erkenntnisse und Fragestellungen, z. B. zur Repräsentation und Aushandlung von Eigenem und Fremdem sowie von Identitäten und Stereotypen, für die fremdsprachlichen Fachdidaktiken von besonderem Interesse. Dies gilt gerade auch, wenn das „dynamische Wechselverhältnis" (Nünning 2017b, 186) eines literarischen Textes mit Fakten in den Blick genommen wird.

Da sich die fremdsprachliche Fachdidaktik primär mit der Vermittlung bzw. dem Erlernen ihrer Sprachen beschäftigt, stellen die **Bildungswissenschaften** eine weitere wichtige Bezugsgröße dar, die sich fachübergreifend mit

Bildung und Erziehung beschäftigen. Bezogen auf schulisches Lernen sind besonders die Teilbereiche Pädagogik und Allgemeine Didaktik für fremdsprachliche Fachdidaktiken entscheidend, die sich Grundsätzen des Lernens und Lehrens bzw. didaktischen Fragen im Hinblick auf alle Schulfächer widmen (vgl. Fäcke 2017a, 22; Steinbrügge 2008, 19). Von diesen Disziplinen ausgehende Anregungen zu fachübergreifenden Strömungen wie Kompetenz- und Outputorientierung, methodischen Neuerungen wie dem kooperativen Lernen und empirischen Forschungsmethoden halten somit regelmäßig Eingang in die fremdsprachlichen Fachdidaktiken.

Eine weitere Gruppe von Bezugswissenschaften stellen die **Kognitionswissenschaften** dar, die als Sammelbegriff verschiedene Disziplinen wie Psycholinguistik, Lern- und Neuropsychologie zusammenfassen (vgl. Küster 2017b, 82) und der fremdsprachlichen Fachdidaktik wichtige Hinweise darüber liefern, wie etwas gelernt, behalten und vergessen wird (vgl. Fäcke 2017a, 22). Die methodische Entwicklung des Fremdsprachenunterrichts wurde und wird demnach entscheidend von den jeweils aktuellen Lerntheorien beeinflusst, z. B. vom Behaviorismus, der sich in wiederholenden Übungen bis heute findet (siehe 2.1 „Methodische Entwicklung im Verlauf der Geschichte“). Primär wird heutzutage jedoch der gemäßigte Konstruktivismus zugrunde gelegt, der Lernen als individuellen und aktiven Prozess betrachtet, in dessen Rahmen neue Elemente mit vorhandenen Wissensbeständen interagieren. Der Vorgang des Lernens kann in diesem Verständnis ‚von außen‘ angeregt werden, d. h. im Unterricht v. a. durch die Lehrkraft sowie von ihr zur Verfügung gestellte Materialien und Aufgabenstellungen. Zum Ablauf des individuellen Lernprozesses kann die fremdsprachliche Fachdidaktik auf kognitionswissenschaftliche Erkenntnisse zurückgreifen, auch wenn diese teilweise aufgrund fehlender empirischer Belege umstritten sind, z. B. die Lerntypen-Theorie, die Lernenden Kombinationen aus bestimmten Lernstilpräferenzen zuschreibt (vgl. Viebrock 2017, 217; siehe 3.3.5 „Sprachlernkompetenz (Sek. II)“). Das Wissen über meist unbewusste Lernstile kann allerdings wichtige Impulse für eine vielfältige Unterrichtsgestaltung geben, für eine Bewusstmachung der eigenen Lernprozesse sowie für die Vermittlung daran anknüpfender Lernstrategien und damit eine möglichst individuelle Förderung im Fremdsprachenunterricht (siehe 3.1). Dazu zählt z. B. das Wissen über mögliche Präferenzen für bestimmte Wahrnehmungskanäle, z. B. visuell, auditiv, haptisch oder kinästhetisch (siehe 3.3.5 „Sprachlernkompetenz“).

Zusammenfassung

Die Spanischdidaktik ist von Grund auf interdisziplinär ausgerichtet. Neben anderen fremdsprachlichen Fachdidaktiken, der Fremdsprachen- und Mehrsprachigkeitsdidaktik sind v. a. die spanische Sprach-, Literatur- und Kulturwissenschaft entscheidende Impulsgeber. Darüber hinaus sind diejenigen Disziplinen von Bedeutung, die sich grundsätzlich mit dem Lernen und Lehren beschäftigen, z. B. die Bildungs- und die Kognitionswissenschaften. Einerseits greift die Spanischdidaktik auf Erkenntnisse aus diesen Nachbarforschungen zurück, andererseits bringt sie selbst wertvolle Ansätze hervor, von denen die anderen Wissenschaften profitieren können.

Weiterführende Literatur: Hahn, Angela (2017b): Sprachwissenschaft. **Nünning, Ansgar (2017a):** Literaturwissenschaft. **Nünning, Ansgar (2017b):** Kulturwissenschaft. In: Surkamp, Carola (Hrsg.): Metzler Lexikon Fremdsprachendidaktik: Ansätze – Methoden – Grundbegriffe. Stuttgart, S. 328–332 bzw. 237–239 bzw. 184–186.

2 Fremdsprachendidaktische Prinzipien

Ein Blick auf die Entwicklung der Methodik des institutionalisierten Fremdsprachenunterrichts seit Ende des 18. Jahrhunderts verdeutlicht, dass zu keinem Zeitpunkt ein Konzept des Lehrens und Lernens ein vorheriges nahtlos ablöst. Dennoch lassen sich einige ‚große' Methoden ausmachen, die in bestimmten Zeiträumen eine Art „Leitbildcharakter" (Reinfried 2017b, 68) einnehmen (2.1) und von denen die meisten bis heute Elemente der Gestaltung des Fremdsprachenunterrichts beeinflussen. Wenn dabei von „Methoden" die Rede ist, sind damit grundsätzliche didaktische Prinzipien zu verstehen, nicht aber einzelne Lehr-Lern-Verfahren wie beispielsweise das Gruppenpuzzle (siehe 3.3.1.4 „Sprechen") oder die Placemat-Methode (siehe 3.3.1.5 „Schreiben") (vgl. Fäcke 2017b, 32). Für den *aktuellen* Fremdsprachenunterricht lassen sich zudem eine ganze Reihe von Prinzipien ausmachen, die es zu berücksichtigen gilt, um zeitgemäßen Unterricht zu gestalten und die in Kapitel 1.1.3 vorgestellten bildungspolitischen Vorgaben kreativ in die Praxis umzusetzen (2.2).

2.1 Methodische Entwicklung im Verlauf der Geschichte

Um den heutigen Fremdsprachenunterricht in seiner Gestaltung zu verstehen, ist es unerlässlich, die geschichtliche Entwicklung seiner Methodik zumindest in ihren Grundzügen nachzuvollziehen. Die **Grammatik-Übersetzungs-Methode** ist die älteste nennenswerte ‚große' Methode seit der Institutionalisierung des Fremdsprachenunterrichts. Sie ist v. a. von etwa 1780 bis 1880 verbreitet und orientiert sich am altsprachlichen Latein- und Griechischunterricht (vgl. Reinfried 2017b, 73). Ihr Schwerpunkt liegt somit – nach der Einübung bestimmter grammatischer Phänomene durch Übungssätze – auf der Übersetzung schriftlicher literarischer Texte mit dem Ziel, das Regelsystem der Sprache kognitiv zu durchdringen (vgl. Christ 1983, 105; Fäcke 2017b, 33). Das Fremdsprachenlernen dient in dieser Tradition der strukturierten Schulung des Gedächtnisses, der Konzentrationsfähigkeit und des Verstandes der Lernenden, nicht aber der Vorbereitung auf Kommunikation (vgl. Reinfried 2008, 153–154).

Im letzten Drittel des 19. Jahrhunderts wird der Ruf nach einer stärkeren Ausrichtung an mündlicher Sprachverwendung laut (vgl. Voigt 1998, 41). Die entstehende **direkte Methode** dominiert von etwa 1880 bis 1910 – mit einer erneuten Blütezeit von 1960 bis 1980 (vgl. Reinfried 2017b, 73). Sie ist Teil der neusprachlichen Reformbewegung, die maßgeblich durch **Wilhelm Viëtors** Schrift **„Quousque tandem?** [Wie lange noch?; Anmerkung: C.K.] **Der Sprachunterricht muß umkehren“** (1882) beeinflusst wird. Der Phonetiker Viëtor setzt sich darin dafür ein, zur Methodik der Sprachmeister zurückzukehren, die vor der Institutionalisierung des Fremdsprachenunterrichts in Vorbereitung auf (Handels-)Kontakte mit Anderssprachigen einen Schwerpunkt auf Mündlichkeit legt (vgl. Christ 1983, 107). „Direkt“ ist die Methode insofern, als sie, angelehnt an den Erwerb der Erstsprache, einsprachig in der Fremdsprache, also nicht vermittelt durch eine andere Sprache, und ohne Rückgriff auf metasprachliche Begrifflichkeiten auf flüssiges, alltagsbezogenes Sprechen ausgerichtet ist (vgl. Fäcke 2017b, 36; Grünewald 2017c, 113; Reinfried 2017b, 112). Dieser Ansatz geht einher mit induktiver Grammatikerschließung, d. h. dem Ableiten der Regel anhand von Beispielen durch die Lernenden (siehe 3.3.1.7 „Verfügbarkeit sprachlicher Mittel“), Ausspracheschulung und imitativem Lernen durch kommunikatives Handeln am Beispiel der Lehrkraft (vgl. Christ 1983, 107). Darüber hinaus wird mit der direkten Methode „Realien-“ bzw. später „Kulturkunde“ als ein Bestandteil des Fremdsprachenunterrichtes ergänzt, der Lernenden das Erkennen von „Strukturgesetze[n] einer fremden Kultur“ (ebd.) ermöglichen soll. Der Schwerpunkt auf Alltagssprache, Einsprachigkeit und einem möglichst direkten Zugang zur Kultur der Zielsprache sind bis heute entscheidende Bestandteile des Fremdsprachenunterrichts (vgl. Fäcke 2017b, 36).

In den 1940er Jahren entsteht in den USA die **audiolinguale Methode**, die von etwa 1950 bis 1970 in Deutschland Anwendung findet (Reinfried 2017b, 73). Sie wird von verschiedenen Bezugsdisziplinen beeinflusst, v. a. durch den Strukturalismus aus der Sprachwissenschaft und den Behaviorismus aus der Psychologie (vgl. Hahn 2017a, 312). Der Strukturalismus beschreibt die jeweilige Sprache mit ihren eigenen Strukturen und Bestandteilen, ohne sich am lateinischen Vorbild zu orientieren; der Schwerpunkt liegt dabei auf der gesprochenen Sprache (vgl. Fäcke 2017b, 37). Der Behaviorismus setzt auf das Erlangen von Sprechfertigkeit durch eine Konditionierung des Verhaltens: Das ständige imitative Wiederholen der gleichen Strukturen soll ein Einprägen erreichen, wobei Tonbandgeräte zum Einsatz kommen, aber ebenso Lückentexte und Modelldialoge, die auswendig gelernt werden (vgl. Grünewald 2017c, 114). Wie bei der direkten Methode liegt der Fokus auf Einsprachigkeit, mündlicher Alltagskommunikation und landeskundlichem Wissen. Auch wenn der sogenannte *pattern drill*, d. h. das relativ stumpfe Einschleifen von Strukturen, heute nicht mehr in diesem Maße praktiziert wird, ist das Prinzip der Wiederholung, im heutigen Sinne des intelligenten Übens, nach wie vor von Bedeutung (vgl. Fäcke 2017b, 38–39; siehe auch 3.3.1.7 „Verfügbarkeit sprachlicher Mittel").

Eine kombinierte Methode aus Elementen der drei bisherigen stellt die **vermittelnde Methode** dar. Sie entsteht ab den 1950er Jahren als Konsequenz der neusprachlichen Reformbewegung, kann sich aber nicht nachhaltig durchsetzen (vgl. Reinfried 2017b, 70). Sie verknüpft in abwechslungsreicher Weise Bildungsinhalte, Grammatikkenntnisse sowie die Lektüre und Übersetzung literarischer Texte der Grammatik-Übersetzungs-Methode mit der induktiven Grammatikerschließung und der weitgehend einsprachig-fremdsprachlichen Vermittlung mündlicher Alltagssprache der direkten und audiolingualen Methode (vgl. Fäcke 2017b, 39).

Die **audiovisuelle Methode** kommt v. a. von 1960 bis 1975 zum Einsatz (vgl. Reinfried 2017b, 73). Sie entsteht in den 1950er Jahren in Frankreich und stellt insofern eine Weiterentwicklung der audiolingualen Methode dar, als eine strikte Einbettung von Sprachverwendung in einen kommunikativen Kontext erfolgt. Dieser wird v. a. im Anfängerunterricht durch Bilder transportiert (vgl. Reinfried 2013, 68), die per Dia- und Overhead-Projektor sowie Videorecorder gezeigt werden. Für die Schulung der Aussprache finden hingegen auch weiterhin Sprachlabore, Tonbandgeräte und Kassettenrekorder Verwendung. Fortgeführt wird darüber hinaus die Abkehr von metasprachlichem Wissen, hin zu Sprache als Mittel zu authentischer Kommunikation. Dabei werden den Lernenden mithilfe der technischen Geräte jedoch hauptsächlich Einschleifübungen mit permanenten Wiederholungen bereitgestellt, die durch die Orientierung an einer grammatischen Progression mit recht „sinnentleerten Dialogen" (Fäcke 2017b, 42) arbeiten. Die audiolinguale und die audiovisuelle Methode stehen somit in Weiterführung der direkten Methode für das noch heute bedeutsame Primat der Mündlichkeit und stellen zudem den Beginn der Nutzung akustischer und visueller Medien im Fremdsprachenunterricht dar (vgl. Reinfried 2017b, 71).

Eine grundlegende Veränderung, die den Fremdsprachenunterricht bis heute maßgeblich prägt, tritt mit der kommunikativen Wende in den 1970er Jahren und der **kommunikativen Methode** ein, denn erstmals geht es nicht primär um sprachliche Korrektheit und die Anwendung von Regeln, sondern ebenso um freies Sprechen der Lernenden und angemessene Kommunikation (vgl. Reinfried 2017b, 71; Fäcke 2017b, 43). Ein entscheidender Einfluss wird dabei **Eberhard Piephos** Werk ***Kommunikative Kompetenz als übergeordnetes Lernziel im Englischunterricht* (1974)** zugeschrieben, in dem Piepho die angloamerikanische Sprechakttheorie, die Kommunikation als Handlung begreift, für den Fremdsprachenunterricht nutzbar macht (vgl. Reinfried 2017b, 72). Seit den 1980er Jahren werden eindimensionale Übungen sukzessive durch Übungen in kommunikativen Kontexten ersetzt und es herrscht „aufgeklärte Einsprachigkeit“ (Butzkamm 1973), die den begrenzten, zielgerichteten Einsatz der Erstsprache erlaubt (siehe hierzu auch 4.7 „Klassenraumsprache“). De facto spielt die grammatische Progression für die Gestaltung von Unterrichtsverläufen zwar nach wie vor eine bedeutsame Rolle, mit der kommunikativen Methode erfolgt jedoch erstmals zugleich eine Orientierung an den Lernenden und ihren spezifischen Mitteilungsbedürfnissen sowie, damit verbunden, an der Vermittlung von Sprache zur Bewältigung bestimmter Kommunikationssituationen. Damit wird in den 1990er Jahren gleichzeitig das Ende der geschlossenen ‚großen‘ Methoden und der Beginn der Methodenvielfalt eingeleitet, denn es wird deutlich, dass Lernende als Individuen unterschiedliche Bedürfnisse haben und unterschiedlich lernen, so dass „es die eine Methode des Lehrens und Lernens, die für alle gleichermaßen geeignet ist, nicht geben kann“ (Plikat 2017a, 121; vgl. auch Prabhu 1990; Kumaravadivelu 2006; Gerlach/Leupold 2019, 22–23).

Diese „breit gefasste Methodenströmung“ (Reinfried 2017c, 74) kann als zweite Phase der kommunikativen Methode verstanden werden, die als **„neokommunikativ“** bezeichnet wird (vgl. v. a. Reinfried 2001; Reinfried/Volkmann 2012). Es handelt sich dabei nach wie vor um die grundsätzliche Ausrichtung der kommunikativen Methode, sie wird allerdings mit starker Lerner- und Handlungsorientierung sowie im Sinne der Kompetenzorientierung und interkultureller Handlungsfähigkeit konsequenter zu Ende gedacht und vereint in sich Ansätze wie Ganzheitlichkeit und Mehrsprachigkeit (vgl. Reimann 2018, 150). Neben den im Zentrum stehenden kommunikationsbezogenen Phasen sind aber ebenfalls sprachbezogene von Nöten, in denen die Aneignung der notwendigen sprachlichen Mittel erfolgt (vgl. Königs 2018, 235). Diese haben jedoch eine primär dienende Funktion zur Realisierung von kommunikativen Absichten (vgl. Koch 2015a, 4). Die kommunikative Methode und ihre neokommunikative Weiterentwicklung stellen demzufolge gepaart mit der aufgeklärten Einsprachigkeit und durch die starke Lernerorientierung einen Mittelweg gegenüber Extrempositionen wie der Grammatik-Übersetzungs-Methode auf der einen und der direkten Methode auf der anderen Seite dar. Sie stehen somit für „tendenziell offenere Konzepte“ (Königs 2015, 8), die Lernenden individuell passende Angebote machen und ihnen bei großer „Pluralität von Lehr- und v. a. Lerntechniken“ (Reinfried 2001, 9) Autonomie bei der Gestaltung ihres eigenen Lernweges zugestehen.

Zusammenfassung

Von der Grammatik-Übersetzungs-Methode (~ 1780–1880) bis hin zum heutigen neokommunikativen Ansatz (~ seit 2001) hat sich der Fremdsprachenunterricht in den letzten 250 Jahren stark verändert. Nichtsdestotrotz sind bestimmte Elemente der ‚großen' Methoden auch im aktuellen Unterricht noch zu finden. Bereits seit der direkten Methode (~ 1880–1910; 1960–1980) sind Alltagssprache, Einsprachigkeit und ein direkter Zugang zu den Zielkulturen ein zentrales Thema; intelligentes Üben nutzt noch heute das Prinzip der Wiederholung, ein Charakteristikum der audiolingualen Methode (~ 1950–1970); elektronische Medien sind spätestens seit der audiovisuellen Methode (~ 1960–1975) aus dem Fremdsprachenunterricht nicht mehr wegzudenken und die kommunikative Wende (1970er Jahre) ist schlussendlich der Beginn der heutigen Kommunikationsorientierung, ergänzt durch Methodenvielfalt im neokommunikativen Ansatz seit Anfang des 21. Jahrhunderts.

Weiterführende Literatur: Reinfried, Marcus (2017b): Ein Rückblick auf die ‚großen' Methoden des Fremdsprachenunterrichts. In: Nieweler, Andreas (Hrsg.): Fachdidaktik Französisch: Das Handbuch für Theorie und Praxis. Stuttgart, S. 68–73. **Fäcke, Christiane (2017):** Fachdidaktik Französisch. Eine Einführung. Tübingen, Einheit 3, S. 31–47.

2.2 Aktuelle fremdsprachendidaktische Tendenzen

Alle aktuell bedeutsamen Strömungen in der fremdsprachlichen Fachdidaktik sind eng mit dem in Kapitel 2.1 dargestellten neokommunikativen Ansatz sowie miteinander verknüpft und lassen sich in vielen Punkten nicht klar voneinander trennen oder hierarchisieren. Dies kann als Indiz dafür gewertet werden, dass sie sich zu einer neuen Methodenkonzeption vereint haben (vgl. Reinfried 2001, 8). Trotz wechselseitiger Beeinflussung werden die einzelnen Tendenzen im Folgenden separat beleuchtet, um ihre jeweiligen Charakteristika bestmöglich herauszuarbeiten. Verwiesen sei an dieser Stelle noch einmal auf die in Kapitel 1.1.3, im Rahmen der bildungspolitischen Vorgaben, skizzierte omnipräsente **Kompetenzorientierung**, die sich an dem orientiert, was die Lernenden zu einem bestimmten Zeitpunkt bereits können sollen (Kann-Beschreibungen). Zudem liegt den nachfolgenden Ausführungen die **Standardorientierung** zugrunde: Die Bildungsstandards definieren für alle deutschen Bundesländer, welche Regelstandards der Durchschnitt der Lernenden zum Abschluss bestimmter Jahrgangsstufen erreicht haben soll.

2.2.1 Lernerorientierung

Dreh- und Angelpunkt – auch der Kompetenzorientierung und der weiteren aktuellen Strömungen – ist die starke Lernerorientierung. Begründen lässt sich diese v. a. dadurch, dass im Sinne des gemäßigten Konstruktivismus davon ausgegangen wird, dass Lernen ein höchst **individueller Konstruktionsprozess** ist, der aber unterrichtlich unterstützt werden kann (vgl. z. B. Wendt 1998). Das bedeutet, dass Informationen der Lehrkraft oder der Lernmaterialien von den einzelnen Lernenden nicht 1:1 übernommen werden, sondern Wissen stets individuell konstruiert wird, was selbst bei gleichem Unterricht unweigerlich zu unterschiedlichen Lernergebnissen führt. Man spricht dabei vom **Input** der Lehrkraft oder der Lernmaterialien, der zu einem individuellen **Intake** bei den Lernenden führt, also dem, was sie tatsächlich aufnehmen und der an ihrem **Output** sichtbar wird. Damit die bzw. der einzelne Lernende aus neuen Impulsen sinnvoll eigenes Wissen konstruieren kann, ist das Anknüpfen an das individuelle Vorwissen entscheidend, wie auch die Ergebnisse der großangelegten Meta-Studie von John Hattie belegen: Der diesbezügliche Faktor „Erkenntnisstufen" erreicht im Rahmen einer Analyse von 80.000 Einzelstudien mit 1,28 die zweithöchste Effektstärke – nach der „Selbsteinschätzung des eigenen Leistungsniveaus" (vgl. Hattie/Zierer 2017, 33 und 198). Eng mit dem Vorwissen verbunden ist die Notwendigkeit, für jeden Lernenden das passende Anforderungsniveau zu finden. Im Einklang mit **Lev Vygotskys „Zone der nächsten Entwicklung"** (1978, 36) geht es darum, den aktuellen Stand des einzelnen Lernenden zu ermitteln und einzuschätzen, welcher Entwicklungsschritt dem Individuum als nächstes möglich ist. Dieser sollte erreichbar sein, aber eine gewisse Herausforderung darstellen, damit eine Entwicklung stattfindet (vgl. Wendt 1998, 9). In eine ähnliche, allerdings konkret sprachbezogene Richtung argumentiert **Manfred Pienemann** (1998), der mit seiner ***Processability Theory*** darlegt, dass Lernende und ihre Lernersprache – auch „Interlanguage" oder „Interimssprache" genannt – verschiedene Entwicklungsstufen durchlaufen und beispielsweise erst zu bestimmten Zeitpunkten in der Lage sind, spezifische grammatische Phänomene zu verstehen. Des Weiteren gilt es, im Sinne der Lernerorientierung die individuellen Lernstile zu berücksichtigen, um die jeweils passenden Lernwege zu finden (siehe 1.2.2 „Bezugswissenschaften" und Kapitel 3.3.5 „Sprachlernkompetenz (Sek. II)"). Lernerorientierung ist somit eng verbunden mit **Lernerautonomie**, weil eine Anleitung zu zunehmend selbstständigem Lernen und Überprüfen eigener Leistungen erfolgt (vgl. Wendt 1998, 7), sowie mit dem Konzept der **Individualisierung** (siehe 3.2 „Grundlagen zur (individuellen) Förderung"). Letztere kann durch vielfältige Lernangebote erreicht werden, indem eine komplexe und anregende Lernumgebung und Mitbestimmungsmöglichkeiten die Initiierung von individuellen Lernprozessen begünstigt. Es geht somit um die Mischung von lehrerzentriertem Anleiten und schülerzentriertem Handeln (vgl. Hattie 2013, 31), wobei die Phasen der Lernendenaktivierung überwiegen sollten.

2.2.2 Offener Unterricht

Um neben lehrerzentrierten Phasen der Instruktion Raum für **schülerzentrierte Phasen der Konstruktion** zu schaffen, muss der Unterricht ‚geöffnet', d. h. dezentralisiert, werden. Der Schwerpunkt **offenen Unterrichts** liegt auf der Aktivität jeder einzelnen Schülerin bzw. jedes einzelnen Schülers, die bzw. der den eigenen Lernprozess in einem bestimmten Maße selbst steuert und in dieser Zeit einen Teil Verantwortung für ihr bzw. sein eigenes Lernen übernimmt. Sowohl bezüglich des behandelten Themas oder Teilaspekten desselben als auch bezüglich der konkreten Gestaltung der Lernsituationen, z. B. hinsichtlich Sozialform, Lernweg, Aufgabe oder Abfolge, bestimmen die Lernenden zunehmend mit, indem sie z. B. nach ihren eigenen Interessen und Fähigkeiten aus bestimmten von der Lehrkraft vorbereiteten Angeboten auswählen und nach Möglichkeit geleitet von Neugier **entdeckend Lernen**. Dabei ist wichtig festzuhalten, dass weder offener noch ‚geschlossener' Unterricht per se wirksamer sind. In der Regel wird eine Kombination aus beidem den Lernenden am besten gerecht und welche Unterrichtsform ausgewählt wird, sollte anhand der zu erreichenden Ziele und der konkreten Lerngruppe entschieden werden (vgl. Hattie/Zierer 2017, 124).

Eine typische Methode offenen Unterrichts ist das **Stationenlernen** („aprender en estaciones"), auch „Zirkeltraining" genannt („el círculo de aprendizaje"), bei dem sich die Lernenden zu ihren Arbeitsaufgaben begeben, z. B. mit dem Ziel, sich ein neues Thema zu erschließen oder die Inhalte einer Einheit zu wiederholen. Bei geschlossenem Stationenlernen ist die Reihenfolge der Stationen vorgegeben, woraus sich das Problem ergibt, dass alle Lernenden gleichzeitig an der gleichen Station arbeiten müssen. Bei einer offenen Variante können die Lernenden an beliebiger Stelle beginnen und anschließend zu einer Station ihrer Wahl gehen. Voraussetzung dafür ist, dass die Aufgaben nicht aufeinander aufbauen. Bei einer halboffenen Mischform gibt es anfängliche Pflichtstationen mit einer anschließenden freien Wahl für die weiteren. Für geschlossene Aufgabenformate können an den Stationen Lösungsblätter zur selbstständigen Kontrolle ausliegen. Idealerweise gibt ein Laufzettel den Lernenden bereits im Vorhinein Aufschluss darüber,

- welche Aufgabe
- mit welchem Schwierigkeitsgrad
- in welcher Sozialform (z. B. mit oder ohne Partnerin bzw. Partner) und ggf.

- zu welchem (Teil-)Thema
- an welcher Station zu erledigen ist und
- welche Materialien und Hilfsmittel dabei genutzt werden können.

Gleichzeitig können die Lernenden auf dem Laufzettel markieren, welche Stationen sie bereits erledigt haben und ggf. eine Selbsteinschätzung vermerken, wie sicher sie sich bei der Erledigung gefühlt haben. Varianten des Stationenlernens sind die **Lerntheke** oder das **Lernbuffet** („el bufé de aprendizaje"), bei dem die Lernenden an einem bestimmten Ort Angebote in ähnlicher Art und Weise auswählen können, diese aber an ihrem Platz erledigen (vgl. Grünewald 2017d, 300–301).

Neben Methoden wie dem Stationenlernen erfolgt offenes Lernen zudem im Rahmen von Wochenplan- oder Freiarbeit. Bei ersterem wird eine bestimmte Zeit pro Woche für die Bearbeitung des eigenen **Wochenplans** reserviert, in dem Aufgaben für alle Fächer vertreten sein können. Zu welchem Zeitpunkt innerhalb der vorgegebenen Zeit und in welcher Form diese bearbeitet werden, entscheiden die Lernenden selbst. **Freiarbeit** kann, wenn sie nicht in Modellschulen als grundlegendes Unterrichtsprinzip etabliert wird, als freiere Arbeitsphase in Unterricht eingebettet werden und zeichnet sich durch besonders viel Wahlfreiheit aus. Für den kommunikativen Fremdsprachenunterricht ist jedoch darauf zu achten, dass diese individualisierende Form des Arbeitens nicht ausschließlich schriftlich erfolgt, sondern, z. B. mit einer Partnerin oder einem Partner, auch mündlich gearbeitet und entsprechende Produkte, z. B. Lernvideos für andere, erstellt werden (vgl. z. B. Schmenk 2017, 136).

Projektarbeit ist ebenfalls eine Form offenen Unterrichts, die folgende Kriterien erfüllen sollte (vgl. Gudjons 1994, 16–26):

- Orientierung an den Interessen der Lernenden,
- Thema mit gesellschaftlicher und unterrichtlicher Relevanz,
- interdisziplinäre Aufarbeitung,
- längerfristige Beschäftigung,
- selbstständiges Arbeiten,
- Einbeziehung möglichst vieler Sinne,
- Ausrichtung auf ein konkretes Produkt,
- Zusammenarbeit mit anderen.

Wie die Interdisziplinarität des Projektlernens bereits andeutet, zielt offener Unterricht gleichzeitig auf eine **Öffnung nach außen**. Das kann fachübergreifendes Lernen innerhalb der Schule sein, aber auch das Einladen von externen Gästen, z. B. Zeitzeuginnen oder -zeugen sowie Autorinnen oder Autoren, oder das Aufsuchen **außerschulischer Lernorte** im Rahmen einer Exkursion, die zielgerichtet in den Unterricht eingebunden wird (vgl. z. B. Jürgens 2008, 102; Baar/Schönknecht 2018, 23). Dabei können primäre und sekundäre Lernorte unterschieden werden: Primäre Lernorte werden bereits mit pädagogischen Absichten eingerichtet, z. B. Museen, während alle anderen Orte ohne eine solche Anlage sekundäre Lernorte sind, an denen die Lerngelegenheiten erst – in der Regel durch die Lehrkraft – geschaffen werden müssen (vgl. Legutke 2015, 131). Ein städtischer Platz in der Heimatstadt kann folglich z. B. bei entsprechender geschichtlicher Verknüpfung zu einem anregenden Lernort werden. Das Verlassen der Schule im Rahmen des Fremdsprachenunterrichts zielt dabei grundsätzlich darauf ab, der Sprache und/oder Aspekten ihrer Kulturen in einem authentischeren Kontext als dem künstlichen Klassenzimmer zu begegnen. Eine Reise in ein zielsprachiges Land ist demnach die Hochform des Aufsuchens eines außerschulischen sekundären Lernortes, sofern sie sinnvoll vorbereitet begleitet und nachbereitet wird (siehe 3.3.2 „Interkulturelle kommunikative Kompetenz (Sek. I & II)“).

2.2.3 Kooperatives Lernen

Das „gemeinsame Bearbeiten“, das als Element der Projektarbeit bereits genannt wurde (siehe 2.2.2 „Offener Unterricht“), ist ein entscheidender Aspekt, wenn der Unterricht ‚geöffnet‘ wird, sich also von der Lehrperson als Instruktorin löst. Um unter den Lernenden **kooperatives Lernen** zu erreichen, bei dem sich wirklich jedes Individuum mit seinen unterschiedlichen Fähigkeiten bestmöglich einbringt und *gemeinsam* an einem Produkt gearbeitet wird, müssen einige Bedingungen geschaffen werden (vgl. Green 2004, 1–3):

- Die Lernenden sollten sich in einer **positiven Abhängigkeit** voneinander befinden, d. h. sie können ihr Ziel nur erreichen, wenn alle ihren jeweils einzigartigen Teil beitragen, z. B. indem jeder einen anderen Aspekt vorbereitet hat. Zusätzlich zur inhaltlichen Arbeit können **organisatorische Rollen** vergeben werden, z. B. **Zeitwächter** („el guardián del tiempo“; achtet darauf, dass die Gruppe rechtzeitig fertig wird), **Sprachwächter** („guardián del idioma“; achtet darauf, dass in der Gruppe nur Spanisch gesprochen wird), **Aufgabenwächter** („el guardián de tareas“; achtet darauf, dass zielführend gearbeitet wird) und **Kooperationswächter** („el guardián de colaboración“; achtet darauf, dass jede bzw. jeder genug Sprechzeit erhält).
- Die Zusammenarbeit sollte von **unterstützender Interaktion** geprägt sein, im Rahmen derer sich alle gegenseitig helfen, Ressourcen teilen, konstruktive Kritik üben und sich loben.
- Jede und jeder Einzelne sollte dabei sowohl eine **individuelle Verantwortung** für seinen Beitrag und seine Mitarbeit tragen als auch eine **Gruppen-**

verantwortung für das Gesamtergebnis. Dies wird v. a. dann erreicht, wenn alle am Ende das Gruppenergebnis vorstellen müssen oder erst am Ende z. B. ausgelost wird, wer diese Aufgabe übernimmt.

- Zudem erfordert die Kooperation mit anderen immer zugleich soziale Fertigkeiten. So sollte die Zusammenarbeit von **angemessener Kommunikation** geprägt sein, indem z. B. Höflichkeitskonventionen eingehalten werden. Entscheidungen sollten gemeinsam getroffen und mögliche Uneinigkeiten sachlich diskutiert und Lösungen ausgehandelt werden.
- Um aus der aktuellen Arbeit in der Gruppe etwas für die Zukunft zu lernen, sollte am Ende stets eine rückblickende **Reflexion der Zusammenarbeit** erfolgen, bei der es darum geht auszuwerten, inwiefern die gesteckten Ziele erreicht worden sind, was für die Zukunft beibehalten und was verändert werden soll.

Dass diese Bedingungen erfüllt sein müssen, damit von kooperativem Lernen die Rede sein kann, macht bereits deutlich: Nicht jede Gruppenarbeit ist kooperatives Lernen. Gerade in der vorherigen Planung ist die Lehrkraft dementsprechend gefordert, die notwendigen Voraussetzungen zu schaffen.

Als **Basis** der kooperativen Interaktion gilt das Schema **„Think-Pair-Share"** („pensar-intercambiar-compartir"): Zunächst denkt jede bzw. jeder Lernende für sich, dann werden die Ergebnisse mit einer Partnerin oder einem Partner zusammengeführt, bevor sie schließlich in einer größeren Gruppe oder dem Plenum geteilt werden. Diese Grundform liegt den meisten kooperativen Methoden zugrunde, z. B. dem Gruppenpuzzle (siehe 3.3.1.4 „Sprechen"). Damit alle Lernenden aktiv mitdenken und somit tatsächlich kognitiv aktiv werden, ist dabei entscheidend, dass zunächst jede und jeder individuell nachdenkt und erst dann die Kooperation beginnt (vgl. Brüning/Saum 2017, 16).

2.2.4 Handlungsorientierung

In einem lernerorientierten (siehe 2.2.1) offenen Unterricht (siehe 2.2.2) ist es, wie bereits erwähnt, wichtig, dass die Lernenden sowohl schriftlich als auch mündlich tätig werden können. Damit dies ebenfalls in dezentralem Unterricht möglich ist, bieten sich kooperative Arbeitsformen an (siehe 2.2.3), in die auch das Prinzip der Handlungsorientierung eingebettet werden kann. Begrifflich ist Letzteres seit den 1980er Jahren in der Fremdsprachendidaktik präsent, wird jedoch bereits Ende des 19. Jahrhunderts von den Reformpädagogen zum grundlegenden Unterrichtsprinzip erklärt. Allen Lernenden sollte es demnach im Fremdsprachenunterricht ermöglicht werden, die Zielsprache so aktiv und selbstbestimmt wie möglich im Sinne eines geschützten **Probehandelns** im Unterricht in realitätsnahen und bedeutungsvollen Situationen anzuwenden (vgl. Surkamp 2007, 89; Reinfried 2017c, 74). Ohne Zweifel ist schulisches Lernen immer in gewisser Hinsicht konstruiert und damit künstlich. Die empfundene Authentizität der sprachlichen Handlungen kann jedoch für die Lernenden erhöht werden, indem für sie bedeutsame Anlässe geschaffen werden. Wichtig ist somit, dass die Kommunikationssituationen von den Lernenden „als lebensecht akzeptiert" (Bach/Timm 2009, 13) werden.

Das Handeln ist dabei **Ziel und Weg** zugleich: Zum einen ist es das Ziel, dass die Lernenden interkulturell *handlungs*fähig werden, indem sie in einer für alle Beteiligten verträglichen Weise agieren können; zum anderen kann dies nur durch einen aktiven, kommunikativ-handelnden Umgang mit der fremden Sprache erreicht werden (vgl. ebd., 1). Um zum angstfreien Agieren zu ermuntern, gilt es, eine gewisse Fehlertoleranz zu etablieren, indem das Erreichen des kommunikativen Ziels phasenweise das entscheidende Erfolgskriterium darstellt und Regelverstöße als Zeichen für den Stand der Lernersprache und damit als Anlass zum Weiterlernen aufgefasst werden (siehe hierzu auch 3.3.1.8 „Fehlerkorrektur als Diagnose- und Fördermöglichkeit"). Durch die Erfahrung, wirksam in der Fremdsprache kommunizieren zu können, d. h., in der Lage zu sein, sich verständlich zu machen, können die Lernenden Selbstvertrauen aufbauen und mutiger werden, sprachliche Risiken einzugehen. Im Einklang mit der Kommunikationsorientierung (siehe 2.1 „Methodische Entwicklung im Verlauf der Geschichte") ist der Ausgangspunkt für das sprachliche Handeln im Idealfall ein eigenes Mitteilungsbedürfnis der Lernenden, zu dessen Realisierung sprachliche Mittel erlernt werden. Entscheidend ist zudem das Miteinander des Handelns, da Kommunikation immer ein situativ, sozial und kulturell eingebetteter interaktiver Prozess ist (vgl. Timm 2009, 45). (Fremdsprachliches) Handeln ist kein rein kognitiver Vorgang, so dass handlungsorientierter Unterricht einen ganzheitlichen Ansatz verfolgt, der auch sozial-interaktive und emotionale Aspekte in die Ausbildung fremdsprachlicher Handlungskompetenz einbindet.

2.2.5 Ganzheitlichkeit

Wie die Handlungsorientierung geht die mit ihr verknüpfte Ganzheitlichkeit als bedeutsame fremdsprachendidaktische Tendenz bereits auf die reformpädagogische Bewegung zurück. Der bekannteste Ansatz stammt von **Johann Heinrich Pestalozzi** (1746–1827), der für die Einbeziehung von **Kopf** (kognitiv), **Herz** (affektiv) und **Hand** (haptisch) plädiert. Ein ganzheitliches Probehandeln mit möglichst allen Sinnen kann im Fremdsprachenunterricht beispielsweise durch dramapädagogische Verfahren erreicht werden, indem im Rahmen szenischer Darstellungen wie Rollenspielen und Standbildern (siehe

4.6 „Textarbeit“) oder (mehr oder weniger aufwändigen) Simulationen nicht nur die Sprache relevant ist, sondern auch das **Handeln** mit dem ganzen Körper (z. B. Haltung und Bewegung, Mimik und Gestik, Empfindungen in der Interaktion). Im Rahmen einer **globalen Simulation** („la simulación global“) als komplexeste Variante wird in Zusammenarbeit mit den Lernenden ein fiktiver Ort geschaffen, etwa ein Mehr-Parteien-Wohnhaus, ein Dorf oder ein Kreuzfahrtschiff. Die Lernenden übernehmen über einen längeren Zeitraum die Rollen bestimmter Personen und handeln in unterschiedlichen Situationen. Dabei sind sowohl – von der Lehrkraft festgelegte oder mit den Lernenden gemeinsam erarbeitete – Vorgaben zur Rolle als auch freie Ausgestaltungsmöglichkeiten gegeben. Eine Alternative sind Mini-Simulationen, die Rollenspielen ähneln, oder die regelmäßige Rückkehr in eine größere Simulation, damit sich der anfängliche Aufwand lohnt (vgl. Leupold 2007, 144–146).

Es gibt jedoch zugleich andersgeartete Wege der Einbindung körperlicher Aktivitäten in den Fremdsprachenunterricht, die weniger authentische Kommunikation zum Ziel haben, aber körperliche Aktivität nutzen. Ein prominentes Beispiel ist dafür **James Ashers** Methode ***Total Physical Response***, im Rahmen derer – primär im Anfangsunterricht und mit jüngeren Lernenden – von der Lehrkraft oder von Lernenden selbst Bewegungsanweisungen in der Fremdsprache erfolgen und diese von den Lernenden ausgeführt werden. Die körperlichen Handlungen werden dabei unmittelbar mit dem fremdsprachlichen Ausdruck verknüpft (vgl. Reinfried 2017c, 81). Diese Verbindung kann, bevorzugt von kinästhetisch, also durch Bewegung, lernenden Schülerinnen und Schülern, auch in Eigenregie zu Hause als Lernstrategie verwendet werden, indem sie z. B. auf- und abspringen und sich ein Trampolin unter sich vorstellen, während sie „saltar en una cama elástica“ lernen oder so tun, als würden sie eine Banane essen, wenn es gilt, sich „comer un plátano“ einzuprägen. Ebenso basieren Aktivitäten wie das Laufdiktat („el dictado de carreras“) auf körperlicher Tätigkeit, da ständig der Weg zum Text und wieder zum Platz zurückgelegt wird (siehe 3.3.1.5 „Schreiben“).

Ein wieder anders gelagerter Aspekt von Ganzheitlichkeit kann in der Annäherung an eine **Immersionssituation** gesehen werden, d. h. an ein ‚Sprachbad‘, das ähnlich dem Erstsprachenerwerb eine große Menge von sprachlichem Input zur Verfügung stellt, den die Lernenden aufnehmen und aus dem sie eher intuitiv Regelmäßigkeiten übernehmen. Diese Herangehensweise kommt hauptsächlich im Vor- und Grundschulbereich zum Einsatz, wenn beispielsweise in zweisprachigen Kindertagesstätten eine Erzieherin bzw. ein Erzieher nur Englisch mit den Kindern spricht. Im Sekundarbereich ist es aufgrund der begrenzten Stundenzahl schulischen Fremdsprachenunterrichts jedoch unerlässlich, neben solch einer impliziten Fremdsprachenvermittlung hauptsächlich eine explizite Herangehensweise zu verfolgen, die im Rahmen metasprachlicher Thematisierungen Regeln ins Zentrum stellt, die anschließend angewendet und automatisiert werden.

2.2.6 Aufgaben- und Inhaltsorientierung

Als sinnvoller Ansatz, die bisher aufgeführten Prinzipien in die Praxis umzusetzen, hat sich die Aufgabenorientierung erwiesen, im Spanischen bekannt als **„enfoque por tareas"**. Dieser *enfoque*, der im Gemeinsamen europäischen Referenzrahmen empfohlen wird (vgl. Europarat 2001, 9 und 153), beabsichtigt einen zielgerichteten Kompetenzaufbau, indem Lernende durch eine realitätsnahe kommunikative Anforderungssituation motiviert werden, die notwendigen Kompetenzen zu erwerben, um diese Situation (auch später außerhalb des Klassenzimmers) bewältigen zu können (vgl. Bechtel 2015b, 49). Im Einklang mit der Kommunikationsorientierung (siehe 2.1 „Methodische Entwicklung im Verlauf der Geschichte") entfernt sich diese Herangehensweise somit von der isolierten Förderung von Fertigkeiten, indem sie alle zu lernenden Elemente in komplexe Aufgaben einbettet (vgl. Krumm 2001, 26–27). Der grundlegende Ansatz der Aufgabenorientierung wird im angloamerikanischen Raum unter der Bezeichnung ***task-based language learning*** von **David Nunan** (1989) und **Jane Willis** (1996) entwickelt und erhält in Europa durch seine zentrale Stellung in Kapitel 7 des Gemeinsamen europäischen Referenzrahmens für Sprachen seit 2001 besondere Beachtung (vgl. ebd., 50). Eine Aufgabe zeichnet sich dadurch aus, dass sie

- inhaltsbezogen eine realitätsnahe produktive und/oder rezeptive kommunikative **Tätigkeit** ins Zentrum stellt und dieser die sprachlichen Mittel, interkulturellen Kenntnisse etc. in dienender Funktion unterordnet,
- mit dem Ziel der Bewältigung der finalen Aktivität die einzelnen Schritte des Kompetenzaufbaus in einem konkreten **Arbeitsplan** strukturiert, den die Lernenden selbstständig und häufig kooperativ durchlaufen,
- der zu einem konkreten **Endprodukt**, der Aufgabenbewältigung, z. B. einer Diskussion, einer Collage, einem Zeitungsartikel oder einem (Hyper-)Text, führt (vgl. u. a. Ellis 2003, 9–10; Mertens 2017, 9; Burwitz-Melzer/Caspari 2017, 247–248).

Mit dem Fokus auf der Aufgabenbewältigung wertet dieser Ansatz die Anwendungsphase erheblich auf, die im traditionellen Unterrichtsschema Präsentieren-Üben-Anwenden (*presentar-practicar-aplicar*) häufig zu kurz kommt, und es wird eine **0. Phase** vorangestellt (vgl. Koch 2015a, 4–5), auch *pre-task*-Phase genannt, die das Ziel definiert und den Lernenden die Notwendigkeit der nachfolgenden Lernaktivitäten und deren Abfolge verdeutlicht (vgl.

Ellis 2003, 244–249). Gelöst wird die Aufgabe in der *during-task*-Phase (vgl. ebd., 249–258), in der das erfolgreiche kommunikative Handeln im Zentrum steht (vgl. ebd., 258–260). In der *post-task*-Phase findet eine Reflexion statt und es kann ein Fokus auf sprachliche Korrektheit gelegt werden. Der Begriff „Übung", der häufig mit „Aufgabe" verwechselt wird, spielt in diesem Szenario v. a. im Rahmen der vorkommunikativen Phase eine Rolle, wenn z. B. neue sprachliche Strukturen kennengelernt und eher geschlossen und formbezogen eingeübt werden, bevor sie in der Bewältigung der komplexen Aufgabe konkrete Anwendung finden (vgl. Grünewald 2016, 85; Klippel 2017, 358).

Wie bereits angeklungen, sind Aufgaben inhaltsbezogen, d. h. das, worüber kommuniziert wird, steht im Vordergrund und das, was dafür benötigt wird, wie sprachliche Strukturen, ist dem nachgeordnet. Aufgabenorientierung ist folglich eng verbunden mit **Inhaltsorientierung**. Letztere kann nicht zuletzt als „Antwort auf den Mangel an bildungsrelevanten Inhalten" (Plikat 2017b, 137) verstanden werden, der den Bildungsstandards vorgeworfen wird (siehe 1.1.3 „Bildungspolitische Vorgaben für das Fach Spanisch"). Ausgelöst durch die weitgehende Entfernung von konkreten Vorgaben zum Inhalt im Rahmen der Entwicklung von einer Input- zu einer Outputorientierung ist eine Diskussion ausgelöst worden, welche Inhalte im Unterricht der jeweiligen Fremdsprache behandelt werden sollten. Trotz der Betonung exemplarischen Lernens im Rahmen der Kompetenz- und Standardorientierung besteht Konsens darüber, dass die Inhalte eines Fremdsprachenunterrichts keinesfalls beliebig sind (vgl. Schröder/Tesch/Nold 2017, 23) und der Tendenz zur Entkulturalisierung, d. h. zur Behandlung eher globaler Themen, entgegengewirkt werden sollte (vgl. Rössler 2007, 10–11). Inhaltsorientierung versucht somit die Lücke zwischen **Kompetenzorientierung und Bildungsanspruch** zu schließen, indem Inhalte ausgewählt werden, die für die (historische und aktuelle) Repräsentation der jeweiligen Zielsprachenkulturen und für die Lernenden relevant sind (vgl. Plikat 2017b, 139; Nieweler 2017a, 138–139), d. h. an ihre Lebenswelt anknüpfen, ihnen aber auch Fremdheitserfahrungen und deren Reflexion ermöglichen (vgl. Küster 2009, 115–116; Rössler 2007, 14–15).

Eine besonders starke Form der Inhaltsorientierung findet sich im fremdsprachendidaktischen Kontext im **bilingualen Unterricht** als „ein Fachunterricht in den nicht-sprachlichen Fächern [...], in dem überwiegend eine Fremdsprache für den fachlichen Diskurs verwendet wird" (KMK 2013, 3). Die dienende Funktion von Sprache ist hier besonders spürbar, da Fortschritte in der Fremdsprache in diesem Kontext durch deren Verwendung erreicht werden. Etwa die Hälfte der deutschen Bundesländer bietet bilingualen Fachunterricht, v. a. Geschichte, Geographie und Politik, auch in Kombination mit Spanisch an: Bremen, Berlin-Brandenburg, Hamburg, Hessen, Niedersachen, NRW, Sachsen und Schleswig-Holstein (vgl. Grünewald 2017b, 50).

2.2.7 Inter- und transkultureller Ansatz

In direkter Verbindung steht die Inhaltsorientierung zudem mit dem interkulturellen Ansatz, der nach dem Zweiten Weltkrieg aufkam und in den 1990er Jahren seine Blütezeit erreichte (vgl. Plikat 2017a, 122). Besonders prägend war für die deutschsprachige Fremdsprachendidaktik diesbezüglich die Monographie von **Michael Byram**, *Teaching and assessing intercultural communicative competence* (1997), in der er fünf *savoirs* eines *intercultural speaker* präsentiert. Dieser benötigt

- interkulturelles Wissen zu kulturellen Produkten, Praktiken, Denk- und Wahrnehmungsweisen (*saber*),
- die Bereitschaft, andere Denk- und Wahrnehmungsweisen kennenzulernen, kurzfristig andere Perspektiven einzunehmen (*saber ser*),
- die Fähigkeit, andere Kulturen zu verstehen, Konflikte zu analysieren und Lösungen auszuhandeln und sich lebenslang neues interkulturelles Wissen anzueignen (*saber aprender*),
- die Fähigkeit, die eigene und die fremde Kultur kritisch zu reflektieren, (*saber comprometerse*) und
- die interkulturelle Handlungsfähigkeit (*saber hacer*).

Interkulturelles Lernen basiert dabei auf dem bereits in 1.2.1 und 1.2.2 erwähnten weiten Kulturbegriff, der Kultur als ein dynamisches, d. h. in ständigem Wandel befindliches, Konstrukt versteht und sich „von essentialistischen, nationalkulturell orientierten Landeskunde- und Kulturkonzepten“ (Hallet 2017a, 180) abwendet. Kultur beinhaltet diesem anthroposophischen, d. h. menschbezogenen, Verständnis nach „sämtliche menschliche Lebensäußerungen“ (Welsch 1999, 46) wie Alltagsrituale, (Höflichkeits-)Standards, Mythen und Symbole. Die Abgrenzung zu anderen Gruppen hat demnach keine ethnische Fundierung. Der Begriff „Landeskunde“ ist in diesem Kontext in Verruf geraten, weil er mit rassistischen Sichtweisen der 1920er und 1930er Jahren assoziiert wird, die vermeintlich objektiv bestimmbare stereotypisierende Zuordnungen vornehmen (vgl. ebd., 181). Interkulturelles Lernen lenkt den Blick auf eigene und fremde subjektive und kollektive Wahrnehmungsmuster und ihre historische und soziale sowie individuelle Bedingtheit (vgl. Schumann 2000, 9), deren Bedeutung dialogisch zwischen Lernenden und kulturellen Elementen ausgehandelt werden: „[L]a interculturalidad propone […] una versión dialógica que posiciona al aprendiente frente a fenómenos culturales concretos, pero variables y dependientes del contexto“ (Corti 2019, 20). Interkulturelles Lernen kann dabei als Reaktion „auf ein verstärktes Bewusstsein von der wachsenden kulturellen Vielfalt und Hybridisierung postkolonialer und globalisierter Migrationsgesellschaften“ (Hallet 2017a, 181) gewertet werden. Faktenwissen wird dabei integriert in das umfassende Konzept der interkulturellen Handlungsfähigkeit.

Ein damit verbundener Ansatz ist das **transkulturelle Lernen**, der Kulturen als nicht klar voneinander abzugrenzen betrachtet und sich besonders mit der Vermischung durch Neue Medien und Globalisierung und der damit verbundenen kulturellen Hybridität auseinandersetzt (vgl. Welsch 2012, 38). Kulturelle Gruppen sind somit immer auch in sich heterogen (vgl. Welsch 1999, 48). Im Sinne eines **„third place“** nach **Claire Kramsch** (1993, 236), eines dritten Ortes, wird der Fremdsprachenunterricht dabei als Gelegenheit verstanden, neben das Eigene und das Fremde zusätzlich das Transkulturelle, d. h. das Gemeinsame, zu stellen, z. B. Thematiken wie Umweltschutz und Menschenrechte. Transkulturelles Lernen ist folglich kulturübergreifend ausgerichtet und ergänzt den interkulturellen Ansatz.

2.2.8 Mehrsprachigkeit

Eine weitere aktuelle, auf verbindende Elemente ausgerichtete Tendenz ist die explizite Berücksichtigung von Mehrsprachigkeit – sowohl als Ausgangslage als auch als Ziel. Unterschieden werden gesellschaftliche Mehrsprachigkeit, wenn innerhalb eines Kommunikationsraums mehrere Sprachen gesprochen werden, und individuelle Mehrsprachigkeit, wenn eine Person mehrere Sprachen beherrscht. Für letztere ist die Annahme grundlegend, dass alle Sprachen, die eine Person lernt, mental nicht strikt voneinander getrennt gespeichert werden, sondern „miteinander in Beziehung stehen und interagieren“ (Europarat 2001, 17). Das europäische Ziel, dass alle Bürgerinnen und Bürger mindestens zwei weitere Sprachen außer ihrer Erstsprache beherrschen sollten, begreift Mehrsprachigkeit als Reichtum, der Kommunikation und Partizipation ermöglicht. Der **Referenzrahmen für Plurale Ansätze zu Sprachen und Kulturen** (RePA) (Candelier u. a. 2009) möchte in diesem Sinne dazu ermutigen, das Lernen verschiedener Sprachen miteinander zu vernetzen. Mit dieser Absicht stellt er konkrete Deskriptoren für die Implementierung vier pluraler Ansätze („los enfoques plurales“) vor:

- **interkulturelles Lernen** („el enfoque intercultural“)

sowie sprachbezogen

- **Interkomprehension** zwischen verwandten Sprachen („la intercomprensión entre lenguas de la misma familia“),

- ***Éveil aux langues*** bzw. Sensibilisierung für sprachliche und kulturelle Diversität („el despertar a las lenguas"),
- **integrierte Fremdsprachendidaktik** („la didáctica integrada de las lenguas") (vgl. ebd., 5).

Da Spanisch häufig erst als dritte Fremdsprache gelernt wird (siehe 1.1.1 „Entwicklung und aktueller Stand in Deutschland"), können die Lernenden in der Regel bereits reaktiv auf verschiedene Fremdsprachen und damit verbundene Kompetenzen und Strategien zurückgreifen, wodurch eine **steilere Progression**, v. a. im rezeptiven Bereich, möglich ist – doch im Sinne der Mehrsprachigkeitsdidaktik ist ein proaktives Einbinden zukünftig ggf. noch folgender Sprachen in den Spanischunterricht ebenfalls sinnvoll.

Die im RePA aufgeführte „Interkomprehension" steht für das Verstehen einer Sprache, die man noch nicht (gut) beherrscht, durch das Erkennen von aus anderen Sprachen bekannten Sprachbausteinen, v. a. in den Bereichen Wortschatz und Grammatik. Solche Ähnlichkeiten sind zwischen Sprachen einer Familie naturgemäß besonders groß (vgl. u. a. Caspari/Rössler 2008), aber auch Englisch kann im Spanischunterricht beispielsweise als wichtige Basis genutzt werden (vgl. z. B. Leitzke-Ungerer/Blell/Vences 2012). Das bekannteste Trainingsprogramm, das auf diesem „*Kernelement* der (romanischen) Mehrsprachigkeitsdidaktik" (Bär 2012b, 10) aufbaut, ist das EuroCom-Projekt, das in den 1990er Jahren von Horst Klein und Tilmann Stegmann zunächst für die romanischen Sprachen entwickelt wurde: EuroCom*Rom* (vgl. Klein/Stegmann 2000) – mittlerweile gibt es darüber hinaus EuroCom*Germ* für die germanische Sprachfamilie und EuroCom*Slav* für die slavische. Das Programm basiert auf **sieben Sieben**, mit denen man aus der neuen Sprache all das herausschöpft, was man bereits kennt (vgl. ebd., 14–15):

1. **internationaler Wortschatz** (z. B. Eigennamen von Personen, Orten wie „Donald Trump" oder „Nueva York"),
2. **panromanischer Wortschatz** (z. B. frz. „ami" / itl. „amico" / lat. „amicus" / portug. „amigo" / span. „amigo"),
3. **Lautentsprechungen** (z. B. frz. „seigneur" / itl. „signore" / portug. „senhor" / span. „señor"; frz. „vigne" / portug. „vinha" / span. „viña"),
4. **Graphien und Aussprachen** (z. B. frz. „guerre" / itl. „guerra" / portug. „guerra" / span. „guerra"),
5. **Kernsatztypen** (z. B. NP + V + NP (Akk) + PP: frz. „Julie lit le journal dans la cuisine." / itl. „Clelia legge il giornale nella cucina." / portug. „Rafael lê o jornal na cozinha." / span. „Pedro lee el periódico en la cocina."),
6. **Morphosyntax** (z. B. Superlativ: frz. „le plus beau" / itl. „il più bello" / span. „el más guapo"),

7. **Prä- und Suffixe** (z. B. frz. „découvrir“ / portug. „descobrir“ / span. „descubrir“; frz. „hypothèse“ / itl. „ipotesi“ / span. „hipótesis“).

Es gibt mittlerweile auch konsequent **mehrsprachige Lehrbücher**, beispielsweise das österreichische *Descubramos el español: Spanisch interlingual* für Spanisch als dritte moderne Fremdsprache (vgl. Holzinger/Brandner u. a. 2012), das gleichermaßen für das Französische und das Italienische verfügbar ist. Das erklärte Ziel der Lehrbücher ist es, „Lernbewusstheit, Mehrsprachigkeitsbewusstheit und interkulturelle Bewusstheit“ (Holzinger/Seeleitner u. a. 2012, 2) zu fördern sowie autonomes und entdeckendes Lernen anzuregen. Sie bauen dafür auf den individuellen Sprachenrepertoires der Lernenden auf, damit die neue Zielsprache v. a. im rezeptiven Bereich lernökonomischer und dadurch zeitsparender erlernt werden kann. Während die Lehrbücher für die Produktion (Sprechen und Schreiben) an das Niveau A2 heranführen, ist es für die Rezeption (Hören und Lesen) das Niveau B1. In Wortschatz- und Grammatikgegenüberstellungen verschiedener Sprachen können somit häufig Herkunftssprachen und sonstige unterschiedliche vorgelernte (Fremd-)Sprachen individuell in dafür vorgesehenen freien Spalten ergänzt werden (vgl. ebd., 13; zur Einbindung von Herkunftssprachen in den Spanischunterricht vgl. zudem z. B. Reimann/Siems 2015; Reimann 2017). Es ist wichtig zu betonen, dass die Beherrschung dieser Sprachen durch die Lehrkraft dafür nicht notwendig ist. Zusätzlich zu reinen Gegenüberstellungen sprachlicher Ausdrücke können Lernende in schriftlicher Form, in sogenannten „Hypothesengrammatiken“ (siehe Tab. 4), Überlegungen zu Ähnlichkeiten und Unterschieden anstellen, v. a. wenn Spanisch erst in der Oberstufe neu angewählt wird. In diesem Fall verfügen die meisten Lernenden schon über einen entsprechenden kognitiven Entwicklungsstand und mindestens zwei vorgelernte Fremdsprachen.

	Spanisch	**Andere Sprachen**	**Hypothesen zu Ähnlichkeiten und Unterschieden**
Best. Artikel (sing.)	el, la	**itl.** il, la, l' **frz.** le, la, l'	*El* und *la* sind bestimmte Artikel wie *il, la* und *le, la* im Italienischen und Französischen. *El* wird als Artikel vor männlichen Substantiven verwendet, wie *il* im Italienischen und *le* im Französischen. *La* wird im Spanischen wie im Französischen und Italienischen vor weiblichen Substantiven verwendet. Eine Apostrophierung vor einem Vokal gibt es im Spanischen im Vergleich zu den anderen beiden Sprachen nicht. Manchmal wird jedoch *el* statt *la* verwendet, obwohl das Sub-

	Spanisch	Andere Sprachen	Hypothesen zu Ähnlichkeiten und Unterschieden
			stantiv weiblich ist, z. B. „el agua", um das Zusammentreffen zweier Vokale zu verhindern.
	Lo		Zu *lo* gibt es im Französischen und Italienischen keine Entsprechung.

Tab. 4: Beispiel für eine Zeile in einer Hypothesengrammatik

Bezüglich der im Kontext der Mehrsprachigkeitsdidaktik regelmäßig erörterten Frage, ob **Latein** eine sinnvolle Brückensprache für das Erlernen romanischer Sprachen darstellt, sind zunehmend kritische Stimmen zu vernehmen. Sicherlich lassen sich lateinische Wortstämme in den modernen romanischen Sprachen wiederfinden (vgl. z. B. Stratenwerth 2016, 10), allerdings zeigen sich dabei zahlreiche Probleme:

- Erstens haben Studien gezeigt, dass Lernende v. a. ***aktive* Fremdsprachenkenntnisse** zur Bedeutungserschließung heranziehen, die im Lateinischen meist nicht vorliegen (vgl. Müller-Lancé 2001, 101–102);
- zweitens zeigen Lehrbuchanalysen, dass die benötigten lateinischen Transferbasen häufig nicht zum Grundwortschatz gehören, was auch damit zu begründen ist, dass sich Lateinunterricht **thematisch** vom Unterricht in den modernen Fremdsprachen stark unterscheidet, und
- drittens sind die **Lernstrategien** mit dem Ziel der aktiven Verwendung andere, ebenso wie bestimmte **Fertigkeiten** wie Hörverstehen oder Sprechen, die nur im modernen Fremdsprachenunterricht eine zentrale Rolle einnehmen (vgl. Neveling 2006, 2–7).

Latein wird damit als geschichtlich-bildendes, sprachstrukturelles Schulfach keineswegs überflüssig, es sollte im Sinne europäischer Mehrsprachigkeit aber keine Konkurrenz zu einer lebenden Sprache sein.

Mehrsprachigkeit als Verbindung verschiedener Schulfremdsprachen stellt dabei ein Paradebeispiel für **fachübergreifenden Unterricht** dar. Durch die Aufgliederung in separate Fächer im Schulsystem entsteht die „Gefahr eines fachspezifischen ‚Tunnelblicks', der lebensweltliche Fragestellungen und komplexe Herausforderungen nicht zulässt" (Husemann 2017, 92). Dabei ist Fremdsprachenunterricht – wie Fremdsprachendidaktik – von Grund auf interdisziplinär aufgestellt, indem ständig Inhalte aus Fächern wie Geschichte, Politik, Religion, Philosophie, Kunst, Biologie, Sport, Physik etc. eingebunden werden. Ob **fächerverbindend** eine Kooperation mit einer Lehrkraft eines anderen Faches initiiert wird oder fachübergreifend im Fremdsprachenunterricht ein Bezug zu anderen Fächern hergestellt wird, in jedem Fall ist es zielführend, Lernende wiederholt darauf hinzuweisen, dass Kenntnisse und Kompetenzen nicht nach Schulfächern strikt getrennt, sondern integrativ betrachtet und verwendet werden sollten.

2.2.9 Inklusion

Eine weitere aktuelle Tendenz stellt eine Entwicklung dar, die für alle Schulfächer gilt und eng mit Konzepten wie **Heterogenität**, Differenzierung und **Individualisierung** verbunden ist. Es ist mittlerweile Konsens, dass Lerngruppen immer heterogen sind. Auch nachdem im Rahmen **einer äußeren Differenzierung**, beispielsweise durch das mehrgliedrige Schulsystem oder die Einteilung in Grund- und Leistungskurse an Gymnasien oder Grund- und Erweiterungskurse an Gesamtschulen, ein Schritt der leistungsbezogenen Homogenisierung stattgefunden hat, unterscheiden sich die Lernenden einer Lerngruppe noch in verschiedenster Hinsicht, z. B. in Bezug auf

- ihren **sozioökonomischen** Hintergrund, d. h. ihr häusliches Arbeitsumfeld, ihre Wohnverhältnisse und Ähnliches,
- ihre **soziokulturelle** Prägung, darunter fallen z. B. die Einstellung ihres Elternhauses zu schulischer Bildung oder ein Migrationshintergrund,
- ihre **körperliche** Gesundheit, beispielsweise in Form einer körperlichen Einschränkung,
- ihre **psychisch-lernbezogene** Verfasstheit, wozu u. a. das individuelle Leistungsvermögen, aber ebenso das Selbstkonzept, das Arbeitstempo und der Lernstil sowie der individuelle Entwicklungsstand zählen und
- ihre **sprachliche** Vorbildung in Form vorgelernter Fremd- und ggf. Herkunftssprachen (vgl. Alter 2017, 124).

Bezüglich der aktuellen Inklusionsdebatte wird in den rechtlichen Vorgaben der letzten Jahre betont, dass das **Prinzip der inklusiven Bildung** gilt und keine Exklusion in Form eines Sonderschulwesens mehr praktiziert werden soll. Zu den wichtigsten entsprechenden Dokumenten zählen die UN-Behindertenrechtskonvention von 2006, die in Deutschland seit 2009 gültig ist, und die Konzepte der KMK in Kooperation mit der Hochschulrektorenkonferenz zur „Lehrerbildung für eine Schule der Vielfalt“ (2015). Eine Konsequenz ist die deutliche Reduktion des Sonderschulwesens – der Trend geht in vielen Bundesländern zudem hin zur (nur noch) Zweigliedrigkeit – und die vermehrte Einbindung von Lernenden mit sonderpädagogischem Förderbedarf in die Regelschulen. Von „Integration“ wird deswegen nicht gesprochen, da dieses Konzept von zwei Gruppen ausgeht, von denen sich eine an die andere angleichen soll (vgl. Delius/Surkamp 2017, 139). Der Begriff „Inklusion" hingegen begreift **Heterogenität als Normalfall** und fordert, eine „gleichberechtigte und gleichwertige Teilhabe aller SuS am Unterricht" (ebd., 125). Inklusion wird somit im Sinne eines weiten Verständnisses verstanden und bezieht sich nicht nur auf Lernende mit ausgewiesenem sonderpädagogischem Förderbedarf, sondern betrachtet jede Lernende und jeden Lernenden als Individuum. **Differenzierung und Individualisierung** sind in der Folge als Reaktionen auf die steigende Heterogenität in deutschen Klassenzimmern – auch durch verstärkte Migration und die Inklusionsbewegung – zu verstehen.

Ein ungelöster Widerspruch differenzierenden Unterrichts ist dabei jedoch darin zu sehen, dass Schule zum einen eine **Selektions- und Allokationsfunktion** erfüllt, d. h. die Zuweisung bestimmter Berechtigungen je nach Erreichung der für alle verbindlichen Standards vergibt, während sie zum anderen die bestmögliche Förderung der bzw. des Einzelnen verfolgt (vgl. Plikat 2017b, 150). Nur wenn aufgrund einer geistigen Behinderung **zieldifferent** unterrichtet wird, gelten für diese betroffenen Lernenden andere, nach den jeweiligen Fähigkeiten individuell festgelegte, Lernziele. Alle anderen werden **zielgleich** unterrichtet, d. h. es besteht der Anspruch, dass all diese Lernenden im Durchschnitt die Regelstandards erreichen. Individuelle Förderung kann in diesem Kontext zudem dazu beitragen, dass sich die Schere zwischen den Lernenden noch vergrößert, da zu erwarten ist, dass sich leistungsstarke Lernende durch individuelle Förderung schneller weiterentwickeln als schwächere Lernende. Dennoch erfordert ein Ernstnehmen der Heterogenität aller Lerngruppen eine **veränderte Lernkultur**, die das gleichzeitige und gleichschrittige Lernen in weiten Teilen auflöst (vgl. Kräling 2017a, 21) und stetig Raum einplant für alltägliche diagnostische Verfahren in Form von Beobachtungen, Gesprächen, ggf. auch schriftlichen Befragungen der Lernenden, Fehler- und Inhaltsanalysen schriftlicher Lernendenprodukte und Tests oder Ähnlichem (vgl. Haß 2017, 46; siehe 3.1 „Grundlagen zur (individuellen) Diagnose"). Auf den mithilfe dieser Verfahren gewonnenen Erkenntnissen kann dann die individuelle Förderung aufbauen (siehe 3.2 „Grundlagen zur (individuellen) Förderung"). Damit ist nicht gemeint, dass einzelne Lehrkräfte sonderpädagogische Förderbedarfe diagnostizieren oder attestieren können sollen, sondern dass eine fachbezogene Diagnose der Lernenden hinsichtlich der verschiedenen Kompetenzen stattfindet.

In Deutschland wird etwa 6 % der Lernenden ein sonderpädagogischer Förderbedarf attestiert, d. h. etwa 500.000 Schülerinnen und Schülern. Die Quoten in den einzelnen Bundesländern sind dabei sehr unterschiedlich, weil keine identischen diagnostischen Kriterien genutzt werden: Von Niedersachsen mit 5,3 % bis Mecklenburg-Vorpommern mit 10,8 % und einer generell höheren Quote in den ostdeutschen als in den westdeutschen Bundesländern ist die Spannweite somit groß (vgl. Klemm 2015, 11). In Deutschland werden die folgenden **sonderpädagogischen Förderschwerpunkte** unterschieden (vgl. KMK 1994, 11–13; Zahlen (Schuljahr 2013/14) nach Klemm 2015, 48):

- Der Förderschwerpunkt **Lernen** ist mit 38,8 % die größte Gruppe, zu der Lernende gehören, die Lernstörungen oder Lernbehinderungen aufweisen, z. B. eine Lese-Rechtschreib-Schwäche.
- Der Förderschwerpunkt **Geistige Entwicklung** beläuft sich auf 16,0 % und ist die zweitgrößte Gruppe, die Lernende mit ganz unterschiedlichen Stärken der Beeinträchtigung zusammenfasst. Eine geistige Behinderung liegt bei einem Intelligenzquotienten unter 70 vor.
- Der Förderschwerpunkt **Emotionale und soziale Entwicklung (ESE)** nimmt 15,2 % der Lernenden mit sonderpädagogischem Förderbedarf ein. Diese haben Verhaltensschwierigkeiten, fühlen sich von Umweltreizen schnell überfordert und reagieren darauf mit Aggression oder Rückzug.
- Der Förderschwerpunkt **Sprache** betrifft 11,1 % der diagnostizierten Lernenden. Sie haben Probleme beim Spracherwerb, mit ihrer Stimme oder beim flüssigen Sprechen.
- Der Förderschwerpunkt **Körperliche und motorische Entwicklung** fasst mit 6,9 % diejenigen Lernenden zusammen, die in der Regel eine körperliche Behinderung, cerebrale Bewegungsstörungen oder schwere körperliche Erkrankungen aufweisen.
- Der Förderschwerpunkt **Hören** betrifft 3,6 % der Lernenden mit sonderpädagogischem Förderbedarf. Diese haben eine schwere Hörschädigung, fast alle haben jedoch ein Restgehör, so dass sie mithilfe von Hörgeräten akustische Reize wahrnehmen können.
- Der Förderschwerpunkt **Kranke** ist eine Gruppe von 2,2 % und fasst diejenigen Lernenden zusammen, die aufgrund einer längerfristigen und schwerwiegenden Erkrankung nur bedingt oder gar nicht am schulischen Unterricht teilnehmen können.
- Der Förderschwerpunkt **Lernen, Sprache, emotionale und soziale Entwicklung (LSE)** betrifft 2,0 % und trifft, wie die Bezeichnung verdeutlicht, auf Lernende mit einer Kombination aus bisher bereits genannten Einschränkungen zu.
- Der Förderschwerpunkt **Sehen** bezieht sich auf 1,5 % der Lernenden mit besonderem Förderbedarf. Wenn keine völlige Blindheit vorliegt, wird die Leistung des besseren Auges zur Diagnose herangezogen.

Die inklusiv unterrichteten Lernenden verteilen sich ungleichmäßig auf die Schulformen. Inklusion findet ab der Sekundarstufe I hauptsächlich an **Haupt-** (22,6 %) und **Gesamtschulen** (33,4 %) sowie **Schulen mit mehreren Bil-**

dungsgängen (22,4 %) statt. Nur jeder Zehnte der diagnostizierten Lernenden besucht ein Gymnasium (5,6 %) oder eine Realschule (4,9 %) – der Rest verteilt sich auf die Orientierungsstufe, d. h. die Grundschulklassen 5 und 6, in Berlin und Brandenburg (6,7 %) und Walddorfschulen (0,5 %) (vgl. Klemm 2015, 54). Da Spanisch hauptsächlich als spät beginnende Fremdsprache gewählt wird (siehe 1.1.1 „Entwicklung und aktueller Stand in Deutschland"), ist der Anteil von Lernenden mit diagnostiziertem Förderbedarf somit bisher eher gering, allerdings mit steigender Tendenz durch verstärkte Inklusionsbemühungen.

Bisher gibt es nur wenige fachdidaktische Studien, die aufzeigen, wie inklusiver Fremdsprachenunterricht erfolgen kann (vgl. Schlaak 2015, 13). Als grundsätzliches Profil für Lehrkräfte kann jedoch bereits gelten, dass diese die Individualität und Unterschiedlichkeit der Lernenden schätzen, alle Lernenden unterstützen, mit anderen zusammenarbeiten und sich beruflich weiterbilden sollten (vgl. Deutsche UNESCO-Kommission e.V. 2014, 29). Es fehlt aber vielen Lehrkräften noch an entsprechenden Erfahrungen und es fehlen Ressourcen, z. B. für **multiprofessionelle Teams**. Letztere setzen sich aus mehreren Personen unterschiedlicher Professionen zusammen, so dass die Fachlehrkraft mit dem Ziel der optimalen Förderung einzelner oder mehrerer Lernender über einen bestimmten Zeitraum z. B. mit Personen aus folgenden Kreisen zusammenarbeitet: Sonderpädagoginnen und Sonderpädagogen, Sozialarbeiterinnen und Sozialarbeitern, Integrationshelferinnen und Integrationshelfern, Schulpsychologinnen und Schulpsychologen sowie Therapeutinnen und Therapeuten (vgl. z. B. Erdsiek-Rave/John-Ohnesorg 2014, 11; Cameron 2014, 49; Lenz 2017, 19–20). Neben der personellen Erweiterung des Schulpersonals sind teilweise Umbaumaßnahmen notwendig und eine Neustrukturierung des Stundenplans und der Gruppengröße wirkt sich mitunter förderlich aus (vgl. Kräling 2017a, 21).

An dieser Stelle können nicht alle Heterogenitätsdimensionen intensiv behandelt werden, aber ein Blick auf Förderbedarfe sollte sich grundsätzlich nicht nur auf besondere Hilfestellungen und Unterstützungsmaßnahmen konzentrieren (im Sinne einer Differenzierung nach ‚unten'), sondern stets auch diejenigen im Blick haben, die mit den Erwartungen an ihr Lernjahr unterfordert sind. Eine Differenzierung nach ‚oben' kann beispielsweise im Umgang mit Erstsprachlerinnen und Erstsprachlern des Spanischen notwendig sein oder im Umgang mit **Hochbegabten**. Begabung bezeichnet das „leistungsbezogene Potenzial eines Menschen", Hochbegabte verfügen entsprechend über „ein extrem hoch ausgeprägtes Entwicklungspotenzial" (Preckel/Vock 2013, 12), das häufig über einen Intelligenztest festgestellt wird. Diese Lernenden sind den anderen ihrer Lerngruppe bezogen auf ihre Leistung in mindestens einem

Gebiet deutlich voraus (Exzellenzkriterium). Dabei handelt es sich um eine selten so stark ausgeprägte Eigenschaft (Seltenheitskriterium), die gesellschaftlich als bedeutsam erachtet wird (Wertkriterium) und es Hochbegabten erlaubt, besondere Produkte zu erstellen oder Handlungen durchzuführen (Produktivitätskriterium). Zudem kann sie z. B. durch einen Test unter Beweis gestellt werden (Beweisbarkeitskriterium) (vgl. Sternberg 1995, 78–81).

Auch diesen Lernenden muss der Unterricht eine individuelle Entwicklung ermöglichen, denn sie benötigen beispielsweise häufig weniger Übungsdurchläufe, um ein sprachliches Phänomen zu verstehen und zu automatisieren. Durch Akzeleration wie das Überspringen einer Jahrgangsstufe oder den Besuch des Unterrichts einzelner Fächer in höheren Jahrgangsstufen kann dies erreicht werden (vgl. Heinbokel 1996, 1). Innerhalb des Unterrichts geht es um eine **Anreicherung der Lernangebote** (*Enrichment*), d. h. im Spanischunterricht z. B. die Unterstützung der Mitlernenden (Lernen durch Lehren), die individuelle Vorbereitung auf Schülerwettbewerbe, die Erledigung weiterführender oder offen(er)er Aufgaben, die Bearbeitung authentischer statt didaktisierter Texte bzw. grundsätzlich die Arbeit mit wenig oder ohne Hilfen, um eigene Problemlösestrategien zu entwickeln (vgl. Zydatiß 2017, 6). Es sollte zudem nicht unterschätzt werden, dass Spanisch, wenn es als zweite Fremdsprache gelernt wird, hochbegabte Lernende möglicherweise erstmals vor Herausforderungen stellt. Wenn die anderen Fächer einschließlich Englisch – mit wenigen Konjugationen und ggf. größerer außerschulischer Präsenz – bisher kaum Anstrengung abverlangt hat, haben sie das Lernen bisher möglicherweise nicht lernen müssen. In diesen Fällen kann gezieltes Strategietraining von Nöten sein, damit die Lernenden ihre vorteilhaften Anlagen ausschöpfen können (vgl. ebd., 5).

2.2.10 Gendersensibilität

Wirft man einen Blick auf aktuelle Studien, bestätigt sich die Annahme, dass Mädchen und Jungen unterschiedliche Interessen haben. In fremdsprachenspezifischen sowie übergreifenden Studien wird belegt, dass Mädchen häufiger die ihnen klassischerweise zugeschriebenen Texte und Medienanwendungen bevorzugen, z. B. Romane und Gedichte sowie Instagram als App. Jungen hingegen greifen z. B. häufiger zu Comics und Tageszeitungen, bevorzugen YouTube als App und nutzen verstärkt Spielekonsolen (vgl. z. B. Besser 2012, 81; Koch 2017b, 84–85; Medienpädagogischer Forschungsverbund Südwest 2018, 11, 16, 38 und 48). Dabei gilt es allerdings zu berücksichtigen, dass diese Studien jeweils den Durchschnitt aller weiblichen wie männlichen Teilnehmenden berechnen, aber keine Aussage zu individuellen Präferenzen treffen. Ebenso wie eine (Lern-)Gruppe stets heterogen ist (siehe 2.2.7 „Inklusion"), sind auch Jungen/Männer und Mädchen/Frauen keine homogenen Gruppen, die sich pauschal männlich oder weiblich verhalten.

Des Weiteren muss zwischen dem biologischen Geschlecht (engl. *sex*) und dem sozialen, kulturellen Geschlecht (engl. *gender*) unterschieden werden. Mittlerweile gilt als bewiesen, dass das biologische Geschlecht „nicht ausschlaggebend für soziale und kulturelle Entwicklungen der Geschlechter" (Schmenk 2016, 255) ist. Geschlecht als *gender* wird in gesellschaftlichen Kontexten konstruiert – und zu diesen zählt auch der Fremdsprachenunterricht. In Bezug auf letzteren herrscht häufig die Annahme, Mädchen seien begabter für das Erlernen von (fremden) Sprachen. Die Ergebnisse der PISA-Studie (2003) stufen Jungen sogar grundlegend in Bezug auf schulische Leistungsfähigkeit, v. a. aber im Bereich Lesen, als „Risikogruppe" ein – zusammen mit Lernenden aus bildungsfernen, finanziell schlechter gestellten Elternhäusern und solchen mit Migrationshintergrund (vgl. PISA-Konsortium Deutschland 2004, 21). Die Forschung der letzten 20 Jahre, auch konkret bezogen auf *fremdsprachliches* Lernen, kommt jedoch zu stark widersprüchlichen Ergebnissen (z. B. Sunderland 2000; Fuchs 2013) und zeigt damit, „dass keines der Geschlechter beim Fremdsprachenlernen per se als leistungsstärker anzusehen ist" (Schmenk 2016, 254). Ebensowenig konnten bezüglich der Gründe, aus denen Mädchen und Jungen Fremdsprachen anwählen, systematische Motivationsunterschiede festgestellt werden (vgl. ebd., 255).

Für den Fremdsprachenunterricht bringt dies die Notwendigkeit einer verstärkten Sensibilität mit sich. Die Ansatzpunkte hierbei sind vielfältig: Die Tatsache, dass primär weibliche Lehrende Fremdsprachen unterrichten, kann einen (unbewussten) Einfluss auf die Auswahl von Materialien, Themen sowie Methoden haben, wenn die eigenen Präferenzen in die Entscheidungen einfließen. Zudem stehen damit hauptsächlich weibliche Personen als fremdsprachliche Vorbilder im Zentrum und verstärken auf diese Weise ihrerseits die auch außerhalb des Bildungswesens häufig anzutreffende weibliche Zuschreibung von Sprache und Lesen (vgl. Besser 2012, 79). Diese Faktoren können einen Einfluss auf die Entscheidung bei der Fächerwahl und die Leistungsbereitschaft im Unterricht ausüben. In einem nächsten Schritt hat die geringe Anzahl männlicher Lernender wiederum Auswirkungen auf das Geschlechterprofil zukünftiger Lehrkräfte, die daraus hervorgehen, so dass sich der Kreislauf stets fortsetzt bzw. sogar eher verschärft.

Neben gesamtgesellschaftlichen Prozessen für eine stärkere Gleichberechtigung in vielen Lebensbereichen ist die individuelle Lehrkraft daher gefragt, in ihrem Fremdsprachenunterricht sensibel zu handeln. Dazu zählen (u. a. nach Decke-Cornill 2015, 10; Schmenk 2016, 256–257; Kräling 2017a, 26–27)

- die Bewusstmachung und Revision eigener **Annahmen zu männlichen und weiblichen Lernenden** mit dem Ziel, eine Geschlechterpolarität möglichst aufzulösen, u. a. indem Materialien, Themen und Methoden nicht vorab einem Geschlecht zugeordnet werden;
- die **Ausräumung von geschlechtsbezogenen Vorurteilen bezüglich Sprachbegabung im Gespräch** mit den Lernenden, z. B. wenn diese von den Lernenden selbst als Argumente angebracht werden;
- die Bewusstmachung und (zeitweise) **Zurückstellung eigener Präferenzen**, so dass bei der Auswahl von Materialien, Themen und methodischen Zugängen eine möglichst große Breite erreicht wird;
- das **Achten auf Vielfalt bei der Darstellung von Geschlechterrollen und -verhalten**, z. B. in literarischen Texten, damit die Lernenden ein umfassendes Bild über individuelle Wahlmöglichkeiten jenseits von gesellschaftlichen Zuschreibungen erhalten;
- die Überprüfung der in Sprache und Bild vermittelten **Geschlechterbilder**, v. a. in regelmäßig verwendeten **Lehrwerken**: In vielen Spanischlehrwerken finden sich mittlerweile Männer bei der Hausarbeit, Wissenschaftlerinnen sowie homosexuelle Paare (vgl. z. B. Arriagada u. a. 2018, 97). Dennoch gibt es Punkte, wie die Aufgabe, Kleidungsstücke Mann oder Frau zuzuordnen, die als Anlass für eine Veränderung oder Diskussion der Aufgabe genutzt werden sollten (vgl. Blissenbach u. a. 2018, 122);
- die **Besprechung und Relativierung von Geschlechterstereotypen und gesellschaftlichen Zuschreibungen**, z. B. anhand der genannten Kleidungsaufgabe, durch entsprechende literarische Texte oder anknüpfend an konkrete Lebensweltprobleme oder -beobachtungen der Lernenden;
- die eigene **Verwendung geschlechtergerechter Sprache und deren Thematisierung** (z. B. Phänomene wie die Verwendung von „ellos“, wenn nur ein einziges männliches Nomen in der Gruppe enthalten ist, die wieder aufgegriffen wird, die im Internet verbreitete Schreibweise „companer@s“ sowie ggf. mit fortgeschrittenen Lernenden umfänglicher anhand von Leitfäden wie dem *Manual de lenguaje no sexista* der Universidad Politécnica de Madrid oder dem *Guía de uso no sexista del vocabulario español* der Universidad de Murcia) und auch hier bieten Lehrwerke Diskussionsanlässe, wenn z. B. stets nur „Ein Schüler nennt …“ bzw. „Pregunta a tu compañero …“ (Blissenbach u. a. 2018, 16–17) anzutreffen ist.

Ziel gendersensiblen Fremdsprachenunterrichtes ist es, im Einklang mit grundsätzlich inklusivem Denken, Lernende als Individuen mit individuellen Stärken und Schwächen, Vorlieben und Abneigungen zu betrachten, so dass eine Einteilung in Jungen und Mädchen für die Unterrichtsgestaltung keine Rolle spielen sollte. Dies käme in besonderem Maße auch denjenigen Lernenden zugute, die sich innerlich ihrem entgegengesetzten Geschlecht oder weder dem einen noch dem anderen zugehörig fühlen.

Zusammenfassung

In der aktuellen fremdsprachlichen Fachdidaktik dominieren Tendenzen, die dafür sorgen, dass der Unterricht sich an den einzelnen Lernenden mit ihren individuellen Bedürfnissen ausrichtet (Lernerorientierung, Inklusion, Gendersensibilität) und sie im Kontext bedeutsamer und realitätsnaher Kommunikationssituationen (Aufgaben- und Inhaltsorientierung) zum ganzheitlichen (Probe-)Handeln animiert (Handlungsorientierung, Ganzheitlichkeit). Dabei stehen kulturelle und sprachliche Unterschiede ebenso im Zentrum wie ihre jeweiligen Gemeinsamkeiten (Inter- und transkultureller Ansatz, Mehrsprachigkeitsdidaktik).

Weiterführende Literatur: Bach, Gerhard/Timm, Johannes-Peter (2009): Handlungsorientierung als Ziel und Methode. In: dies. (Hrsg.): Englischunterricht: Grundlagen und Methoden einer handlungsorientierten Unterrichtspraxis. Tübingen/Basel, S. 1–22. **Byram, Michael (1997):** Teaching and assessing intercultural communicative competence. Clevedon u. a. **Ellis, Rod (2003):** Task-based language learning and teaching. Oxford. **Klein, Horst G./Stegmann, Tilbert D. (2000):** EuroComRom – Die sieben Siebe: Romanische Sprachen sofort lesen können. Aachen. **Klemm, Klaus (2015):** Inklusion in Deutschland: Daten und Fakten. (Im Auftrag der Bertelsmannstiftung.) https://www.bertelsmann-stiftung.de/fileadmin/files/BSt/Publikationen/GrauePublikationen/Studie_IB_Klem-Studie_Inklusion_2015.pdf (Zugriff: 01.12.2019). **Schlaak, Claudia (2015):** Fremdsprachendidaktik und Inklusionspädagogik: Herausforderungen im Kontext von Migration und Mehrsprachigkeit. Stuttgart. **Schmenk, Barbara (2016):** Geschlecht. In: Burwitz-Melzer, Eva/Mehlhorn, Grit/Riemer, Claudia/Bausch, Karl-Richard/Krumm, Hans-Jürgen (Hrsg.): Handbuch Fremdsprachenunterricht. Tübingen, S. 254–257. **Wendt, Michael (1998):** Fremdsprachenlernen ist konstruktiv. In: Der Fremdsprachliche Unterricht Französisch, H. 32, S. 4–11.

3 Diagnose und Förderung von Kompetenzen

Wie bereits in Bezug auf einige aktuelle Tendenzen der Fremdsprachendidaktik angeklungen (siehe z. B. 2.2.1 „Lernerorientierung", 2.2.7 „Inklusion", 2.2.8 „Gendersensibilität"), ist der Spanischunterricht darauf ausgerichtet, die einzelnen Lernenden mit ihren Stärken und Schwächen sowie Bedürfnissen bestmöglich bei ihrer individuellen Entwicklung aller fachbezogenen Kompetenzen zu unterstützen. Dies macht es notwendig, dass die Lehrkraft über eine ausgeprägte diagnostische Kompetenz verfügt, um zunächst herauszufinden, aus welchen Gründen eine Lernende oder ein Lernender etwas schon (sehr) gut und anderes wiederum (noch) nicht leisten kann. Auf den gewonnenen Ergebnissen kann die Lehrkraft anschließend die Förderung der bzw. des Lernenden aufbauen. In diesem Kapitel werden zunächst die Grundlagen zu individueller Diagnose und Förderung im Fremdsprachenunterricht gelegt (3.1 und 3.2), wobei integrativ ebenfalls die Leistungsmessung sowie -bewertung und -beurteilung Berücksichtigung findet. Im Anschluss wird für alle Kompetenzen des modernen Fremdsprachenunterrichts erläutert, was diese jeweils genau ausmacht, welche Prozesse ablaufen sowie welche Möglichkeiten der Diagnose und Förderung der Lehrkraft jeweils zur Verfügung stehen (3.3).

3.1 Grundlagen zur (individuellen) Diagnose

„Ohne Diagnose keine Förderung" (Kraus 2009, 2). Das bedeutet, dass eine vorherige Diagnose unerlässlich ist, damit individuelle Förderung die einzelnen Lernenden im gemäßigt-konstruktivistischen Sinne des Lernens zum Übergang in ihre jeweils nächstmögliche Zone der Entwicklung nach Vygotsky ermuntern kann (siehe 2.2.1 „Lernerorientierung"). Sie ist die Voraussetzung für eine personenbezogene Passung des Weges zwischen dem aktuellen Lernstand und dem Lernziel, indem **Stärken und Schwächen sowie ihre Ursachen** erkannt und in den Lernprozess eingebunden werden können. Dabei ist Diagnose sowohl im Sinne einer frühzeitigen Prävention, bevor sich Über- bzw. Unterforderung einstellt, entscheidend als auch im Sinne einer Intervention, wenn bereits eine kritische Situation vorliegt (vgl. Horstkemper 2006, 56–59).

Um diese Ziele zu erreichen, ist es notwendig, die Diagnose vorab genau zu **planen** und festzulegen,

- auf welchen Kompetenzaspekt sich die Diagnose beziehen soll,
- was das angestrebte Ziel ist,
- an welchen Indikatoren der Grad der Zielerreichung gemessen wird,
- welche zusätzlichen Informationen eingeholt werden müssen,
- wann und wie häufig sowie
- unter welchen Rahmenbedingungen

die Diagnose stattfinden soll (vgl. Staatsinstitut für Schulqualität und Bildungsforschung München 2008, 9). Die **individuelle Bezugsnorm**, d. h. der Vergleich zu vorherigen Leistungen der- bzw. desselben Lernenden, ist dabei im Sinne der individuellen Entwicklung von größter Bedeutung. Das jeweilige – im Einklang mit den Kompetenzerwartungen der bildungspolitischen Vorgaben definierte – Lernziel als **kriteriale Bezugsnorm** ist allerdings ebenfalls bedeutsam, ebenso wie, wenn auch nachgeordnet, der Vergleich mit den anderen Lernenden der Gruppe als **soziale Bezugsnorm**. Das Zusammenwirken mit der Ursachenerkundung und der Schwerpunkt auf der individuellen Entwicklung unterscheiden die Diagnose jedoch von der reinen Leistungsmessung (Erfassung einer Leistung), Leistungsbewertung (Punktevergabe nach zuvor festgelegtem Maßstab) und Leistungsbeurteilung (abschließende Einschätzung, Notenvergabe). Für letztere drei stellt die kriteriale Bezugsnorm den stärksten Bezugspunkt dar, da für die reine Notengewinnung die Ursachen für eine stärkere oder schwächere Leistung zweitrangig sind (vgl. z. B. Kieweg 2010, 4). Dennoch können Momente der Leistungsfeststellung als Teil einer Diagnose dienlich sein.

Auf die Planung der Diagnose folgt die Auswahl der passenden Diagnoseinstrumente, die in ihrem Zusammenspiel geeignet sein müssen, mögliche Ursachen für die fokussierte Leistung aufzudecken. Ferner müssen die Diagnoseinstrumente, wie alle Maßnahmen der Leistungsfeststellung, den klassischen **Gütekriterien** entsprechen: Das bedeutet, sie müssen das messen, was gemessen werden soll (Validität), sie müssen zuverlässig sein, so dass eine prinzipielle Wiederholung zu denselben Ergebnissen kommen würde (Reliabilität) und sie müssen bei der Durchführung und Auswertung personenunabhängig zu den gleichen Ergebnissen führen (Objektivität) (vgl. z. B. Schmelter 2014, 33–40). Ebenso ist abzuwägen, in welchem Verhältnis Aufwand und Nutzen stehen, damit die Diagnose im Schulalltag handhabbar bleibt.

Der Diagnoseprozess ist dabei Teil eines permanent stattfindenden, spiralförmigen **Kreislaufes** aus Diagnose, Ergebnisinterpretation, Rückmeldung und

Förderung (vgl. z. B. Kieweg 2010, 4), d. h. es kommt im Idealfall zu einer stetigen Optimierung:

- Zunächst werden durch die **Diagnose** relevante Informationen zum Lernprozess gewonnen;
- anschließend erfolgt eine **Interpretation** der Erkenntnisse anhand der zuvor festgelegten Kriterien sowie
- eine adressatenorientierte, transparente, ehrliche, verständliche, zeitnahe und konkrete **Rückmeldung** an die Lernende bzw. den Lernenden (vgl. Kraus 2015, 3), z. B. in einem beratenden Gespräch, in Lern- und Förderempfehlungen oder in einem Kommentar unter einer schriftlichen Arbeit,
- sowie die (gemeinsame) Planung und Durchführung der daran anschließenden zielführenden **Fördermaßnahmen**,
- die ihrerseits wieder im Rahmen der nächsten **Diagnose** anhand der Lernfortschritte evaluiert und angepasst werden.

Es ist ratsam, Diagnoseeinheiten zu verschiedenen Zeitpunkten in jedes Unterrichtsvorhaben einzubinden, d. h. sowohl zu Beginn (**Lernausgangsdiagnose**) als auch begleitend (**formative Lernprozessdiagnose**) und am Ende (**summative Lernergebnisdiagnose**) (vgl. z. B. Blümel-de Vries 2014, 13). Die Ergebnisse jeder Diagnose sind dabei nicht nur wichtige Rückmeldungen für die einzelnen Lernenden, sondern gleichermaßen für die jeweilige Lehrkraft. Letztere erhält Informationen zur Effektivität ihres Unterrichts bzw. der angewandten Fördermaßnahmen und kann, v. a. auf Ergebnissen von Lernausgangs- und Lernprozessdiagnosen aufbauend, das weitere Vorgehen entsprechend (um-)planen (**adaptive Unterrichtsgestaltung**). Zeit für individuelle Diagnosemomente während einer Unterrichtseinheit kann z. B. durch Einzel-, Partner- und Gruppenarbeitsphasen geschaffen werden, während derer die Lehrkraft sich auf einzelne Lernende konzentrieren kann.

Lehrkräfte sammeln im Unterricht ständig beiläufig Eindrücke über den Lernstand sowie Stärken und Schwächen ihrer Lernenden. Gezielt ausgewählte Diagnoseverfahren und -instrumente dienen hingegen der strukturierten Datengewinnung, ggf. aufgrund eines zuvor beiläufig beobachteten möglichen Problemfeldes. Der Grundgedanke aller Diagnoseinstrumente ist die **Mess- und Sichtbarmachung** der Leistungen und der Lösungswege der Lernenden in einem bestimmten Bereich durch gezeigtes Verhalten im Rahmen der Bewältigung einer Aufgabe (siehe 2.2.4 „Aufgaben- und Inhaltsorientierung"), dessen Endprodukt z. B. ein geschriebener Text oder ein mündlicher Diskussionsbeitrag sein kann. Zudem braucht es verbalisierte Informationen, z. B. durch das parallele oder rückblickende Erläutern des eigenen Vorgehens. Durch die gezeigte Leistung und die offengelegten Lernwege wird auf die dahinterliegende Kompetenz geschlossen (vgl. Vogt 2011, 4). Ziel der Lehrkraft ist es somit, den individuellen Lern- bzw. Handlungsprozess der Lernenden bestmöglich nachzuvollziehen (vgl. Kraus 2015, 2). Dazu können – je nach Lernender bzw. Lernendem sowie nach Diagnoseschwerpunkt und Zeit- wie Personalressourcen – verschiedene **Diagnoseverfahren** – bzw. eine Kombination aus ihnen – herangezogen werden, z. B.

- gezielte **teilnehmende Beobachtung** einzelner Lernender für eine begrenzte Zeit während des normalen Unterrichts;
- gezielte **nicht-teilnehmende Beobachtung** einzelner Lernender mithilfe strukturierter Bögen, in der Regel in Hospitationssituationen;
- **(Fehler-)Analyse** schriftlicher und mündlicher Texte bzw. Lösungen aus dem Unterricht, Klassenarbeiten, mündlichen Prüfungen;
- **Inhaltsanalyse** von Dokumentationsproduktionen von Lernwegen und -strategien wie Lerntagebüchern, Lautdenkprotokollen o.Ä.;
- **Selbsteinschätzung**, z. B. im Rahmen von Portfolioarbeit, als Ergänzung zur Fremddiagnose durch die Lehrkraft oder Mitlernende;
- **(Lernfortschritts-)Gespräche**, z. B. am Ende einer Einheit: „Was habe ich gelernt, was funktioniert (noch nicht), warum (nicht)?";
- **Fragebögen**, entweder personenbezogen als Ausgangspunkt für die Förderung oder anonym für offene Rückmeldungen zum Unterricht;
- **Eltern-/Kollegengespräche** zum Lernen zu Hause und in anderen Fächern (vgl. z. B. Vogt 2011, 5; Haß 2017, 46; Hinger 2017, 304).

Die zugehörigen **Instrumente** wären entsprechend z. B. Beobachtungs- oder Selbsteinschätzungsbögen, Gesprächsleitfäden etc. Es wird deutlich, dass primär die Lehrkraft die Diagnose übernimmt. Im Sinne des selbstreflexiven Lernens bietet es sich jedoch an, Lernende zunehmend selbst für die Optimierung der eigenen Lernprozesse zu sensibilisieren und ihnen Stück für Stück Teile der Verantwortung zu übertragen. Es gilt, die Lernenden anzuleiten, selbst nach möglichen Ursachen zu suchen und über Maßnahmen für die eigene Verbesserung nachzudenken. Bei fortgeschrittenen, älteren Lernenden können **Selbstdiagnose** und eigene Vorschläge für die Weiterarbeit entscheidende Bestandteile einer angeregten Diskussion über die nächsten Fördermaßnahmen sein (vgl. Staatsinstitut für Schulqualität und Bildungsforschung München 2008, 7 und 14).

Viele der neueren **Spanischlehrwerke**, aber nicht alle (vgl. z. B. Martos Villa u. a. 2016, *¿Qué pasa? Nueva edición*, Barquero u. a. 2011, *¡Adelante! Nivel intermedio*), regen mittlerweile zumindest zur Selbsteinschätzung bzw. eigenständigen Überprüfung an. **Selbsteinschätzung** (*autoevaluación*) findet z. B. in Form von Selbsteinschätzungsbögen statt (vgl. z. B. Kolacki u. a. 2016, 80, *¡Apúntate! Nueva edición, Cuaderno*). Die **eigenständige Leistungsüberprü-**

fung (*autocontrol*) mithilfe von Lösungen der geschlossenen Aufgabenformate im Online-Bereich oder am Ende des Werkes ist meist in resümierenden Übungsteilen nach bis zu drei Lektionen untergebracht (vgl. z. B. ebd., 24–25 bzw. 83–85, Steveker u. a. 2018, 23 bzw. 182, *Encuentros hoy*, Bürsgens u. a. 2017, 34–37, *a_tope.com Nueva edición*, Zerck u. a. 2017, 23 bzw. 103, *a_tope.com Nueva edición, Cuaderno*). Diese eine Einheit abschließenden Übungsteile verweisen in einzelnen Fällen des Weiteren bereits – je nach Ergebnis – auf entsprechende Übungsaufgaben, z. B. im zugehörigen Förderheft (vgl. z. B. Kolacki u. a. 2016, 83–85, *¡Apúntate! Nueva édicion, Cuaderno*). Noch seltener, aber bereits anzutreffen ist die Einschätzung des eigenen Vorwissens zu *Beginn* einer Lektion (vgl. z. B. Boos u. a. 2018, 8–9, *Rutas Uno Nueva edición, Cuaderno*). Zu einer Reflexion, *warum* etwas (noch nicht bzw. schon gut) beherrscht wird, regen die Lehrwerksmaterialien jedoch nicht an.

Zusammenfassung

Lernausgangs-, -prozess- und -ergebnisdiagnosen sind die Voraussetzung für eine adaptive Unterrichtsgestaltung, im Rahmen derer gezielte Förderung möglich ist. Es sollte also ein Kreislauf aus Diagnose, Rückmeldung, Förderung und erneuter Diagnose geplant werden. Dabei steht die individuelle Bezugsnorm zwar im Vordergrund, aber auch kriteriale und soziale Bezüge sind dienlich. Um die Ursachen für ein gezeigtes Verhalten aufdecken zu können, müssen diese sicht-/messbar gemacht werden. Dafür kann eine Vielzahl von Verfahren genutzt werden, z. B. Beobachtung, Sprach-/Produktanalyse, Selbsteinschätzung sowie Gespräche, die jeweils den gängigen (Test-)Gütekriterien entsprechen sollten.

Weiterführende Literatur: Blümel-de Vries, Katrin (2014): Vielfältig diagnostizieren. Ein Überblick über Diagnoseinstrumente. In: Praxis Fremdsprachenunterricht, H. 4, S. 12–15. **Horstkemper, Marianne (2006):** Fördern heißt diagnostizieren. In: Becker, Gerold/Horstkemper, Marianne/Risse, Erika/Stäudel, Lutz/Werning, Rolf/Winter, Felix (Hrsg.): Diagnostizieren und Fördern. Stärken entdecken – Können entwickeln. Seelze, S. 56–59.

3.2 Grundlagen zur (individuellen) Förderung

Wie bereits in 3.1. „Grundlagen zur (individuellen) Diagnose" dargelegt, ist die Diagnose Voraussetzung für jegliche Förderung. Nur wenn der individuelle Lernstand einschließlich Stärken und Schwächen sowie deren Ursachen bekannt sind, können Lernprozesse zielführend angeregt und begleitet werden.

Die individuelle Förderung sorgt damit, wie bezüglich Inklusion bereits angeklungen ist (siehe 2.2.7), für die Auflösung einer durchgehenden Gleichzeitig- und Gleichartigkeit im (Fremdsprachen-)Unterricht und für die Ausrichtung an einer **Ungleichbehandlung mit dem Ziel der Gleichbehandlung**. Dies impliziert, dass den spezifischen Eigenheiten der Lernenden Rechnung getragen wird, weshalb die Geschichte der ‚großen' Methoden als beendet gilt und mit dem aktuellen neokommunikativen Ansatz in eine Methodenvielfalt übergegangen ist (siehe 2.1 „Methodische Entwicklung im Verlauf der Geschichte").

In Nordrhein-Westfalen, dem Saarland und Thüringen ist im jeweiligen **Schulgesetz** ein entsprechendes **„Recht"** aller Lernenden auf individuelle Förderung verankert, das somit eingeklagt werden kann (vgl. Ministerium für Schule und Bildung des Landes Nordrhein-Westfalen 2005/2018, § 1; Ministerium der Justiz Saarland 1965/2016, § 1; Freistaat Thüringen 2003/2018, § 1). Deshalb sollten alle Lehrkräfte die individuelle Förderung ihrer Lernenden zu ihrer eigenen Absicherung schriftlich festhalten, auch wenn eine solche Dokumentation explizit ausschließlich das Schulgesetz Hamburgs vorsieht (vgl. Senat der Hansestadt Hamburg 1997/2018, § 3). Als **„Pflicht"** steht individuelle Förderung zudem im Schulgesetz von Rheinland-Pfalz und – zusätzlich zum „Recht" – in dem von Thüringen (vgl. Ministerium der Justiz Rheinland-Pfalz 2004/2018, § 10; Freistaat Thüringen 2003/2018, § 2). In Sachsen-Anhalt wird zwar ebenfalls eine „Pflicht" festgeschrieben, jedoch ist laut Schulgesetz nur „bei Bedarf zusätzlich zu fördern" (Land Sachsen-Anhalt 2018, § 1; Hervorhebung: C.K.), so dass hier eine Einschränkung vorliegt. Als **„Aufgabe"**, bzw. etwas, das getan werden „soll", ist individuelle Förderung für alle Lernenden in den Schulgesetzen von Baden-Württemberg, Brandenburg, Hamburg, Hessen, Mecklenburg-Vorpommern, Sachsen und Schleswig-Holstein verankert (Land Baden-Württemberg 1983/2019, § 3; Land Brandenburg 2002/2018, § 3; Senat der Hansestadt Hamburg 1997/2018, § 3; Hessisches Kultusministerium 2017/2018, § 3; Ministerium für Inneres und Europa Mecklenburg-Vorpommern 2010/2018, § 4; Sächsische Staatskanzlei 2018, § 35; Landesregierung Schleswig-Holstein 2007/2018, § 34). Bayern und Berlin sowie in weniger eindeutiger Weise Bremen, Niedersachsen und – wie bereits erwähnt – Sachsen-Anhalt beziehen sich in ihren Schulgesetzen explizit nur auf die individuelle Förderung von Lernenden mit Beeinträchtigungen oder besonderen Fähigkeiten (Bayrische Staatskanzlei 2016/2019, § 31; Land Berlin 2004/2019, § 4; Freie Hansestadt Bremen 2005/2018, § 9; Schule und Recht in Niedersachsen 1998/2018, § 54; Land Sachsen-Anhalt 2018, § 1).

Trotz dieser divergierenden rechtlichen Verankerung und der teilweise vorliegenden Einschränkungen auf bestimmte Lernende in einigen Bundesländern besteht in der fachdidaktischen Diskussion Konsens darüber, dass **individuel-**

le Förderung nicht nur einigen Sonderfällen, sondern im Sinne des Blickes auf jede Lernende bzw. jeden Lernenden **allen zusteht**. Es ist dementsprechend explizit zu vermeiden, „durch vermehrtes Bremsen der einen oder vermehrtes Vorantreiben der anderen eine Art ‚Homogenisierung' der Gruppe hinsichtlich der Erreichung vorgegebener Kompetenzniveaus" (Kuty 2009, 62) erlangen zu wollen. Die Regelstandards der Bildungsstandards und Kernlehrpläne (siehe 1.1.3 „Bildungspolitische Vorgaben für das Fach Spanisch") dürfen somit *nicht* zu einer „Nivellierung" (Thaler 2012, 131) führen. Für leistungsstarke Schülerinnen und Schüler bedeutet dies z. B., dass der individuellen Förderung nach oben keine Grenzen gesetzt sind, auch dann nicht, wenn sich dadurch die Schere zu den leistungsschwächeren weiter öffnet.

Als **Definition individueller Förderung bzw. Individualisierung** kann dabei zugrunde gelegt werden, „jeder Schülerin und jedem Schüler die Chance zu geben, ihr bzw. sein motorisches, intellektuelles, emotionales und soziales Potenzial umfassend zu entwickeln und sie bzw. ihn durch geeignete Maßnahmen zu unterstützen" (Meyer 2016, 97). Das würde im Detail bedeuten, dass für jede Lernende und jeden Lernenden stets ein konkreter individueller **Förderplan** aktiv sein müsste, in dem die Diagnoseergebnisse ebenso festgehalten sind wie der daraus resultierende Förderbedarf zu den fokussierten Kompetenzen, d. h. der Ist-Stand, die individuellen Ziele und die Maßnahmen mit Angaben dazu, wer wann wie was macht und wann und wie erneut evaluiert bzw. diagnostiziert wird; hinzukommen könnten zudem konkrete Absprachen mit der bzw. dem jeweiligen Lernenden sowie ggf. Kolleginnen und Kollegen und Erziehungsberechtigten (vgl. Boye-Griesel 2017, 42).

Die Lektüre dieses Idealbildes lässt in Anbetracht der großen Anzahl von Lernenden, die eine Lehrkraft unterrichtet, und angesichts der Vielfalt der zu fördernden Kompetenzen im Fremdsprachenunterricht schnell erkennen, dass Individualisierung zwar wünschenswert, im normalen Unterrichtsalltag in ihrer Reinform aber nicht zu realisieren ist (vgl. u. a. Thaler 2012, 131). Daher gibt es kaum Konzepte, „bei denen die **Kluft zwischen Wunsch und Wirklichkeit**, zwischen Appellen und Lippenbekenntnissen der Bildungspolitiker und Realität in den Schulen so groß ist wie bei der Individualisierung" (Helmke 2013, 34; Hervorhebung: C.K.). Aus fremdsprachendidaktischer Perspektive wäre die Vorstellung, dass jede Lernende bzw. jeder Lernende stets an einer jeweils individuellen Aufgabe arbeitet, zudem im Rahmen der kommunikationsorientierten Ausrichtung des Unterrichts nicht zielführend (vgl. Kraus/Nieweler 2014, 2). Es müssen daher Wege gefunden werden, die „unter Beibehaltung einer Lerngemeinschaft individuelle Lernwege und Arbeitsweisen ermöglichen" (Hallet 2006, 107).

Der in der Praxis eingeschlagene Weg ist daher in der Regel die **Differenzierung**. Diese findet als **äußere** Differenzierung durch die Aufteilung von Lernenden auf verschiedene Schulformen und Kurse statt (siehe 2.2.9 „Inklusion“). Eine **innere** Differenzierung, auch „Binnendifferenzierung“ genannt, erfolgt anschließend in den durch äußere Differenzierung entstandenen Gruppen, indem nach bestimmten Kriterien und für einen bestimmten Zeitraum weitere Unterteilungen erfolgen. Individuelle Förderung bzw. Individualisierung ist diesem Verständnis nach „ein Sonderfall der Differenzierung, der eine einzelne Schülerin bzw. einen einzelnen Schüler im Blick hat“ (Kraus/Nieweler 2014, 2). Dies könnte z. B. der Fall sein, wenn eine Lernende bzw. ein Lernender zweisprachig mit Spanisch in Deutschland aufgewachsen ist. Diese Lernenden haben meist wenig Probleme im Bereich Sprechen, aber Schwierigkeiten beim korrekten Schreiben. Hier wäre, während die übrigen Lernenden an ihrer Sprechfertigkeit arbeiten, z. B. einmal eine zusätzliche schriftliche Übung für diese Lernende bzw. diesen Lernenden denkbar.

Möglichkeiten der inneren Differenzierung bieten sich im Spanischunterricht viele. Es kann beispielsweise differenziert werden in Bezug auf

- **Interessen**, Vorlieben, Hobbys etc., dabei können Lernende idealerweise selbst auswählen, womit sie sich beschäftigen möchten,
- unterschiedliche **Zeitvorgaben** bzw. ein abweichendes Ausmaß an Text- oder Aufgabenmenge in gleicher Zeit,
- den **Schwierigkeitsgrad**, z. B. durch unterschiedliche Texte oder Textsorten sowie durch unterschiedlich anspruchsvolle Aufgaben,
- die Anzahl und Ausführlichkeit der **Hilfen**, z. B. Schlagworte beim Hören oder sprachliche Mittel beim Sprechen als *Scaffolding* (Stützgerüst),
- den **Wahrnehmungskanal**, z. B. visuell, auditiv, haptisch, kinästhetisch (siehe hierzu 3.3.5. „Sprachlernkompetenz (Sek. II)“,
- die **Sozialform**, z. B. alleine oder mit einer unterstützenden bzw. einem unterschützenden Partner zusammenarbeiten, die ihrerseits bzw. der seinerseits im Rahmen des Lernens durch Lehren (LdL) gefordert wird.

Sofern die Lehrkraft im Vorfeld eine Einteilung vornimmt, mit der ihrer Einschätzung nach die einzelnen Lernenden bestmöglich arbeiten, antizipiert sie anhand ihrer Berufserfahrung und der Ergebnisse der vorherigen Diagnose, wie welche Lernenden am besten den nächsten Schritt absolvieren können. Sollte sich während der Durchführung zeigen, dass z. B. ein bestimmtes Vorwissen fehlt, dass doch schneller gearbeitet wird oder dass Hilfen nicht benötigt werden, so ist die bereits erwähnte **adaptive Unterrichtsgestaltung** gefragt, indem die Lehrkraft spontan eine inhaltliche Wiederholung, eine Beschleunigung des Tempos oder ein Weglegen der Hilfen anregt. Zudem können Maßnahmen wie ein **Lerntempoduett** („el dúo de velocidad“) unterschiedliche Arbeitsgeschwindigkeiten in quasi jeden Unterricht einbeziehen. Dabei kommen diejenigen, die eine Tätigkeit beendet haben, für ein Vergleichen der Ergebnisse oder eine weiterführende Aufgabe zusammen, während die anderen weiterarbeiten. Wenn sich die fertigen Lernenden nicht z. B. durch Handzeichen finden, sondern an einem festen Ort im Klassenraum treffen, wird diese Methode „bus stop" („la parada de autobús") genannt.

Grundsätzlich gilt, dass **Vielfalt** die **Unterrichtsgestaltung** bestimmen sollte, um dem Lernverhalten möglichst aller Lernenden so gut wie möglich zu entsprechen. Dies kann über die oben genannten Differenzierungswege hinaus die Möglichkeit der Erstellung unterschiedlicher Endprodukte nach Wahl sein oder die Bereitstellung verschiedenartiger Darstellungen grammatischer Regeln oder unterschiedlicher Lernstrategien. Es sollte somit einerseits ein breites Angebot an Lernwegen, Lernmethoden und – nach Möglichkeit – Lernorten geben, andererseits bietet gerade offener Unterricht (siehe 2.2.2) die Möglichkeit, dass sich Lernende nach ihrem eigenen Können und ihren Vorlieben in den Unterricht einbringen, selbst wenn mit einer einzigen identischen Aufgabenstellung für alle gearbeitet wird.

Zudem wird häufig deutlich, dass Maßnahmen, die für bestimmte Lernende, z. B. mit attestiertem sonderpädagogischen Förderbedarf (siehe 2.2.7 „Inklusion"), vorgesehen werden, **auch anderen Lernenden zugutekommen**. Für Lernende mit dem Förderschwerpunkt Lernen sowie Emotionale und soziale Entwicklung wird beispielsweise u. a. empfohlen, auf eine besonders klare Unterrichtsstruktur zu achten, Rituale einzuführen, vermehrt bildliche Darstellungen und Gegenstände als Anschauungsmaterial zu verwenden, Interessen einzubeziehen, an die Lebenswelt der Lernenden anzuknüpfen, ein reizarmes Umfeld zu schaffen sowie regelmäßige Pausen zu ermöglichen (vgl. Kraus/Topf 2017, 4), wovon zugleich andere Lernende profitieren können.

Weitere spezifische Unterstützungsmaßnahmen können individuell für die betroffenen Lernenden genutzt werden, z. B. für Lernende mit attestierter **Lese-Rechtschreib-Schwäche (LRS)**: Mit einem Notenschutz kann beispielsweise für einen gewissen Zeitraum – bis idealerweise die Förderung greift – erreicht werden, dass ausschließlich im Fach Deutsch, aber in keinem anderen Fach die Rechtschreibleistung für die Notengebung berücksichtigt wird; durch einen Nachteilsausgleich kann zudem z. B. durch mehr Zeit für die Lösung einer Klassenarbeit eine gewisse Kompensation stattfinden. Wichtig zu wissen ist jedoch, dass sich eine Schwäche im Deutschen nicht automatisch auf eine Fremdsprache überträgt, da ein neues Sprachsystem entwickelt wird (vgl. Schwarz 2018, 75). Für LRS-anfällige Lernende birgt das Spanische, z. B. im Vergleich zum Französischen, mit seiner eindeutigen Laut-Buchstaben-Zuordnung diesbezüglich einen Vorteil (vgl. Sellin 2008, 59;

siehe auch 1.1.2 „Gründe für die Wahl des Faches Spanisch“). Dass die Materialien für diese Lernenden besonders übersichtlich sein sollten (vgl. Buda 2012, 81; Braun 2017, 26), käme wiederum allen zugute.

Für Lernende mit dem Förderschwerpunkt **Sehen** ist die Nutzung eines Tablets oder Laptops denkbar, die durch eine Vergrößerungs- und Vorlesefunktion unterstützen können, sowie das Übersenden von Arbeitsblättern und Tafelanschrieben in digitaler Form. Beim Förderschwerpunkt **Hören** kann eine Sitzordnung mit direktem Sichtkontakt zu allen Beteiligten zur Ermöglichung des Lippenlesens hilfreich sein sowie ggf. der Einsatz von Mikrofonen zur Verstärkung aller unterrichtsrelevanten Äußerungen (vgl. Kraus/Topf 2017, 6). Bei gravierenden **körperlichen und/oder motorischen Einschränkungen** kann zudem eine Assistenzkraft notwendig sein (siehe „multiprofessionelle Teams“ in 2.2.7 „Inklusion“).

Die individuelle Förderung, v. a. erreicht durch innere Differenzierung, kommt jedoch häufig an ihre Grenzen, wenn es zur **Leistungsmessung** und deren Beurteilung kommt. Wenn nicht z. B. aufgrund einer geistigen Behinderung zieldifferent unterrichtet wird, sieht die Leistungsüberprüfung in der Regel für alle Lernenden gleich aus. Doch in beispielsweise einer Klassenarbeit können ebenfalls **Differenzierungsangebote** gemacht werden, indem verschiedene Texte zur Auswahl stehen, Zusatzaufgaben erledigt bzw. Zusatzpunkte in bestehenden Aufgaben gewonnen werden *können* oder Hilfestellungen zur Verfügung stehen, die bei Nutzung zwar Punktabzug bedeuten, was den Lernenden im Vorfeld transparent gemacht wird, aber z. B. einem Blackout vorbeugen können (vgl. Kraus/Nieweler 2014, 6).

Zusammenfassung

Im Spanischunterricht sollen alle Lernenden individuell gefördert werden. In einigen Bundesländern haben Lernende sogar ein „Recht“ darauf, das sie im Zweifelsfall einklagen können. Individuelle Förderpläne können den individuellen Lernenden Anregungen für ihre bestmögliche Entwicklung geben. Da es jedoch häufig an Zeit- und Personalressourcen fehlt, ist innere Differenzierung in der Regel das Mittel der Wahl, z. B. nach Interessen, Zeitvorgabe, Schwierigkeitsgrad, Hilfen, Wahrnehmungskanal und Sozialform. Grundsätzlich sollte der Unterricht von vielfältigen Angeboten geprägt sein, um alle Lernenden zu erreichen – und das auch in Situationen der Leistungsmessung, z. B. durch optionale Hilfsangebote.

Weiterführende Literatur: Boye-Griesel, Martina (2017): Fördern und Fordern: Schulentwicklung vor dem Hintergrund individuell ausgestalteter Förderpläne. In: Der Fremdsprachliche Unterricht Französisch, H. 149, S. 40–44. **Hallet, Wolfgang (2006):** Didaktische Kompetenzen. Lehr- und Lernprozesse erfolgreich gestalten. Stuttgart, Kapitel „Diagnostik: Lernstandsermittlung und Differenzierung", S. 91–109. **Kuty, Margitta (2009):** Innere Differenzierung und Individualisierung. In: Praxis Fremdsprachenunterricht, H. 3, S. 62–63.

3.3 Diagnose und Förderung der einzelnen Kompetenzen

Bevor die einzelnen Kompetenzen, die es im Spanischunterricht auszubilden gilt, in diesem Teilkapitel dargestellt werden, sei noch einmal an die – bereits in Kapitel 1.1.3 („Bildungspolitische Vorgaben für das Fach Spanisch") dargelegte – **Kompetenzdefinition nach Weinert** erinnert, die den nachfolgenden Ausführungen zugrunde liegt. Weinert definiert Kompetenzen als „die bei Individuen verfügbaren oder durch sie erlernbaren kognitiven Fähigkeiten und Fertigkeiten, um bestimmte Probleme zu lösen, sowie die damit verbundenen motivationalen, volitionalen und sozialen Bereitschaften und Fähigkeiten, um die Problemlösungen in variablen Situationen erfolgreich und verantwortungsbewusst nutzen zu können" (Weinert 2001, 27–28). Diese Definition macht die Vielschichtigkeit des Kompetenzbegriffes ebenso deutlich wie die Herausforderungen, mit denen sich Lernende und Lehrende bei der unterrichtlichen Kompetenzschulung konfrontiert sehen.

Die einzelnen Kompetenzen werden im Folgenden zunächst hinsichtlich ihrer **kommunikativen Bedeutung**, der ablaufenden mentalen **Prozesse** und jeweiligen Möglichkeiten zur **Diagnose und Förderung** vorgestellt. Für die damit verbundenen Kompetenzerwartungen an die Lernenden werden als entscheidende Bezugsgröße die bundesweit geltenden Bildungsstandards hinzugezogen. Im Folgenden werden die funktional kommunikative Kompetenz mit ihren Fertigkeiten (3.3.1) sowie anschließend die interkulturelle kommunikative Kompetenz (3.3.2), die methodischen Kompetenzen in der Sekundarstufe I, (3.3.3), die Text- und Medienkompetenz (3.3.4), die Sprachlernkompetenz (3.3.5) und die Sprachbewusstheit (3.3.6) thematisiert (für eine Übersicht über alle Kompetenzbereiche der Sekundarstufe II siehe auch Tab. 2 in 1.1.3 „Bildungspolitische Vorgaben für das Fach Spanisch").

3.3.1 Funktional kommunikative Kompetenz (Sek. I & II)

Das Kernstück des Unterrichts neuer Sprachen – im Vergleich zu ‚alten' wie Lateinisch oder Altgriechisch – ist die Ausrichtung an der interkulturellen Handlungsfähigkeit. Dafür sind die sprachlichen Fertigkeiten von zentraler

Bedeutung, die jedoch in enger Beziehung zu allen weiteren folgenden Kompetenzen stehen. Grundsätzlich unterschieden wird innerhalb der funktional kommunikativen Kompetenz zwischen **rezeptiven Fertigkeiten**, die für das Verstehen notwendig sind (Hörverstehen, Hör-Seh-Verstehen, Leseverstehen), und **produktiven Fertigkeiten**, die für das Produzieren eigener Äußerung benötigt werden (Sprechen, Schreiben) – die Sprachmittlung kombiniert je eine rezeptive und eine produktive Fertigkeit.

Während die Bildungsstandards für den Mittleren Schulabschluss, also für die Sekundarstufe I, noch mehrere **„funktionale kommunikative Kompetenz*en*"** (KMK 2003, 8; Hervorhebung: C.K.) aufführen und die „Verfügung über die sprachlichen Mittel" *neben* die „kommunikative[n] Fertigkeiten" (ebd.) stellen, wird in den Bildungsstandards für die Allgemeine Hochschulreife, also für die Sekundarstufe II, nur noch *eine* **„funktional kommunikative Kompetenz"** (KMK 2012, 12; Hervorhebung: C.K.) verzeichnet. Dieser wird sowohl das „Verfügen über sprachliche Mittel" untergeordnet als auch „kommunikative Strategien" (ebd.). Die neuere Generation der länderspezifischen Lehrpläne für die Sekundarstufe I, z. B. in Nordrhein-Westfalen, zeigt bereits die Tendenz, nun ebenfalls in der Sekundarstufe I der neueren Systematik von 2012 zu folgen (vgl. Ministerium für Schule und Bildung des Landes Nordrhein-Westfalen 2019a, 12). Die Teilaspekte funktional kommunikativer Kompetenz(en) – Hör-/Hör-Seh- und Leseverstehen, Sprechen, Schreiben und Sprachmittlung – sind hingegen in beiden Standards gleich.

Am Ende der **Sekundarstufe I** sollen die Lernenden, die Spanisch als fortgeführte, d. h. in der Sekundarstufe I bereits begonnene Fremdsprache, im sprachlichen Bereich durchschnittlich das **Niveau B1** des Gemeinsamen europäischen Referenzrahmens erreicht haben (vgl. KMK 2003, 11). Am Ende der **Sekundarstufe II** sollen die Lernenden im Wesentlichen über das **Niveau B2** verfügen (vgl. KMK 2012, 14). Für Spanisch als neu einsetzende Fremdsprache gelten die Bildungsstandards für die *fortgeführte* Fremdsprache der Ausrichtung entsprechend nicht, das Niveau liegt hier aber etwas niedriger, z. B. „B1 mit Anteilen von B2" (Ministerium für Schule und Bildung des Landes Nordrhein-Westfalen 2014a, 51).

3.3.1.1 Hörverstehen

Der Erstkontakt mit einer Sprache erfolgt in der Regel über das Hören. Ein sehr **großer Anteil der Alltagskommunikation**, Thaler (2012, 160) beziffert ihn sogar auf 95%, findet – nach wie vor – in gesprochener Sprache statt. In einer Face-to-Face-Kommunikation ist das Hörverstehen zudem meist die Voraussetzung, um selbst einen **Gesprächsbeitrag** leisten zu können. Dies bedeutet auch, dass Hörverstehen häufig erfolgen muss, während im Kopf bereits der eigene Redebeitrag vorbereitet wird, so dass es zu einer Doppelbelastung kommt (vgl. Rossa/Meißner u. a. 2017, 87). Der Vorteil an direkter Face-to-Face-Kommunikation ist jedoch, dass hier zusätzlich zum Hörverstehen auch über das Sehverstehen Informationen erfasst werden (siehe 3.3.1.2 „Hör-Seh-Verstehen"). Da diese visuellen Elemente beim reinen Hörverstehen als Verständnishilfen fehlen, wird das Telefonieren in der Fremdsprache in der Regel als besonders herausfordernd betrachtet.

Zu unterscheiden ist das **Hörverstehen** als Informationsverarbeitung von der reinen **Hörfähigkeit**, d. h. der Wahrnehmung akustischer Signale in Form von Schallwellen, die z. B. bei Lernenden mit dem Förderschwerpunkt Hören beeinträchtigt ist. Das Hör*verstehen* bezieht sich dabei sowohl auf die sprachlichen Formen als auch auf den Inhalt (vgl. Hu/Leupold 2008, 57) und ist, wenngleich als „rezeptive" Kompetenz bezeichnet, ein höchst aktiver Prozess (vgl. Wolff 2003a, 11). Damit als Ergebnis des Hörverstehens eine „mentale Repräsentation des Gehörten" (Rossa/Meißner u. a. 2017, 87) entsteht, sind v. a. zwei Prozesse von Bedeutung: **Bottom-up-Prozesse** sind datengeleitet, d. h. sie gehen vom gehörten Text aus, indem die Lautkette aufgenommen, in Sinneinheiten unterteilt und diesen anschließend Bedeutung zugeschrieben wird. Gleichzeitig werden **Top-down-Prozesse** angestoßen, die wissensgeleitet von dem ausgehen, was die bzw. der Hörende an Vorwissen bereits mitbringt. Das kann konkret sprachbezogen das Wissen über Wortschatz, grammatische Strukturen, Aussprache, Intonation etc. sein, das die Voraussetzung für ein Wiedererkennen beim Eintreffen der identifizierten Sinneinheiten ist. Zudem wirkt sogenanntes Welt- und Erfahrungswissen zu der entsprechenden Situation, z. B. in Form von Schemata, die Kondensate vorheriger Erfahrungen darstellen und als Rezeptionsmuster helfen, neue Impulse einzuordnen und ggf. fehlende Informationen zu ergänzen (siehe Abb. 1). Die neu eintreffenden Informationen können dabei den vorhandenen Schemata angepasst werden (**Assimilation**) oder aber eine Veränderung derselben bewirken (**Akkomodation**) (vgl. Koch 2016a, 27). Bottom-up- und Top-down-Prozesse beeinflussen und ergänzen sich somit in vielfältiger Weise, um schlussendlich Textverstehen zu generieren (vgl. Wolff 2003a, 13).

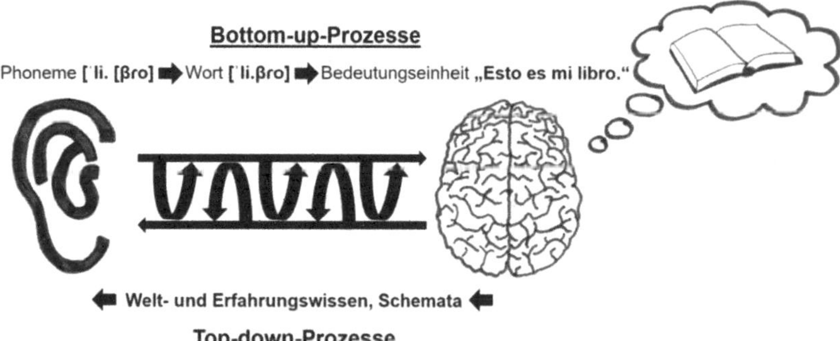

Abb. 1: Bottom-up- und Top-down-Prozesse beim Hörverstehen

Vor allem Sprachanfänger benötigen für die Dekodierung des Hörtextes noch viel Zeit und Anstrengung, weil die Bottom-up-Prozesse noch nicht automatisiert sind. Sie müssen diese anfänglichen Defizite daher verstärkt mit Top-down-Prozessen ausgleichen, indem z. B. anhand der Situation antizipiert wird, welche sprachlichen wie inhaltlichen Elemente mit großer Wahrscheinlichkeit vorkommen könnten. Eine zentrale Herausforderung beim anfänglichen Hörverstehen liegt meist darin, die eintreffenden **Laute richtig zu diskriminieren**, d. h. erkennen und segmentieren zu können. Um dies zu trainieren, können gezielte Übungen eingesetzt werden, bei denen bewusst und zunächst in einem isolierten Kontext z. B. zwei (oder mehr) sehr ähnliche Laute voneinander unterschieden werden (vgl. z. B. Kieweg 2012, 5). Gleiches gilt für die Unterscheidung von Wortgrenzen, denn die – gerade in einer Fremdsprache häufig als schwierig empfundene – hohe **Geschwindigkeit** der eintreffenden Stimuli machen das Hörverstehen zu einer besonderen Herausforderung. Neben (zu Anfang) schlichtweg fehlendem Wissen muss demnach auch das vorhandene phonologische, lexikalische, morphologische, syntaktische, soziolinguistische, pragmatische und Diskurswissen sehr schnell aktiviert, ausgewählt und angewendet werden (vgl. z. B. Rossa/Meißner u. a. 2017, 86 und 88). Dies wird durch den Druck verstärkt, dass im Alltag bei Hörtexten häufig **keine Wiederholungsmöglichkeit** besteht, von Sprachnachrichten auf Anrufbeantwortern oder in Messenger-Diensten, Podcasts etc. einmal abgesehen. Im Fremdsprachenunterricht gibt es hier die Möglichkeit, zunächst langsam zu sprechen bzw. die Geschwindigkeit mit Computerprogrammen wie Audacity zu reduzieren.

Neben der Geschwindigkeit sorgen weitere **Merkmale gesprochener Sprache** dafür, dass Hörverstehen meist als Herausforderung empfunden wird. Unvollständige Sätze bzw. Fehlstarts, Versprecher, Selbstkorrekturen, Interjektionen, Füllwörter, Auslassungen, umgangssprachliche Wendungen oder Varietäten sowie eine undeutliche Aussprache durch das ‚Verschlucken‘ von Endungen oder das Verschleifen von Wortgrenzen können v. a. zu Beginn Schwierigkeiten darstellen (vgl. Rossa/Meißner u. a. 2017, 88–89; Koch/Oesterreicher 1990, 8–12). Auf diese Elemente sollte der Fremdsprachenunterricht bewusstmachend eingehen und gleichzeitig deutlich machen, an welchen Stellen gesprochene Sprache auch Vorteile für das Verstehen birgt. Häufigere Wiederholungen in der gesprochenen Sprache stellen z. B. eine natürliche Chance zum Mehrfachhören dar. Ebenso bieten Hesitationsausdrücke wie „a ver“, „bueno“, „como ya he dicho“, die die Gesprächspartnerin oder der Gesprächspartner nutzt, wenn sie bzw. er z. B. Zeit zum Überlegen benötigt, die bzw. dem Hörenden zusätzliche Zeit zum Verarbeiten.

Ebenso ist es wichtig, Lernenden bewusst zu machen, wie viel sie potenziell – und mit zunehmender Fremdsprachenkompetenz immer mehr – verstehen können, selbst wenn durch Störgeräusche oder eine geringe Lautstärke nicht der vollständige Lautstrom bei ihnen eingeht. Dieser Mechanismus des menschlichen Gehirns lässt sich zunächst an der Muttersprache aufzeigen, denn, s•lbst w•nn m•hrere Le•te g•eich•eitig spr••hen o•er uns Neb••geräusc•e be•m Zuhö••n •tören, so •ass w•• Te•le de• G•sagt•n nic••• hör•n, kö••en •ir d•r Ge•••ichte i• de• •egel folg•• (vgl. Neveling 2000, 8). Der Tatsache, dass sie auch im Deutschen im Alltag nicht alles verstehen, sowie ihrer Fähigkeit der Lückenüberbrückung durch **Antizipation und erfahrungsbasierter Vervollständigung (Inferenz)** sollten sich Lernende bewusst werden. Gerade beim Hörverstehen gilt es an dieser Stelle, frühzeitig Frustrations- und Ambiguitätstoleranz aufzubauen, d. h. das Aushalten unvollständiger Informationen zu üben. Gleichzeitig sollte den Lernenden ihr **potenzieller Wortschatz** vor Augen geführt werden (siehe auch 3.3.1.7 „Verfügbarkeit sprachlicher Mittel“), denn viele vermeintlich unbekannte Ausdrücke können sie sich durch Internationalismen, Ähnlichkeiten zu anderen Sprachen oder aus dem Kontext bei der ersten Begegnung bereits ableiten.

Wie im Alltag tritt Hörverstehen im Fremdsprachenunterricht häufig in Kombination mit einer anderen Fertigkeit auf, z. B. mit Lese-, Sprech- oder Schreibkompetenz. Das Verstehen der meist schriftlichen Aufgabenstellung zum Hörtext setzt Leseverstehen voraus. Ebenso erkennt man in einem normalen Gespräch in der Regel an der (mündlichen oder schriftlichen) Reaktion, ob jemand etwas hörend verstanden hat. Für die **Diagnose** birgt dies im Fremdsprachenunterricht jedoch Probleme, denn es bleibt unklar, ob auftretende Schwierigkeiten tatsächlich auf das Hörverstehen zurückzuführen sind oder ob die Aufgabenstellung nicht richtig verstanden wurde. Im letzteren Fall könnte die Schwierigkeit im Leseverstehen liegen. Ebenso denkbar wäre es, dass z. B. die produktiven sprachlichen Mittel fehlen, um den Inhalt des Hörtextes resümierend mündlich oder schriftlich wiedergeben zu können.

In konkreten Diagnosesituationen ist es daher sinnvoll, Aspekte des Hörverstehens kurzfristig zu **isolieren**, z. B. in den oben schon erwähnten Lautdiskriminierungsübungen. In diesem Kontext ist ein Ausweichen auf nonverbale Elemente zielführend, z. B. wenn hörend aufgenommene Anweisungen in Bewegungen oder durch das Zeigen auf Gegenstände umgesetzt werden, ein Weg auf einem Stadtplan nachgezeichnet, zutreffende – möglichst eindeutige – Bilder angekreuzt oder in eine Reihenfolge gebracht oder Möbelstücke aus Pappe, einer Beschreibung folgend, in einem Zimmer angeordnet werden. Auch das Ausweichen ins Deutsche ist denkbar, ggf. als Sprache der Arbeitsanweisungen in **geschlossenen Formaten** wie Multiple Choice. Werden die Aufgabenstellungen auf Spanisch präsentiert, sollte das benötigte Leseverstehensniveau unterhalb der tatsächlichen Leistungsfähigkeit der Lernenden liegen, um hier mögliche Störvariablen zumindest zu minimieren. Bei geschlossenen Aufgaben ist zudem generell zu bedenken, dass z. B. bei wahr-/falsch-Aufgaben eine 50 %-ige Ratewahrscheinlichkeit besteht, weshalb meist zusätzlich eine Korrektur falscher Aussagen erfragt wird. Bei Zuordnungsaufgaben sollten immer Auswahlmöglichkeiten übrig bleiben, um die Ratewahrscheinlichkeit zu reduzieren. Zudem ist der Zeitaufwand der Erstellung sinnvoller Distraktoren, d. h. falschen Antwortmöglichkeiten, bei Multiple Choice nicht zu unterschätzen. Die Antwort darf zudem nie durch Weltwissen oder Leseverstehen zu erschließen sein und es sollte stets offengelegt werden, ob nur eine oder mehrere Antworten angekreuzt werden können bzw. sollen.

Ebenso sind **halboffene Formate** für die Diagnose denkbar, sie erfordern jedoch zumindest ein Minimum an eigener Sprachproduktion, z. B. beim Ausfüllen eines Lückentextes. Bei der Erstellung eines solchen sollte darauf geachtet werden, dass sinnhafte Wörter getilgt werden, auf die also beim Hören die Aufmerksamkeit gerichtet wird, dass nicht zu viele Lücken gesetzt werden und dass das reine Notieren von gehörten Buchstaben – gerade im Spanischen – kein Beleg dafür ist, dass der Inhalt verstanden wurde (vgl. Steveker 2016, 30–33). Einen guten Überblick über Übungs- und Überprüfungsformen rund um das Hörverstehen für den Französischunterricht, die sich jedoch auf den Spanischunterricht übertragen lassen, bietet Blume (2008a). Eine Isolierung (einzelner Elemente) des Hörverstehens sollte aber im Unterricht nicht die Regel darstellen, sondern für Diagnose- und gezielte Leistungsfeststellungen genutzt werden. Ansonsten sollten, v. a. mit zunehmendem fremdsprachlichen Niveau, **offene Formate** dominieren (siehe 2.2.2), im Rahmen derer Lernende anhand eines Impulses eigene mündliche oder schriftliche Texte produzieren.

Ergänzend sollten gezielte **Beobachtungen, Gespräche** mit den Lernenden sowie Verfahren wie **Lautes Denken** mit dem Ziel eingesetzt werden, unvorteilhafte Strategien im Hörverstehensprozess sowie davor und danach zu identifizieren und zu modifizieren. Gleichsam können diese Verfahren helfen aufzudecken, wo genau Probleme beim Hörverstehen bestehen, etwa bei der Erkennung von Wortgrenzen oder dem Verständnis von Wörtern, deren Endungen nicht ausgesprochen werden.

Aufbauend auf der Diagnose, also z. B. anhand der Erkenntnisse, an welchem Punkt das Hörverstehen scheitert bzw. beeinträchtigt wird, folgt die gezielte **Förderung**, die sich – wie die Diagnose – an möglichst vielen der aktuellen fremdsprachendidaktischen Tendenzen orientiert (siehe 2.2). Je nach Ergebnis kann dabei jeweils die bereits erwähnte Lautdiskrimination oder „die Identifikation sprachlicher Formen, Bedeutungen und Funktionen sowie die Sinnkonstruktion auf der Ebene von Satz, Text und Situation“ (Rossa/Meißner u. a. 2017, 85) im Zentrum stehen. Auch eine Sensibilisierung für die oben genannten Unterschiede zwischen gesprochener und geschriebener Sprache ist wichtig. Hörsequenzen sollten – bei Diagnose wie bei der Förderung – **mindestens eine Minute** lang sein, um ein ‚Einhören‘ zu ermöglichen, aber **maximal fünf Minuten** dauern, um die Aufmerksamkeitsspanne der Lernenden nicht zu überziehen. Zu Beginn kann ein Text zu Trainingszwecken mehrmals gehört werden, obwohl dies nicht dem authentischen Hören im Alltag – mit Ausnahme von Liedern – entspricht. Ein Text sollte im Fremdsprachenunterricht allerdings **maximal dreimal** gehört werden, da anschließend meist kein wesentlicher Verstehenszuwachs mehr erreicht wird. Wie schon angeführt, kann zu Beginn die Geschwindigkeit eines Hörtextes technisch reduziert werden. Ebenso ist der Rückgriff auf **didaktische Hörtexte**, die also für den Fremdsprachenunterricht verfasst wurden und v. a. in Lehrwerken anzutreffen sind, denkbar. Das Ziel des Einsatzes solcher Texte, die eine normgerechte, langsame und deutliche Sprache mit wenig Hintergrundgeräuschen beinhalten, ist eine erste Gewöhnung an die Dekodierung der Laute in der neuen Fremdsprache (vgl. Koch 2016a, 29).

Es ist jedoch ratsam, auch beim Hörverstehen so früh wie möglich auf **authentische Texte** zurückzugreifen (siehe 4.6 „Textarbeit“). Entscheidend ist dafür, dass die Lernenden erkennen, dass sie einen Text immer mit einer spezifischen Intention rezipieren. Im Großteil der Fälle muss dafür nicht alles verstanden werden. Mit einem groben Verständnis können Lernende bereits das Thema eines Liedes im Radio identifizieren und wenn sie lediglich ein bestimmtes Gate bei einer Flughafendurchsage interessiert, dann wird allein darauf – und ggf. die zugehörige Flugnummer – die Aufmerksamkeit gerichtet. Die vorherige Bewusstmachung der eigenen Hörabsicht ist somit von entscheidender Bedeutung für die Unterscheidung von relevanten und irrelevanten Informationen beim Hören (vgl. z. B. Rossa/Meißner u. a. 2017, 85).

Die Bildungsstandards für die Oberstufe betonen daher die Bedeutung der **Hörabsichten** (vgl. KMK 2012, 15), auf denen aufbauend eine entsprechende Rezeptionsart ausgewählt werden kann. Reicht ein **globales Verstehen**, dann ist oberflächliches *skimming* (der Begriff kommt vom Abschöpfen oberflächlich schwimmender Sahne) gefragt, z. B. ob ein Radioprogramm für einen selbst interessant ist oder nicht. Beim **selektiven Verstehen** (*scanning*) geht es den Hörenden darum, zielgerichtet bestimmte Informationen zu entnehmen, das können das Gate am Flughafen, das Gleis am Bahnhof oder die geänderten Öffnungszeiten sein, die auf einem Anrufbeantworter bekannt gegeben werden. Hierbei hilft das Vorwissen, das im Rahmen der Top-down-Prozesse hinzugezogen wird, denn, wie eine Durchsage grundsätzlich aufgebaut ist, wissen die Lernenden in der Regel bereits. **Detailliertes Verstehen** wird im Alltag selten gebraucht, kann dort aber, wenn z. B. ein Lied im Detail verstanden werden soll, relevant sein. Meist geht dem detaillierten Hören jedoch ein globales (Ist der Liedtext für mich interessant?) und ein selektives Hören (Um welche Personen geht es?) voraus, so dass eine Progression vorliegt.

Wie bereits mehrfach angeklungen, ist der Hörverstehensprozess intensiv vorzubereiten und zu begleiten – und auch die Nachbereitung ist entscheidend. Bezüglich der **Phasierung** wird daher in vor, während und nach dem Hören unterschieden (vgl. Koch 2016a, 30). Die Phase **vor dem Hören** („antes de la audición“) dient der inhaltlichen wie sprachlichen Vorbereitung. Dafür aktivieren die Lernenden alles, was sie schon im Vorfeld durch Welt- und sprachbezogenes Vorwissen über die Sprecher, das Thema, die Situation, zu erwartende sprachliche Strukturen etc. wissen. Die Lehrkraft kann dies z. B. mit einem Bildimpuls (beispielsweise einer Wetterkarte für einen Wetterbericht im Radio), dem Titel des Hörtextes oder einer verbalen Situationsbeschreibung anregen. Neben der Aktivierung des Vorwissens sollten die Lernenden zunächst explizit Erwartungen an den Text sowie ggf. Hypothesen formulieren. Zudem kann die Lehrkraft vorentlastend zentrales Vokabular erläutern (Semantisierung; siehe hierzu 3.3.1.7 „Verfügbarkeit sprachlicher Mittel“). Anschließend wird – zunehmend durch die Lernenden selbst – die Hörabsicht und der dazu passende Hörstil (global, selektiv, detailliert) ausgewählt bzw. eine Abfolge der Hörschritte festgelegt.

In die Phase **während des Hörens** („durante la audición“) fallen alle Aktivitäten, die sich konkret auf den Hörtext beziehen, ohne darüber hinauszugehen (vgl. z. B. Thaler 2012, 163). Die Lehrkraft kann durch Aufgabenstellungen unterstützen, z. B. durch mögliche (verbale oder nonverbale) Auswahlmöglichkeiten, von denen die zutreffende angekreuzt werden muss, Lückentexte, die gleichzeitig den Großteil des Hörtextes in schriftlicher Form liefern, o. Ä. Ebenso können über die Vor-Phase hinausgehende visuelle Verstehenshilfen, z. B. eine Abbildung aller Sprecher oder ein passendes Schaubild, eine unterstützende Funktion haben. Sollten Schwierigkeiten auftreten, muss die Lehrkraft diagnostisch überlegen, worin diese begründet sein können. Dazu zählt gleichermaßen das Hinterfragen des ausgewählten Textes und seines Schwierigkeitsgrades sowie der Aufgaben und die Eruierung, ob Lernende ggf. mit einem unnötigen Anspruch auf Detailverstehen an den Hörtext herantreten.

Nach dem Hören („después de la audición“) folgt eine Phase, die der Verständnissicherung dient. In quasi allen Fällen werden Hörtexte rezipiert, um anschließend etwas mit dem Gehörten zu tun. Dies kann eine Weiterverwendung der gewonnenen Informationen sein, eine Stellungnahme oder der Transfer einer sprachlichen Struktur auf eine andere Situation. Dieser reflektierenden Nach-Phase kommen somit vielfältige Funktionen zu und sie dient u. a. der Einordnung des Gehörten in einen größeren Kontext. Damit erfolgen hier wichtige Arbeits- und Systematisierungsschritte zum Auf- und Ausbau sprachspezifischer Schemata, die wiederum das nächste Hören erleichtern. Ebenso ist hier eine rückblickende Bewusstmachung, dass mit dieser konkreten Hörsituation ein wichtiges Training zur Automatisierung der Hörverstehensprozesse absolviert wurde, sinnvoll untergebracht.

3.3.1.2 Hör-Seh-Verstehen

Wird das reine Hörverstehen um eine visuelle Komponente ergänzt, ist die Rede vom Hör-Seh-Verstehen. Dieses wird traditionell mit **audiovisuellen Texten** assoziiert, v. a. mit Filmen, aber auch die alltägliche **Face-to-Face-Kommunikation** ist eine Situation des Hör-Seh-Verstehens, da Gestik, Mimik sowie situative Gegenstände das Hörverstehen begleiten.

Neben der Sprachmittlung, die immer jeweils eine rezeptive und eine produktive Fertigkeit zusammenbringt (siehe 3.3.1.6), ist das Hör-Seh-Verstehen die einzige in den Bildungsstandards ausgewiesene kombinierte kommunikative Fertigkeit, die in diesem Fall zwei unterschiedliche Rezeptionsarten miteinander verbindet. Beim Hör-Seh-Verstehen sind die Lernenden gefordert, gleichzeitig, **akustisch-verbale und visuell-bildliche Informationen** aufzunehmen, zu verarbeiten und integrativ, d. h. mit gegenseitigem Bezug, zu interpretieren. Beim Hör-Seh-Verstehen sind demzufolge noch vielfältigere Bottom-up- und Top-down-Prozesse notwendig als beim reinen Hörverstehen (siehe 3.3.1.1; vgl. auch Koch 2016b, 32).

Auch wenn im Idealfall die zusätzliche **visuelle Komponente als Hilfestellung** beim Verstehen der gesprochenen Sprache dienlich ist, können Bilder ebenfalls durch kulturelle Inhalte Verständnisprobleme in sich bergen, beispielsweise durch unbekannte Gegenstände (z. B. *banderillas* – geschmückte Lanzen beim Stierkampf) oder Traditionen (z. B. die *Semana Santa* mit ihren möglicherweise zunächst fälschlicherweise an den Klu-Klux-Klan erinnernden Gewändern). Zudem verhalten sich Sprache und Bild nicht immer komplementär, d. h. ergänzend, oder doppeln den Inhalt, indem das, was gesagt wird, gleichzeitig zu sehen ist. Es gibt ebenso widersprüchliche Sprache-Bild-Verhältnisse z. B. bei Ironie, die Lernende irritieren oder in die Irre führen können (vgl. z. B. Nold/Rossa u. a. 2017, 101). Auf **kulturspezifische Bildinhalte** sowie die **verschiedenen Möglichkeiten der Sprache-Bild-Kombination** muss die Lehrkraft die Lernenden demnach Schritt für Schritt vorbereiten. Dies kann vor der Rezeption erfolgen oder gezielt anhand einer bewusst zugelassenen Irritation, die dann reflektierend aufgelöst wird. Bilder und ihre spezifischen Schwierigkeitsgrade für die Lernenden sowie die Vielzahl und Dichte der sehr unterschiedlichen Impulse in kurzer Zeit können somit beim Hör-Seh-Verstehen auch zu einer „Überlastung des Arbeitsgedächtnisses" (vgl. ebd., 104) führen. Dieser sollte die Lehrkraft durch eine passende Textauswahl und -länge sowie auf die Lernenden abgestimmte Aufgaben und wohldosierte Hilfestellungen von vornherein entgegenwirken.

Da bereits das Hör-Seh-Verstehen zu einer Überforderung führen kann, leuchtet ein, dass das Hinzuziehen eines weiteren Zeichensystems, z. B. in Form von **Untertiteln** bei Filmen, wenig dienlich ist. In diesem Falle käme es dann zu einem **Hör-Seh-Lese-Verstehen**, wobei realistischerweise festgehalten werden muss, dass die kognitive Überlastung meist dazu führt, dass v. a. Anfänger sich auf zwei eintreffende Impulsstränge fokussieren. Dies sind in der Regel die als leichter empfundenen, so dass meist das Hörverstehen weitgehend ausgeblendet und nur noch gesehen und gelesen wird. Das Hinzunehmen von Untertiteln macht demnach nur in Ausnahmesituationen Sinn, z. B. beim bewussten Vergleich zwischen Tonspur und Untertiteln. Wird ein Hör-Seh-Text aus primär inhaltlichen Gründen rezipiert, können Untertitel eine Möglichkeit sein, schwierigere Texte zu verstehen – es darf in diesem Fall aber nicht mehr von einem Hör-Seh-Verstehen ausgegangen werden.

Das Hör-Seh-Verstehen tritt wie das Hörverstehen meist in Kombination mit einer anderen Fertigkeit wie Lesen, Sprechen oder Schreiben auf und kann mit dem Ziel der **Diagnose** zeitweise isoliert werden (siehe hierzu 3.3.1.1 „Hörverstehen"). Auch eine **kurzfristige Aufteilung in Hörverstehen und Sehverstehen** kann dienlich sein, um herauszufinden, welcher Teil schon bzw. noch nicht gut funktioniert und somit eine gezielte Förderung zu planen. Zusätzlich zu denen in 3.3.1.1 bereits vorgestellten Möglichkeiten zur Diagnose des Hörverstehens sollte beim Sehverstehen ebenfalls überlegt werden, wie dieses sichtbar gemacht werden kann. Hierzu kann auf Deutsch, damit es nicht an produktiven Schwierigkeiten scheitert, eine Bildbeschreibung und -erläuterung hilfreich sein – entweder im Rahmen einer Aufgabenstellung oder verbunden mit Verfahren wie lautem Denken. Entscheidend ist es jedoch, nicht nur die Teilaspekte Hör- und Sehverstehen zu betrachten, sondern im Anschluss ebenfalls das **Zusammenspiel von Sprache und Bild**. Auf diese Weise kann herausgefunden werden, ob Schwierigkeiten auf Seiten der Lernenden ggf. gerade auf einer Überforderung bei der gleichzeitigen Rezeption auf zwei Kanälen unter Zeitdruck beruhen oder ob es am korrekten Erkennen des Verhältnisses von Sprache und Bild zueinander hapert. Hierzu können v. a. verbale Be- bzw. Umschreibungen die qualitative Tiefe der gewünschten Auskünfte über die Stärken und Schwächen der Lernenden geben.

Für die anschließende **Förderung** sind erneut die Diagnoseergebnisse entscheidend. Zu Beginn sind auch hier **technische Möglichkeiten** wie das Pausieren oder das Wiederholen bestimmter Filmszenen denkbar. Um dies in der direkten Kommunikation zu erbitten, müssen zudem **Kommunikationsstrategien** wie das explizite Bitten um eine Wiederholung des Gesagten oder eine generelle Reduzierung des Sprechtempos vermittelt werden (vgl. auch Koch 2016b, 32–33).

Für medial vermittelte Hör-Seh-Texte ist, wie bei reinen Hörtexten, die Dauer von **einer bis fünf Minuten** zu berücksichtigen. Werden ganze Filme oder längere Ausschnitte rezipiert, muss berücksichtigt werden, dass Lernende nicht durchgehend und detailliert auf viele Aspekte achten können, weil die Aufmerksamkeit mit der Zeit abnimmt. Dieser Effekt kann mit arbeitsteiligen Aufgabenstellungen etwas abgemildert werden, nichtsdestotrotz müssen die Aufgabenstellungen zum Hör-Seh-Text und dessen Länge passen. Berücksichtigt werden muss dabei gleichsam das Lernniveau, das bei der **Textauswahl** ein ausschlaggebendes Kriterium sein sollte. Dies betrifft im sprachlichen Bereich Elemente wie den Grad der Normabweichung, die Sprecheranzahl oder Störgeräusche sowie bezüglich des bildlichen Bereiches z. B. die Geschwindigkeit der Bildabfolge oder grundsätzlich die Explizitheit der Erzählung, d. h. den Grad des Gezeigten im Verhältnis zu dem, was in der Imagination der Zuschauenden erfolgen muss. Als **mediale Hör-Seh-Texte** eignen sich für die Förderung je nach Ziel z. B. (Kurz-)Filme, Werbespots, Trailer, Serienfolgen, Nachrichtensendungen, Wetterberichte, Interviews und Dokumentationen (siehe hierzu 4.6 „Textarbeit"; vgl. Koch 2016b, 35). Als Förderung des Hör-Seh-Verstehens kann in diesem Kontext ebenfalls die Thematisierung filmischer Mittel wie Kameraperspektiven gelten, da die

Kenntnis über solche Verfahren das umfängliche Verständnis begünstigt. Für die **direkte Face-to-Face-Interaktion** können authentische Unterhaltungen mit Mitlernenden und der Lehrkraft dienlich sein, wünschenswert ist aber zusätzlich die Erprobung im Kontakt mit Erstsprachlerinnen und Erstsprachlern, z. B. im Rahmen von Austausch- und Begegnungsprojekten.

Die **Phasierung** bei der Förderung erfolgt nach der gleichen Systematik wie beim Hörverstehen (siehe 3.3.1.1). In der **Vor-Phase** („antes del visionado“) kann bei medialen Hör-Seh-Texten z. B. ein Filmplakat oder ein Standbild als Anlass zur sprachlichen Vorentlastung und thematischen Einstimmung herangezogen werden. Für direkte Face-to-Face-Kommunikation könnte ein situativer Bildimpuls als Einstieg genutzt werden. Wichtig ist auch hier, sich bewusst zu werden, mit welcher Intention der nachfolgende Text rezipiert wird. In der **Während-Phase** („durante el visionado“) sind einige Aufgabenstellungen, die für das Hörverstehen vorgestellt worden sind, z. B. Lückentexte, eher selten. Dies liegt darin begründet, dass für das Ausfüllen eines Lückentextes der Blick konstant auf diesen gerichtet sein muss, wodurch das Sehverstehen des Hör-Seh-Textes verhindert würde. Andere, z. B. Multiple Choice-Aufgaben, sind allerdings durchaus geläufig. Als Hilfestellung kann hier – der in der Vor-Phase festgelegten Rezeptionsabsicht entsprechend – durch Aufgabenstellung die Aufmerksamkeit auf bestimmte Aspekte gelenkt werden, um das Interesse nur auf einen Teil der vielen Impulse zu richten. Zudem könnten hier Sprache und Ton kurzfristig zu Zwecken der Bewusstmachung getrennt werden, so dass Lernende erkennen, welche Informationen ihnen die sprachliche und welche die bildliche Ebene vermitteln. In der **Nach-Phase** („después del visionado“) kann zur Verständnissicherung eine Stellungnahme bei Filmen z. B. über eine Filmkritik erfolgen; es kann aber auch, im Rahmen einer kreativ-produktiven Aufgabenstellung, z. B. ein eigenes Video mit den gewonnenen Informationen und dem Wissen über filmische Mittel gedreht werden. In der direkten Interaktion zeigt in der Regel die eigene Teilnahme, inwiefern hör-sehend ein Verständnis erreicht worden ist, indem ein passender Gesprächsbeitrag geäußert wird.

Je nachdem welche Herangehensweise für das Zeigen medialer Hör-Seh-Texte genutzt wird, kann die **Anzahl der Vor-, Während- und Nach-Phasen** zudem, je nach den Zielen der Förderung, erhöht werden. Thaler (2012, 172–173) definiert hierfür vier Präsentationsarten:

- Wird beim **Blockverfahren** (*straight-through approach*), das der außerschulischen Rezeption entspricht, ein Film ohne Unterbrechungen gezeigt, was die Spannung aufrechterhält, so kann jede Phase lediglich einmal vorkommen, was die zielgerichtete Schulung des Hör-Seh-Verstehens sowie die Arbeit mit dem Text (siehe hierzu 4.6 „Textarbeit) limitiert.

- Aus diesem Grund wird häufig ein **Sequenzverfahren** (*segment approach*) genutzt, bei dem der ganze Film, aber abschnittsweise gezeigt wird. Dies entspricht weder dem authentischen Sehverhalten noch der intendierten Rezeptionsart des Films, was zu Frustration führen kann, die Vor-, Während- und Nachphasen, die sich dann auf jeden gezeigten Abschnitt beziehen, können auf diese Weise jedoch vervielfacht werden, so dass eine genauere Lenkung und frühzeitiges Eingreifen bei Schwierigkeiten möglich ist.
- Beim **Sandwichverfahren** (*sandwich approach*) wird nicht der vollständige Film rezipiert, sondern nur bestimmte Ausschnitte, die sich – wie bei einem Sandwich – mit Nacherzählungen (durch die Lehrkraft oder in Textform) der fehlenden Inhalte zwischen den gezeigten Szenen abwechseln. Dies erspart Zeit und eröffnet die Möglichkeit, unwichtige und unpassende Inhalte zu tilgen, vermittelt aber eben keinen Eindruck des Gesamtkunstwerkes.
- Beim **Einzelsequenzverfahren** (*clip approach*) wird nur eine einzige Szene gezeigt, wodurch ein geringer Zeitaufwand und ein mehrfaches Hör-Sehen ermöglicht wird. Dennoch ist dieses Verfahren nicht dazu geeignet, ein Verständnis des Filmes zu erreichen, sondern greift eher einen Aspekt heraus, der z. B. aufgrund seiner thematischen Passung dienend in eine anderweitig gestaltete Unterrichteinheit eingebunden wird.

Wie ein Hör-Seh-Text gezeigt wird, hängt somit – neben z. B. den zeitlichen Ressourcen – v. a. von den gesteckten (Förder-)Zielen (siehe 4.2) ab, die wiederum an die Diagnoseergebnisse anknüpfen.

3.3.1.3 Leseverstehen

Lesen ist eine zentrale **Kulturtechnik** und eine der wichtigsten Möglichkeiten, **sich selbstständig zu informieren**, beispielsweise durch Internetseiten, Bücher, Broschüren oder Tageszeitungen, oder um über Messenger-Dienste, E-Mails etc. soziale Kontakte aufrechtzuerhalten. Leseverstehen wird in diesem Kontext verstanden als die komplexe und schrittweise Konstruktion von Bedeutung aus dem Geschriebenen, für das die Lesenden mit dem Text interagieren. Das bedeutet, dass das lesend Verstandene nicht ausschließlich aus dem Text entnommen wird, sondern immer bereits eine Zuweisung von Bedeutung anhand des eigenen Vorwissens erfolgt (vgl. Blume 2016, 3; siehe hierzu auch 4.6 „Textarbeit"). Wie beim Unterschied zwischen Hörfähigkeit und Hörverstehen, ist das Dekodieren von Buchstaben, Wörtern und Sätzen demzufolge nur die **Lesefähigkeit**, die jedoch noch nicht bedeutet, dass – im Sinne des **Lese*verstehens*** – der Inhalt *verstanden* worden ist.

Um einen gelesenen Text zu verstehen, sind wie beim Hörverstehen Bottom-up- und Top-down-Prozesse aktiv und interagieren miteinander (siehe

3.3.1.1). Datengeleitet werden im Rahmen der **Bottom-up-Prozesse** die gelesenen Buchstaben zu Graphemen, zu Wörtern, zu Sinneinheiten und schließlich zu Sätzen und einem Text zusammengefügt. Ungewohnte Grapheme, Syntaxmuster und idiomatische Ausdrucksweisen können dabei v. a. Anfänger beim fremdsprachlichen Lesen vor Herausforderungen stellen, so dass zunächst viel Zeit benötigt wird. Mit mehr Übung werden die Einheiten, die lesend wahrgenommen werden können, Schritt für Schritt größer. Damit fremdsprachliche Lesende nicht an der Sprachoberfläche, also am Signifikanten, ‚kleben' bleiben, ist die Anregung zur gleichzeitigen Sinnkonstruktion durch inhaltliche Fragen sinnvoll (vgl. Hu/Leupold 2008, 59; Schulte-Melchior 2009, 165).

Zeitgleich zu den Dekodierungsbemühungen laufen **Top-down-Prozesse** ab, im Rahmen derer Welt- und sprachbezogenes Vorwissen dabei helfen, das Gelesene zu deuten, in einen größeren Kontext einzuordnen und vorherzusehen, was folgen könnte. Irrtümlicherweise aktivierte Schemata, als kondensierte Erfahrungsmuster, können dabei auch Fehlinterpretationen zur Folge haben (vgl. Koch 2016c, 37–38). Gerade zu Beginn besteht in der expliziten Aktivierung des Vorwissens großes Potenzial für die Lernenden, da auf diesem Wege sprachliche Lücken kompensiert werden können. Daher sollte die Lehrkraft Aufgabenstellungen formulieren, die Top-down-Prozesse verstärken und Lernenden durch Inferenzen Überbrückungsmöglichkeiten bieten (vgl. Blume 2016, 3).

Ein zentraler Vorteil von Leseverstehen im Vergleich zum Hörverstehen besteht allerdings darin, dass die **Rezeptionsgeschwindigkeit** in der Regel **selbst gewählt** werden kann, von wechselnden Anzeigetafeln und Untertiteln einmal abgesehen, und ein erneutes Lesen durch die **dauerhafte Verfügbarkeit** möglich ist. Des Weiteren finden sich in der Schriftsprache **weniger Normabweichungen** als in der gesprochenen Sprache, was Fremdsprachenlernenden ebenfalls zugutekommt.

Für die **Diagnose** im Bereich des Leseverstehens bieten sich, um Fehlschlüsse aufgrund mangelnder Schreib- oder Sprechfertigkeiten möglichst auszuschließen, wie beim Hörverstehen zunächst **geschlossene Aufgabenformate** wie Multiple Choice o. Ä., oder **halboffene** wie die Vervollständigung von Satzanfängen an (siehe 3.3.1.1). Allerdings ist zu bedenken, dass damit lediglich die Entnahme von Einzelinformationen erfasst werden kann, eine weiterführende Diagnose, woran das *Verstehen* ggf. scheitert, braucht somit auch **offenere Verfahren**, die das Lesen als kreativen Prozess der Sinnbildung erfassen. Möglicherweise liegt ein Problem im fehlenden oder nicht aktivierten Vorwissen oder der nicht erfolgten Einbettung in bestimmte Zusammenhänge (vgl. Hu/Leupold 2008, 61). Daher kann zu Diagnosezwecken an diesen Stellen auf das Deutsche ausgewichen und verstärkt lautes Denken oder die Analyse von Lernwegdokumentationen wie Lerntagebüchern eingesetzt werden, um den Ursachen auf den Grund zu gehen.

Die anschließende Förderung kann den Diagnoseergebnissen u. a. durch die **Auswahl eines passenden Textes** entsprechen. Dabei können Kriterien wie Thema, Länge und sprachliche Komplexität eine Rolle spielen. Für den Anfangsunterricht eignen sich beispielsweise Informationstafeln, Schilder, Kurzgeschichten oder Kurzmeldungen, Werbeanzeigen, einfache Gedichte und Kochrezepte (siehe 4.6 „Textarbeit"). Um sie mit ihren Interessen ernst zu nehmen und um die Lesemotivation zu steigern, bietet es sich zudem an, **die Lernenden an der Auswahl teilhaben zu lassen**. Dafür kann die Lehrkraft z. B. eine Vorauswahl treffen, die den Lernenden dann vorgestellt wird. Diese können dann entweder eine gemeinsame Entscheidung für die ganze Gruppe treffen oder es werden z. B. arbeitsteilig unterschiedliche Werke zu einem Thema gelesen.

Bei der **Phasierung** kann **vor dem Lesen** („antes de la lectura") anhand der Diagnose entschieden werden, ob der Schwerpunkt eher auf der Aktivierung von Vorwissen oder der lexikalischen Vorentlastung liegen sollte, z. B. anhand von Bildern oder Überschriften, oder aber darauf, Ambiguitätstoleranz aufzubauen, weil in der Regel nicht alles verstanden werden muss. Auch beim Lesen muss bereits in der Vorphase deutlich werden, mit welcher Absicht der nachfolgende Text gelesen wird, um den passenden Lesestil auszuwählen. Wie beim Hörverstehen (siehe 3.3.1.1) kann dabei grob das **globale, selektive und detaillierte Lesen** unterschieden werden. Zu betonen ist hierbei jedoch, dass sich Lehrwerktexte nur bedingt für die Einübung dieser Lesestile eignen, da sie im Rahmen einer sprachlichen Progression primär auf die Einführung neuer grammatischer Strukturen und neuen Vokabulars ausgelegt sind und meist bis ins Detail verstanden werden sollen (vgl. Hu/Leupold 2008, 60). Der Schritt zu authentischen Texten ist somit bei der Einübung von Lesestilen besonders empfehlenswert.

Bei einem globalen Lesestil können **während des Lesens** („durante la lectura") z. B. zunächst (Zwischen-)Überschriften und graphische Hervorhebungen überflogen werden; beim selektiven Leseziel kann gezielt nach Jahreszahlen oder Schlüsselwörtern gesucht werden und erst beim detaillierten Lesen würde eine intensive, genaue Lektüre erfolgen (vgl. Koch 2016c, 40). Detailliertem Lesen gehen im Sinne einer Progression die beiden anderen Lesestile voraus, wie sich an bekannten Strategien wie der **SQ3R-Methode** zeigt:

- Dabei wird ein Text zunächst **überflogen** (S = ***survey***),
- anschließend werden **Fragen** an den Text gestellt (Q = ***questions***),

- gründlich gelesen, wobei **Wichtiges** unterstrichen oder markiert wird und ggf. mit Verbindungspfeilen Kausalitäten angezeigt werden (1. R = ***read***),
- der Text wird nach Sinnabschnitten **zusammengefasst**, wobei Zwischenüberschriften formuliert werden können (2. R = ***recite***),
- bevor abschließend die wichtigsten Aussagen strukturiert **festgehalten**, in einen Kontext **eingebettet** und die Fragen an den Text **beantwortet** werden (3. R = ***review***) (vgl. z. B. Kraus 2009, 5).

Solche Strategien und die Abfolge der einzelnen Schritte müssen über längere Zeit systematisch eingeübt werden, damit die Lernenden sie so automatisieren, dass sie sie später selbstständig einsetzen können (vgl. Bönnighausen/ Winter 2019, 61 und 66). Überdies sollte ein Meta-Wissen über die Bedeutung von Strategien vermittelt werden, damit den Lernenden ersichtlich wird, warum sie nach einem bestimmten Schema vorgehen (sollen) (vgl. ebd., 61; zur Vorgehensweise bei der Vermittlung von Strategien siehe 3.3.5 „Sprachlernkompetenz“).

In der Während-Phase sollte ferner, anhand konkreter vermeintlich unbekannter Wörter, eingeübt werden, welche **Möglichkeiten der selbstständigen Erschließung**, z. B. aus anderen Ausdrücken derselben Sprache, anderen Sprachen oder dem Kontext, die Lernenden haben (siehe auch 3.3.6 „Sprachbewusstheit“). Als verbleibenden Schritt, wenn keine Erschließung möglich ist, ist eine Einführung in die Arbeit mit Wörterbüchern bzw. eine Weiterentwicklung der bisherigen Fähigkeiten in diesem Bereich sinnvoll.

Es scheint zudem wichtig zu betonen, dass **lautes Vorlesen für das Ziel sinnentnehmenden Lesens ungeeignet** ist. In Kombination mit den Anforderungen, die die korrekte Aussprache an die Lernenden stellt, besteht kaum die Möglichkeit, sich gleichzeitig noch auf den Inhalt zu konzentrieren. Mindestens die Person, die vorliest, kann daher im Anschluss meist wenig zum Inhalt des Vorgelesenen sagen. Gleichzeitig stellt das Verständnis des Inhaltes aber eine wichtige Voraussetzung dar, um die Betonungen und Pausen richtig setzen zu können (vgl. z. B. Mateos Ortega 2016, 83). Welchen Mehrwert das ‚Mitlesen‘ für die übrigen Lernenden hat, ist ebenfalls nicht erforscht. Hinzu kommt, dass lautes Vorlesen in Alltag und Beruf nur selten vorkommt, außer mit Kindern oder im Theater. Lautes Lesen sollte daher dem Einstudieren von Text vor Aufführungen oder Vorträgen und der gezielten Ausspracheschulung vorbehalten sein. Für letztere ist jedoch entscheidend, dass ***nie*** **unbekannte Texte durch Lernende vorgelesen** werden sollten, sondern nur solche, die zuvor im Detail erarbeitet worden sind.

Die **Nach-Phase** („después de la lectura“) dient, wie beim Hör- und Hör-Seh-Verstehen (siehe 3.3.1.1 und 3.3.1.2), der Verständnissicherung, indem mit dem Gelesenen weitergearbeitet oder zu diesem Stellung genommen wird. Außerdem kann die Lesemotivation für den nächsten Text gesteigert werden, wenn – während des Leseprozesses oder spätestens in der Nach-Phase rückwirkend – Fortschritte sichtbar gemacht werden und den Lernenden noch einmal vor Augen geführt wird, dass sie z. B. bereits einen authentischen Text verstanden haben (vgl. auch Koch 2016c, 39).

So wie das Hörverstehen (siehe 3.3.1.1) in den Bildungsstandards durch das Hör-Seh-Verstehen (siehe 3.3.1.2) ergänzt wird, müsste eigentlich das Leseverstehen eine entsprechende Komplettierung erwarten. Da im modernen Fremdsprachenunterricht ein weiter Textbegriff zugrunde gelegt wird (siehe v. a. 3.3.4 „Text und Medienkompetenz (Sek. II)"), werden Lernende eben nicht nur mit Texten konfrontiert, die *gesprochene* Sprache und Bilder kombinieren, wie Filme, sondern auch mit Texten, die das Verstehen der Kombination aus *geschriebener* Sprache und Bildern fordern. Ein Defizit der Bildungsstandards ist somit das Fehlen eines **Seh-Lese-Verstehens**, das insofern als besonders gravierend einzustufen ist, als die Bildungsstandards gleichzeitig die kompetente Rezeption diskontinuierlicher Texte fordern (vgl. KMK 2012, 20). Zu letzteren zählen Comics, Werbeanzeigen/-plakate, Karikaturen, Infographiken oder Messenger-Nachrichten mit Emojis. Aus diesem Grund sollte das Seh-Lese-Verstehen bereits jetzt einen integralen Bestandteil des modernen Fremdsprachenunterrichts ausmachen und in naher Zukunft explizit in die Bildungsstandards aufgenommen werden.

3.3.1.4 Sprechen

Das Primat des Mündlichen, dass den modernen Fremdsprachenunterricht nun schon seit einer Weile bestimmt, (siehe 2.1 „Methodische Entwicklung im Verlauf der Geschichte") entspricht dem **hohen Anteil gesprochener Sprache im Alltag von 95 %** (vgl. Thaler 2012, 160). Zudem trägt es der Tatsache Rechnung, dass (freies) Sprechen für Lernende meist die größte **Herausforderung** im Umgang mit der Fremdsprache darstellt. Lernende sollen im Fremdsprachenunterricht demnach auch im mündlichen Bereich dazu befähigt werden, interkulturelle Begegnungssituationen erfolgreich zu bewältigen.

Die Bildungsstandards unterscheiden in diesem Zusammenhang zwei Arten des Sprechens: Das zusammenhängende **monologische Sprechen** (vgl. KMK 2003, 8; KMK 2012, 16) kommt z. B. im Rahmen von Referaten, Buchvorstellungen oder dem Erzählen einer Geschichte vor und bezieht sich somit auf längere, in der Regel geplante Redebeiträge der Lernenden und weist daher zum Teil Charakteristika der geschriebenen Sprache auf, z. B. eine komplexere Syntax. Das **dialogische Sprechen** beim Teilnehmen an

Gesprächen, Diskussionen oder Telefonaten (vgl. ebd.) ist in der Regel informeller und einfacher strukturiert, da spontan formuliert werden muss (vgl. Tesch/Nold u. a. 2017, 162). Zudem müssen, um sich an einem Gespräch zu beteiligen, gleichzeitig im Rahmen des Hör- oder Hör-Seh-Verstehens die Redebeiträge der Gesprächspartnerin bzw. des Gesprächspartners verstanden werden. Eine klare Abgrenzung zwischen monologischem und dialogischem Sprechen ist jedoch nicht möglich, da meist beide stellenweise auch Elemente des anderen enthalten, z. B. wenn eine Vortragende oder ein Vortragender spontan noch etwas ergänzt, oder wenn einige Sätze für ein nachfolgendes Gespräch bereits genau geplant werden (vgl. ebd., 161; für genaue Skalen der verschiedenen Arten des Sprechens vgl. Europarat 2001: 65–66 sowie 79–85 und 88–89).

Gerade vor dem Hintergrund einer gezielten Diagnose und Förderung ist es entscheidend, die Phasen, die beim Sprechen von Bedeutung sind, und die dahinterliegenden Prozesse zu verstehen. Es kommt dabei zu einer Abfolge von **Planung, Formulierung, Artikulation und Überwachung** (vgl. Levelt 1989; siehe Abb. 2). In der Planungsphase wird zunächst kognitiv anhand der Mitteilungsabsicht und vor dem Hintergrund des eigenen Welt- und sprachspezifischen Vorwissens überlegt, welche Inhalte transportiert werden sollten. Anschließend wird ein vorsprachliches Konzept erstellt, indem anhand des sogenannten „mentalen Lexikons“ (siehe 3.3.1.7) die Aussage im Kopf formuliert wird, wobei Wissen über das passende Register etc. eine entscheidende Rolle spielt. Die tatsächliche phonetische Artikulation erfolgt anschließend, wobei Aussprache und Intonation benötigt werden. Durch ein sogenanntes „Monitoring“, also ein Überwachen, wird das Gesagte von der Sprecherin bzw. dem Sprecher selbst gehört und überprüft sowie ggf. nachträglich korrigiert.

Abb. 2: Sprachproduktionsmodell nach Levelt (1989) mit spanischsprachigem Beispiel

Vor allem am Anfang des Fremdsprachenlernprozesses kann dabei eine große **Diskrepanz zwischen der Mitteilungsabsicht der Lernenden und ihren sprachlichen Fähigkeiten** bestehen, die bisher erworben wurden. Das bedeutet, dass Lernende im Fremdsprachenunterricht häufig nicht das ausdrücken können, was sie eigentlich möchten. Diesem Problem ist so gut wie möglich entgegenzuwirken, indem passende Themen ausgewählt und, ggf. individuell benötigte, sprachliche Mittel zur Verfügung gestellt werden. Zudem stellt die Tatsache ein Problem dar, dass selbst die bereits erworbenen begrenzten Ressourcen zu Beginn **noch zu wenig automatisiert** sind, in einer direkten Kommunikationssituation somit **nicht schnell genug abgerufen** werden können. Häufig greifen Lernende daher auf erstsprachliche Strukturen zurück, wodurch es zu Interferenzfehlern kommt (siehe 3.3.1.8 „Fehlerkorrektur als Diagnose- und Fördermöglichkeit"). Ferner benötigen die Lernenden Kommunikationsstrategien, um das Beste aus ihren begrenzten Mittel zu machen, z. B. durch Umschreibungen, und das Gespräch aufrecht zu erhalten, ggf. auch durch die Lenkung des Gesprächs in eine andere Richtung.

Die schnelle Verfügbarkeit der sprachlichen Mittel zu erreichen, bedarf vieler Aktivierungen, sprich Übung. Fehlende oder nur langsam zu aktivierende sprachliche Mittel sowie die Angst, durch Fehler eigene Schwächen zu zeigen, führen des Weiteren dazu, dass Lernende häufig ungern (vor mehreren Zuhörenden) sprechen. Schulz von Thun spricht in diesem Zusammenhang von **„Selbstoffenbarungsangst"** (Schulz von Thun 1981/2011, 117; Hervorhebung: C.K.), denn „jede Äußerung in der Fremdsprache gibt den Zuhörern unweigerlich einen Einblick in den Lernstand des Sprechers" (Plikat 2012, 9). Daher sollte in Absprache mit den Lernenden eine Lernatmosphäre geschaffen werden, in der Lernende sicher sein können, dass sie z. B. nicht ausgelacht werden.

Die **Diagnose** im Bereich Sprechen verläuft meist unstrukturiert im normalen Unterrichtsgespräch sowie bei längeren Redebeiträgen der Lernenden. Die Lehrkraft kann aber durch die Unterrichtsgestaltung gleichermaßen spezifische Situationen herbeiführen, wenn sie bestimmte Aspekte des Sprechens genauer betrachten will, z. B. die Umschreibungsfähigkeiten durch ein Spiel wie Tabu. Zur Leistungsmessung, -bewertung und -beurteilung (siehe 3.1 „Grundlagen zur (individuellen) Diagnose") werden zudem vermehrt **mündliche Prüfungen** eingesetzt, die sich gleichzeitig als Diagnosemomente eignen. In der Regel ist eine mündliche Prüfung zweigeteilt, so dass Lernende im ersten Teil ihre monologischen Fähigkeiten unter Beweis stellen, z. B. indem sie ein Bild oder eine Karikatur zum Unterrichtsthema beschreiben und interpretieren, und im zweiten Teil ihre dialogischen, indem sie z. B. im Rahmen eines Rollenspiels mit ein bis zwei anderen Lernenden interagieren. Dabei kommen in der Regel Bewertungsbögen zum Einsatz, die noch einmal eine Untergliederung vornehmen, beispielsweise für die Oberstufe in „Kommunikative Strategie/Präsentations- bzw. Diskurskompetenz" und – unter dem Label „Verfügbarkeit von sprachlichen Mitteln und sprachliche Korrektheit" in – „Aussprache/Intonation", „Wortschatz" und „Grammatische Strukturen".

Für diese Bereiche liegen dann z. B. Kurzbeschreibungen auf bis zu vier Niveaustufen vor (vgl. exemplarisch Ministerium für Schule und Bildung des Landes Nordrhein-Westfalen 2014b, 102–103). Die Bewertungsbögen können für die anschließende Rückmeldung und damit als Grundlage für ein Diagnose- und Fördergespräch genutzt werden (zur Durchführung mündlicher Prüfungen im Unterricht vgl. z. B. Voss 2012; Wirtz-Kaltenberg 2012a; Wlasak-Feik 2016).

Für die **Förderung** werden zum einen die Diagnoseergebnisse zugrunde gelegt, zum anderen gilt jedoch immer, dass Lernende im Fremdsprachenunterricht möglichst viel sprechen sollten. Dabei sind nicht alle Lernende zusammen im Verhältnis zum Lehrenden zu sehen, sondern die bzw. der einzelne Lernende. Wenn in einem Unterrichtsgespräch immer nur eine Person spricht, kann der Sprechanteil der Lernenden im Vergleich zur Lehrkraft hoch erscheinen, doch ist die *individuelle* Sprechzeit der Lernenden weiterhin gering, da immer nur eine Schülerin bzw. ein Schüler zur gleichen Zeit spricht. Ziel ist es also, dass die bzw. der einzelne Lernende auf einen **möglichst großen Sprechanteil** pro Stunde kommen soll, so dass auch Gelegenheiten geschaffen werden müssen, in denen mehrere Lernende gleichzeitig sprechen. Lehrkräfte unterschätzen ihren eigenen Redeanteil meist, d. h. sie sprechen am meisten, nehmen es aber anders wahr, wie u. a. die DESI-Studie gezeigt hat (vgl. Klieme u. a. 2006, 48; Helmke u. a. 2007, 41). Manchmal reicht nach einem Impuls schon **etwas mehr Wartezeit**, damit sich mehr Lernende trauen, sich aktiv zu beteiligen, – denn meist warten Lehrkräfte nur wenige Sekunden, bevor sie jemanden drannehmen (vgl. Thaler 2014, 16).

Um Lernende im Anfangsunterricht dazu zu bewegen, sich zu trauen, die Fremdsprache zu nutzen, kann zunächst **Chorsprechen** („el habla simultánea“), u. a. von Reimen, Sicherheit geben. Im Anfänger- wie im Fortgeschrittenenunterricht sind zudem **Murmelphasen** („la fase de murmurar“) hilfreich, bevor die Lernenden aufgefordert werden, eine Frage im Plenum zu beantworten. Dafür „murmeln“ die Lernenden z. B. nach einer Frage der Lehrkraft zunächst mit ihrer Nachbarin oder ihrem Nachbarn, sie erproben somit ihre Antwort schon einmal im **geschützten Raum**, helfen sich ggf. mit fehlendem Vokabular aus und korrigieren sich möglicherweise auch. Wenn es anschließend ins Plenum geht, wissen die Lernenden in der Regel, dass sie über eine passable Antwort verfügen und trauen sich eher, anschließend vor der Gesamtgruppe zu sprechen. Solch einen geschützten Raum bieten ebenfalls **kooperative Methoden** (vgl. Müller/Rohling 2016, 42; siehe 2.2.3), die einen hohen Sprechanteil aller Lernenden erreichen. So z. B. die folgenden:

- Beim **Omniumkontakt**, auch „Marktplatzgespräch“ genannt („el mercado“), gehen alle Lernenden im Raum umher. Auf ein Signal, z. B. verstummende Musik, sprechen sie mit einer oder einem anderen Lernenden über ein zuvor definiertes Thema; wenn die Musik wieder einsetzt, laufen alle weiter und suchen sich beim nächsten Signal eine andere Gesprächspartnerin bzw. einen anderen Gesprächspartner. So sprechen alle und dies nicht nur mit der direkten Sitznachbarin oder dem direkten Sitznachbarn. Es können ebenfalls Regeln formuliert werden, mit wem als nächstes gesprochen werden muss, z. B. andere Haar- oder T-Shirt-Farbe (vgl. Schiffler 1993).

- Im **Kugellager** („el rodamiento de bolas“) wird ein Innen- und ein Außenkreis gebildet, je nach Dauer im Sitzen oder im Stehen. Die zwei Lernenden, die sich nun gegenüberstehen, besprechen je nach Aufgabenstellung ein Thema. Auf ein Signal rotiert einer der beiden Kreise um einen Lernenden oder mehrere in eine Richtung, so dass die Lernenden eine neue Gesprächspartnerin bzw. einen neuen -partner erhalten, mit dem sie die gleiche oder eine leicht veränderte Aufgabe diskutieren. Um aktives Zuhören besonders intensiv zu fördern, kann Teil der Aufgabenstellung sein, der neuen Partnerin bzw. dem neuen Partner zunächst zu berichten, was die bzw. der vorherige gesagt hat. Das Kugellager ist damit strukturierter als ein Omniumkontakt, erfüllt aber letztendlich die gleiche Funktion.
- Auch bei der **Fishbowl**-Methode („el acuario“) werden zwei Kreise gebildet. Der innere Kreis sitzt ‚im Aquarium‘ und diskutiert aktiv, während der äußere zunächst zuhört und -schaut. Im inneren Kreis bleibt jedoch ein Stuhl frei, so dass sich jederzeit eine Person aus dem äußeren Kreis in den inneren setzen und dort einen Diskussionsbeitrag leisten kann, bevor sie wieder in den äußeren Kreis zurückkehrt und den Stuhl für die nächste oder den nächsten freimacht. Damit alle Lernenden aktiv teilnehmen, kann es verpflichtend gemacht werden, dass jede bzw. jeder einmal im inneren Kreis gesessen haben muss. Zudem können mit dem Ziel, dass möglichst viele Lernende möglichst viel sprechen, mehrere Fishbowl-Runden gebildet werden, so dass sich die Anzahl der hauptsächlich Zuhörenden reduziert.
- Das **Gruppenpuzzle**, auch „Expertenpuzzle“ genannt („el puzzle de expertos“, ebenfalls bekannt als „el puzzle de Aronson“ (vgl. Aronson u. a. 1978)), dient zur arbeitsteiligen Erarbeitung eines Themas. Dafür werden Gruppen gebildet, die jeweils einen Teilaspekt des Themas erarbeiten, ggf. haben sie dafür vorbereitend ebenfalls arbeitsteilig unterschiedliche Texte gelesen oder Recherchen durchgeführt. Nachdem jede Gruppe ihre Erarbeitung abgeschlossen hat, werden neue Gruppen gebildet. Jedes Mitglied einer Gruppe ist nun in einer neuen Gruppe und stellt dort als Expertin bzw. Experte das Ergebnis der Ursprungsgruppe vor. Am Ende sollte in der Ursprungsgruppe eine abschließende Reflexion stattfinden, z. B. über die verschiedenen Rückmeldungen zum Gruppenprodukt. Der Vorteil dieser Me-

thode ist, dass alle Lernenden das Gruppenprodukt vorstellen und darüber diskutieren.

Die Auswahl der Methode findet je nach Thema und Ziel statt. Damit Lernende thematisch über die notwendigen sprachlichen Mittel verfügen, müssen diese im Vorfeld systematisch vermittelt werden (siehe hierzu 3.3.1.7 „Verfügbarkeit sprachlicher Mittel“).

Darüber hinaus ist es für einen möglichst hohen Sprechanteil der Lernenden notwendig, dass die **Fremdsprache** möglichst konsequent die **Verkehrssprache im Unterricht** ist. Von allen Beteiligten erfordert dies Disziplin sowie von der Lehrkraft eine passende Lehrersprache; die Lernenden müssen zudem gängige Ausdrücke des fremdsprachlichen Klassenraumdiskurses kennen und automatisieren, um eben z. B. auch Organisatorisches auf Spanisch regeln zu können (vgl. zur Lehrkraftsprache sowie zu den Ausdrücken für die Lernenden siehe 4.7 „Klassenraumsprache“). Gerade die Interaktion im Klassenraum ist insofern nicht zu unterschätzen, als sie – im Vergleich zu vielen Aufgabenstellungen im Unterricht – eine authentische Kommunikation darstellt. Eine solche Authentizität kann in fiktiven Lernarrangements meist nur simuliert werden. Es sollte jedoch möglichst häufig zumindest ein **echtes Mitteilungsbedürfnis** bestehen, das sich durch eine bewusst herbeigeführte Informationslücke ergeben kann, wenn z. B. eine Person einer anderen ein Bild beschreibt, das die erste nicht sieht oder sich gegenseitig von den unterschiedlichen Texten berichtet wird, die die bzw. der andere nicht gelesen hat.

Die Bekanntmachung, dass es im nächsten Teil der Stunde nicht um Korrektheit geht, dass also die Lehrkraft beispielsweise nur korrigierend eingreift, wenn die Kommunikation beeinträchtigt wird, kann Lernenden ebenfalls Mut machen, ‚einfach drauf los zu reden‘. In solchen **mitteilungsbezogenen Phasen** liegt der Schwerpunkt auf dem Inhalt (siehe hierzu auch 3.3.1.8 „Fehlerkorrektur als Diagnose- und Fördermöglichkeit“). In **formbezogenen Phasen** ginge es hingegen gezielt um sprachliche Korrektheit. Methodisch kann hier im Anfangsunterricht z. B. mit **Tandembögen** („la hoja de tándem“) gearbeitet werden (siehe Tab. 5). Dafür wird ein Blatt längs geknickt und zwischen zwei Lernende gehalten. Jede bzw. jeder Lernende sieht auf ihrer bzw. seiner Hälfte einen Dialog mit Lücken. Zu den Lücken von A hat B die Lösung und umgekehrt. In Partnerarbeit kann somit in dieser noch sehr geschlossenen Form, die spätere freiere Dialoge lediglich vorbereitet, z. B. der korrekte Gebrauch von Pronomen trainiert werden.

Completad el diálogo. Knickt den Tandembogen und vervollständigt den Dialog, während ihr ihn laut vorlest. A hat die Lösungen von B und umgekehrt. Helft und kontrolliert euch gegenseitig. **Tu eres A. Empiezas.**	**Completad el diálogo.** Knickt den Tandembogen und vervollständigt den Dialog, während ihr ihn laut vorlest. A hat die Lösungen von B und umgekehrt. Helft und kontrolliert euch gegenseitig. **Tu eres B. A empieza.**
A: Hola. ¿Cómo _____ (estar)? B: Hola. Muy bien. **¿Y tú?** A: Mal. ... B: ... A: ...	A: Hola. ¿Cómo **estás**? B: Hola Muy bien. _____ (Und du?) A: Mal. ... B: ... A: ...

Tab. 5: Aufbau eines Tandembogens im Anfangsunterricht Spanisch

Etwas freieres Sprechen, aber immer noch nach stützenden Mustern, ist z. B. durch **Spiele** wie Wörter-, Pantomime-, Bilder- oder Personenraten zu erreichen. Bei Rollenspielen geben Spickzettel und Souffleusen bzw. Souffleure Rückhalt (vgl. Kraus 2009, 5). Der **„Kniff mit dem Knick"**, ebenfalls „Klausurbogentechnik" genannt, kann beispielsweise ein solcher Spickzettel („la chuleta") für Vorträge sein: Ein Blatt wird längs im Verhältnis ein Drittel zu zwei Dritteln geknickt; auf den zwei Dritteln wird ein Text verfasst, zu dem auf dem einen Drittel Stichpunkte festgehalten werden; der Vortrag erfolgt anschließend anhand der Stichpunkte, bei Bedarf kann der eigene Text jedoch wieder aufgefaltet werden (vgl. Blume 2006; einen großen Überblick über sprechfördernde Methoden geben z. B. Neveling u. a. 2012, 112–115).

3.3.1.5 Schreiben

Auch die schriftliche Kommunikation hat für den Alltag große Bedeutung, nicht zuletzt durch die Neuen Medien, die einen Teil der alltagssprachlichen Kommunikation ins Schriftliche verlagern, z. B. im Rahmen von Messenger-Diensten, Diskussionsforen oder Blogs. Vor allem im beruflichen Kontext werden zudem postalische und E-Mail-Korrespondenzen benötigt. Dies zeigt bereits die Spannbreite der **Arten des Schreibens**, das beispielsweise

- aufgrund eines emotionalen Anlasses, z. B. Liebes- oder Kondolenzbrief,
- zur Information einer anderen Person, z. B. Broschüre oder Reisebericht,
- in argumentativer Hinsicht, z. B. Beschwerde oder Bewerbung, oder

- mit kreativen Zielen, z. B. Erzähltext oder Gedicht, sowie
- einer Mischung der genannten Anlässe

erfolgen kann (vgl. Kieweg 2009, 3). Überdies ist die Wirkung des Schreibens für das Behalten von Inhalten, aber ebenso für die eigene Strukturierung derselben nicht zu unterschätzen (vgl. z. B. Möller-Frorath 2016, 36). Schlussendlich muss darüber hinaus betont werden, dass die Schriftsprache im schulischen Kontext einen gewichtigen Teil in Prüfungen und bei der Notenvergabe ausmacht, so dass auch diesbezüglich die Relevanz des Schreibens für Lernende eine entscheidende ist (vgl. z. B. De Florio-Hansen 2005, 221).

Wie beim Sprechen (siehe 3.3.1.4) verläuft das Schreiben nach bestimmten **Phasen**, allerdings in der Regel mit deutlich geringerem Zeitdruck: In einem ersten Schritt wird **überlegt und geplant**,

- mit welchem Ziel und
- für welche Adressatin bzw. welchen Adressaten
- in welcher Textsorte mit welchen Merkmalen,
- welche Inhalte,
- in welcher Reihenfolge,

schriftlich übermittelt werden sollen (vgl. u. a. Allwermann 2019, 5–8 mit Bezügen zu Blume 2008b, der den Dreischritt „préparer-rédiger-corriger", auf Spanisch **„preparar-redactar-corregir"**, für das Schreiben geprägt hat). Diese erste Vorbereitungsphase kann in Form eines Brainstormings („la lluvia de ideas") erfolgen, dessen Ergebnisse in einer Mindmap („el mapa mental") festgehalten und anschließend in eine strukturierte Abfolge gebracht werden. In einem zweiten Schritt erfolgt die erste **sprachliche Formulierung** in Schriftform, bevor der verfasste Text in einem dritten Schritt noch einmal in inhaltlicher wie sprachlicher Hinsicht **Korrektur gelesen und ggf. überarbeitet** wird (vgl. z. B. Schröder/Nold/Tesch u. a. 2017, 146). Es ist wichtig, Lernenden all diese Phasen bewusst zu machen, da sowohl die Planungs- als auch die Korrektur- und Überarbeitungsphase meist in ihrer Dauer und Wirkung unterschätzt werden. Besondere Aufmerksamkeit kann dabei sprachlichen Schwierigkeiten gewidmet werden, vor die das Schreiben Lernende häufig stellt, z. B. das Herstellen von logischen Bezügen durch Konnektoren, das Anreichern des Textes durch Beispiele und die stringente Nutzung von Signalen der Lesendenleitung. In Leistungssituationen wie Klassenarbeiten und Klausuren, wenn den Lernenden nur begrenzte Zeit zur Verfügung steht, ist es wichtig, dass die Phasen des Schreibens bereits weitgehend automatisiert hintereinander bearbeitet werden und dass für alle Phasen ausreichend Zeit eingeplant wird, damit ein kohärenter und zielführender Text entstehen kann (vgl. u. a. Blume 2014, 162).

Für die **Diagnose** bietet das Schreiben den Vorteil, dass es bereits im Produkt sichtbar ist und der Lehrkraft durch die dauerhafte Verfügbarkeit des Produktes mehr Zeit zur Verfügung steht. In sprachlicher Hinsicht ist die **kommunikative Textgestaltung** sowie das **Ausdrucksvermögen mithilfe passender sprachlicher Mittel** und die **Sprachrichtigkeit** von zentraler Bedeutung (siehe 3.3.1.8 „Fehlerkorrektur als Diagnose und Fördermöglichkeit"). Die Rückmeldung an die Lernenden erfolgt dabei idealerweise, v. a. im fortgeschrittenen Unterricht, über einen Bewertungsbogen, der gleichzeitig die Kriterien zugrunde legt, und einen abschließenden Lernhinweis, der die zentralen Elemente der Diagnoseergebnisse zusammenfasst (siehe ebenfalls 3.3.1.8). Auch die Berücksichtigung von – v. a. vom Deutschen abweichenden – Textsortenmerkmalen fällt in diesen Bereich, betrifft jedoch zugleich ebenfalls die Text- und Medienkompetenz (siehe 3.3.4). Zur Aufdeckung von Ursachen, die nicht durch die Analyse der Produkte ersichtlich werden, bieten sich **Gespräche** sowie **lautes Denken** an. Bei letzterem könnten Lernende z. B. ihre Gedanken beim Schreiben, d. h., was tun sie als nächstes und warum, versprachlichen. Dafür braucht es zunächst etwas Überwindung, auf diese Art und Weise erhält die Lehrkraft allerdings genaue Einblicke, an welcher Stelle im Schreibprozess es ‚hakt', z. B. bereits in der Planungsphase, weil keine Struktur erstellt wird, oder bei der Formulierung, weil der Wortschatz nicht ausreichend gelernt worden ist.

An diesem Punkt setzt die **Förderung** ein, die sich nun auf eine bestimmte Phase des Schreibprozesses oder einen weiteren Unteraspekt bezieht. Auch das Sensibilisieren für den Adressatenbezug, das benötigte Register je nach Textsorte und Schreibanlass sowie Möglichkeiten, den eigenen Text besonders ansprechend zu gestalten, gehören zur Schreibförderung (vgl. Kraus 2009, 5). Letzteres kann gerade in der Überarbeitungsphase noch einmal eine gezielte Aufgabe sein. Konnektoren, die, wie oben bereits angedeutet, häufig eine Herausforderung für Lernende darstellen, aber für die Lesefreundlichkeit des Textes von zentraler Bedeutung sind, können durch verschiedene Methoden besondere Aufmerksamkeit erhalten, z. B. durch das **Fließbandschreiben** („la escritura en cadena"). Verschiedene Gruppen verfassen einen kurzen Textanfang und reichen diesen an die anderen Gruppen weiter. Jede Gruppe ergänzt einen Satz, den sie mit einem Konnektor einleitet. Dafür kann eine Liste an Konnektoren vorgegeben werden, z. B. „Sin embargo, ...", „Por lo tanto, ...", „Después, ..." etc. Anhand der entstandenen Texte kann schließlich die Bedeutung der Konnektoren für die inhaltliche Lenkung und die Kohärenz von Texten illustriert werden (vgl. Blume 2014, 172–173).

Kommt die Diagnose zu dem Ergebnis, dass viele Orthographiefehler vorliegen, die auf mangelnde Konzentration zurückzuführen sein könnten, kann zur gezielten Förderung u. a. ein **Laufdiktat** („el dictado de carreras") dienlich sein (vgl. ebd.). Dabei wird ein Text an einer Stelle im Klassenraum platziert, z. B. auf einer Fensterbank oder an einer Pinnwand. Die Lernenden begeben sich zu diesem Text, prägen sich einen Teil, ggf. auch nur eine lexikalische Einheit oder einen Teilsatz, ein, laufen – meist sehr schnell, aus Angst etwas zu vergessen, – zu ihrem Platz zurück und schreiben ihn dort auf. Das Ziel ist dabei in diesem Falle nicht, möglichst viel Text geschrieben, sondern möglichst wenig Fehler gemacht zu haben, wofür ein genaues Einprägen und hohe Konzentration gefordert sind.

Wie für alle Aktivitäten im Fremdsprachenunterricht gilt zudem bei der Förderung des Schreibens, den Lernenden – ihrem Empfinden nach – **authentische Kommunikationsanlässe** zu liefern, um sie zu motivieren und sie gleichzeitig auf reale Situationen vorzubereiten (vgl. z. B. Schröder/Nold/Tesch u. a. 2017, 142). Um dabei vorliegende Defizite ausgleichen zu können, sollte die Lehrkraft für die Verfügbarkeit des notwendigen Wortschatzes sorgen, eventuell durch optional hinzuziehbare Hilfestellungen. Ebenso müssen aber die Lernenden zunehmend dazu befähigt werden, selbstständig z. B. fehlendes Vokabular im Wörterbuch nachzuschlagen, um ihren individuellen Wortschatz aufzubauen, der es ihnen ermöglicht, über Dinge zu schreiben, die sie persönlich interessieren oder beschäftigen.

Eine schriftliche Grundlage für eine Diskussion über solch bedeutsame Themen, die zugleich das Verfassen von Stichpunkten in den Vordergrund rückt, ist die Methode **Placemat** („el mantel cooperativo"). Dafür wird ein Blatt Papier so aufgeteilt, dass jedem der vier Gruppenmitglieder und in der Mitte ein Feld zur Verfügung steht (siehe Abb. 3). Zunächst notiert jede bzw. jeder in das Feld vor sich eigene Stichpunkte zur Lösung der gemeinsamen Aufgabe. Anschließend wird das Blatt dreimal um 90 Grad gedreht, bis alle die drei Felder ihrer Mitlernenden gelesen haben. Danach beginnt eine mündliche Diskussion darüber, welche Elemente für die gemeinsame Lösung in der Mitte verwendet werden sollen. Um tatsächliche Aushandlungsprozesse anzuregen, kann die Anzahl der Stichpunkte im mittleren Feld begrenzt werden.

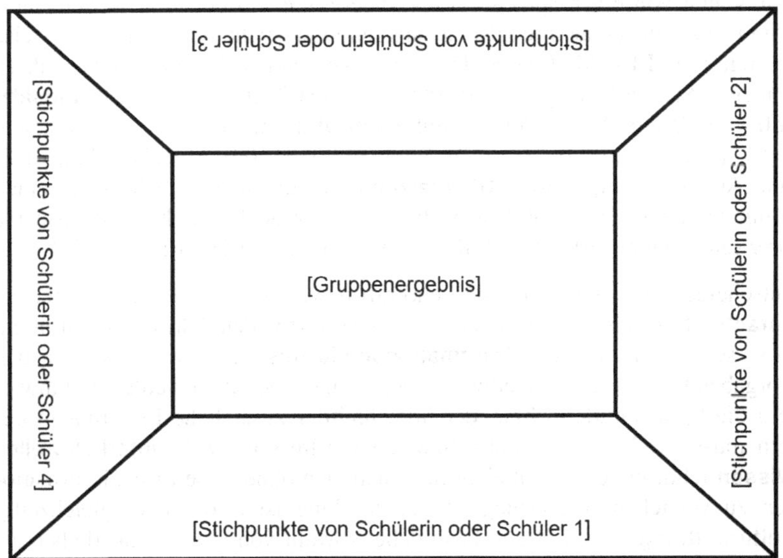

Abb. 3: Aufteilung eines Placemat-Blattes

Um die Lernenden in der Überarbeitungsphase eines Textes darüber hinaus untereinander in die Förderung ihrer Mitlernenden einzubinden, können z. B. **Schreibkonferenzen** („la conferencia de corrección“) stattfinden, in deren Rahmen die Lernenden nach bestimmten Kriterien in einer Gruppe reihum die Texte ihrer Mitlernenden korrigieren und kommentieren, wobei immer auch positive Elemente als besonders gelungen hervorgehoben werden sollten. Anschließend können die Gruppenmitglieder mündlich über das Thema ihrer Texte sowie ggf. gemeinsame sprachliche ‚Baustellen‘ ins Gespräch kommen.

3.3.1.6 Sprachmittlung

Wenn man mehrere Sprachen auf einem gewissen Niveau beherrscht, kommt man in Situationen, in denen man **zwischen zwei verschiedensprachigen Parteien vermitteln** soll, von denen eine auch ein Text sein kann. Das kann die Situation mit der Mutter an der Rezeption eines Hotels im spanischsprachigen Ausland sein, aber ebenso der spanischsprachige Tourist in der Heimatstadt, der um Hilfe bittet, weil er eine Informationstafel nicht versteht.

Bei der Sprachmittlung überträgt eine Person ausgewählte mündliche oder schriftliche Informationen für eine konkrete Adressatin bzw. einen konkreten

Adressaten von einer Sprache in die andere, die letztere bzw. letzterer aufgrund unzureichender Fremdsprachenkenntnisse nicht oder nur ansatzweise versteht (vgl. LISUM 2006, 3). Diese Tätigkeit lässt sich dabei – anders als an manchen Stellen behauptet (z. B. Philipp/Rauch 2010, 3) – **nicht grundsätzlich vom Übersetzen oder Dolmetschen abgrenzen** (vgl. z. B. Siepmann 2013, 191; Sinner/Bahr 2015, 78; Wieland 2016, 109). Sprachmittlung stellt eine Art des **sinngemäßen Übersetzens** dar, die stets eingebettet in einen kommunikativen, nicht-professionellen alltagssprachlichen Kontext, also nie ihrer selbst willen, erfolgt (vgl. Reimann 2013b, 6; Rösler 2015, 248–249).

Entscheidend ist somit, dass die Lehrkraft bzw. das Material stets die genaue **Sprachmittlungssituation** und die Adressatin bzw. den Adressaten mit ihrem bzw. seinem spezifischen **Informationsbedürfnis** definiert. Diese genauen Vorgaben bestimmen letztendlich, welche Inhalte gemittelt werden und inwiefern die Sprachmittlerin bzw. der Sprachmittler zusätzliche Erklärungen liefern muss, weil der Adressatin bzw. dem Adressaten z. B. **interkulturelles Wissen** fehlt, um die gemittelten Informationen ohne diese Zusatzinformationen zu verstehen (Ergänzung). Sprachmittlung ist also immer gleichzeitig **Kulturmittlung**. Die Mittlung kann dabei sowohl von einem schriftlichen als auch von einem mündlichen Text ausgehen und in ein mündliches oder schriftliches Sprachmittlungsprodukt umgewandelt werden: Es muss stets **rezeptiv** etwas aufgenommen **und produktiv** übermittelt werden. Da ausschließlich für die Adressatin bzw. den Adressaten relevante Informationen gemittelt werden (Selektion) und dies in einer für diese bzw. diesen passenden Art und Weise erfolgt, geht die Mittlung meist mit einer **Loslösung von der Struktur des Ausgangstextes** einher, indem paraphrasiert und häufig vereinfacht wird. Sprachmittlung verlangt folglich quasi alle Kompetenzen des modernen Fremdsprachenunterrichts (vgl. Philipp/Rauch 2010, 3–4; Reimann 2016b, 53; Caspari/Schinschke u .a. 2017, 181):

- Es muss etwas **hör(-seh-)end oder lesend verstanden** (siehe 3.3.1.1–3.3.1.3) und bezüglich des Informationsbedürfnisses der Adressatin bzw. des Adressaten auf Relevanz und mögliche inhaltliche Verständnisschwierigkeiten überprüft werden,
- wobei bereits **interkulturelle Kompetenz** (siehe 3.3.2) sowie **Text- und Medienkompetenz** beim Erkennen der Textstruktur (siehe 3.3.4) und **Sprachbewusstheit** (siehe 3.3.6) zum Einsatz kommen müssen,
- bevor unter Zuhilfenahme dieser Kompetenzen die Mittlung **sprechend oder schreibend produktiv** in ein angemessenes Sprachprodukt umgesetzt wird (siehe 3.3.1.3–3.3.1.5).

Wie eingangs bereits erwähnt, kann eine Sprachmittlung auch dann notwendig werden, wenn zum **Beispiel** jemand, der über einige Spanischkenntnisse verfügt, an die Grenzen seiner kommunikativen Kompetenz stößt. Überfliegt eine Person (im Urlaub in Südspanien) einen Zeitungsartikel, weil sie sich anhand der Überschrift „Las jirafas del zoo se quedan sin disfrutar de la nieve“ wundert, dass es auch in Madrid schneit, könnte ein Missverständnis auftreten, wenn es bezüglich der weiteren Tiere im Zoo heißt: „‚A los tigres también les gusta mucho‘, explicaban. Sin embargo, simios y leones prefirieron ver los toros desde la barrera y se quedaron en el interior con su suelo radiante“ (Nuñez Villaveirán 2018). Versteht sie nämlich, dass es im Madrider Zoo Tiger (*tigres*), Affen (*simios*), Löwen (*leones*) und Stiere (*toros*) gibt, dann liegt ein Verständnisproblem aufgrund der fehlenden Kenntnis des **metaphorischen Ausdrucks „ver los toros desde la barrera“** vor. Im Idealfall könnte ein kompetenter, fortgeschrittener Spanischlernender auf Deutsch erläutern, dass dies ein fester Ausdruck ist, der aus dem Stierkampf kommt und hier im übertragenen Sinne bedeutet, dass die Affen und Löwen sich den Schnee lieber von ihren beheizten Innengehegen aus ausgeschaut haben. Auch in anderen Sprachmittlungssituationen müssen sich Lernende bei solchen festen, v. a. metaphorischen, Ausdrücken stets fragen, ob es ein **Äquivalent** in der Zielsprache gibt oder eine **Umschreibung** genutzt werden kann. Handelt es sich jedoch um ein inhaltsbedeutsames Wortspiel, das immer wieder aufgegriffen wird, oder hat eben die Adressatin bzw. der Adressat ein zentrales Wort verstanden (wie oben „toro“), dann muss neben der sprachlichen Übermittlung eine zusätzliche (interkulturelle) **Erklärung** erfolgen.

Bei der **Diagnose** muss daher im Unterricht zunächst überprüft werden, ob in einer der genannten Kompetenzen besondere Stärken oder Schwächen vorliegen, die die Beschaffenheit des gemittelten Kommunikationsergebnisses erklären können (siehe 3.3.1.1–3.3.1.5 sowie 3.3.2, 3.3.3 und 3.3.6) oder ob es gerade im Zusammenspiel dieser Prozesse liegt. Zur Evaluation der Qualität von Sprachmittlungssituationen, v. a. bezogen auf mündliche Sprachmittlung, kann dabei auf Bewertungsbögen zurückgegriffen werden, die Deskriptoren gelungener Sprachmittlung bieten (vgl. z. B. Reimann 2013a und 2013b). Auch dabei hilft die Versprachlichung der eigenen Vorgehensweise durch lautes Denken, um ggf. unvorteilhafte Strategien im Rahmen der Sprachmittlungssituation aufdecken und korrigieren zu können.

Die **Förderung** knüpft an die Diagnoseergebnisse an, indem z. B. bei sprachproduktiven Schwierigkeiten thematischer Wortschatz oder indirekte Rede noch einmal wiederholt wird oder aber das Paraphrasieren durch Umschreibungen, Oberbegriffe etc. verstärkt eingeübt wird. Wie bei den anderen kommunikativen Fertigkeiten gilt es bei der Sprachmittlung, den Lernenden die Abfolge der notwendigen Einzelschritte beizubringen und mit ihnen einzuüben (vgl. zur schriftlichen Sprachmittlung z. B. Krogmeier 2017). Dramapädagogische Verfahren in Form von Rollenspielen bieten sich zudem für die Einübung mündlicher Sprachmittlung an (vgl. z. B. Wieland 2017).

Wichtig ist, dass die – für Diagnose und Förderung genutzten – **Sprachmittlungsaufgaben** die notwendigen Informationen für die Lernenden liefern (vgl. Pfeiffer 2013, 52; Caspari/Schinschke u. a. 2017, 195–196), indem

- die **realitätsnahe Situation** mit Bezug zur **Lebenswelt** der Lernenden glaubhaft Sprachmittlung erfordert und **stimmig** ist mit
- der **Adressatin** bzw. dem **Adressaten**, die bzw. der so genau beschrieben wird, dass ihr bzw. sein spezifisches **Informationsbedürfnis** und **Vorwissen** ersichtlich wird, und
- die benötigten **sprachlichen Mittel**, verwendeten **Textsorten** und **interkulturellen Wissensbestände** den Lernenden bekannt sind oder ihnen in diesem Rahmen vermittelt werden (Passung des Anforderungsniveaus).

Sprachmittlung sollte wie alle anderen kommunikativen Fertigkeiten in passenden Situationen bereits **im ersten Lernjahr und bis zum höchsten Niveau** konsequent eingebunden und progressiv ausgebaut werden. Derzeit ist sie auch im Abitur verankert (siehe hierzu den Gemeinsamen Aufgabenpool der Länder auf der Seite des Instituts für Qualitätsentwicklung im Bildungswesen https://www.iqb.hu-berlin.de/abitur, wenngleich dort bisher nur konkrete Vorschläge für Englisch, Französisch, Deutsch und Mathematik vorliegen; ein hilfreiches Video-Tutorial zur Sprachmittlung im Spanischunterricht der Klett Akademie für Fremdsprachendidaktik findet sich unter http://www.klett-akademie.de/sektion-spanisch/aus-der-sektionsarbeit/).

3.3.1.7 Verfügbarkeit sprachlicher Mittel

Für die Ausführung aller vorgestellten kommunikativen Fertigkeiten braucht es Material in Form von sprachlichen Mitteln, die sich laut Bildungsstandards aus den Bereichen **Wortschatz, Grammatik, Aussprache, Intonation und Orthographie** (vgl. KMK 2003, 14) zusammensetzen. Sprachliche Mittel haben dabei keinen Selbstzweck und stellen somit auch keine eigene Kompetenz dar, sondern werden als **„funktionale Bestandteile des sprachlichen Systems und der Kommunikation“** (KMK 2012, 18; Hervorhebung: C.K.) benötigt, um rezeptiv wie produktiv kommunizieren zu können. Der Ausgangspunkt jeglicher Vermittlung sprachlicher Mittel ist somit das kommunikative Bedürfnis, etwas verstehen oder ausdrücken zu wollen; in diesem Rahmen erfüllen die sprachlichen Mittel eine **„dienende Funktion“** (ebd.; Hervorhebung: C.K.).

Der **Wortschatz** transportiert dabei primär den Inhalt einer Äußerung. Die **Grammatik** liefert zwar auch inhaltliche Informationen, z. B. zu Zeiten und Bezügen, bildet aber primär das logische Gerüst der Sprache und hat den Vorteil, im Gegensatz zur Lexik, begrenzt zu sein. Das bedeutet, dass man im Idealfall irgendwann alle Grammatikregeln beherrscht, beim Wortschatz wird es hingegen immer (fachsprachliche) Kontexte geben, in denen man – wie in der Erstsprache – nicht über das notwendige Vokabular verfügt. Die **Aussprache** gilt als besonders entscheidend für gelingende mündliche Kommunikation ohne Missverständnisse und reflektiert für Außenstehende das Sprachniveau der Sprecherin bzw. des Sprechers (vgl. z. B. Kannengießer-Krebs 2017, 2) – ebenso wie die **Orthographie** im Schriftlichen. Unterschiede zum Deutschen, sofern dies die Erstsprache der Lernenden darstellt, benötigen besonders viel Übung, z. B. die Aussprache der ‚rollenden' Vibranten [r] und [r̄] (zur gezielten Schulung sie z. B. Peppel 2017; Raeth 2017) oder der weitgehende Verzicht auf doppelte Konsonanten sowie die Akzentregeln beim Schreiben des Spanischen (für detaillierte Informationen zur Aussprache, gerade in vernetzter Vermittlung mit Orthographie vgl. Reimann 2016a). Zudem sprechen deutsche Lernende Spanisch häufig mit zu viel „Druck": „existe una gran diferencia por lo que se refiere al grado de tensión entre alemán (muy tensa) y español (de tensión entre media y relajada [...])" (Mateos Ortega 2016, 92). Die harte Aussprache des Deutschen nicht auf das Spanische zu übertragen, ist somit ein zentraler Punkt bei der Ausspracheschulung im Spanischunterricht. Ebenso ist die **Intonation** für zielführende Kommunikation von Bedeutung, z. B. wenn in einem situativen Kontext die Wirksamkeit durch verschiedene Varianten erkannt und eingeübt worden ist (vgl. auch KMK 2012, 50).

Die Aufteilung der Bildungsstandards in die oben genannten Bereiche entspricht der traditionellen Sicht auf sprachliche Kombinationsmöglichkeiten: Dem **„*words and rules*-Modell** der Sprachbeschreibung" (Siepmann 2007, 59; Hervorhebung: C.K.) zufolge, werden Wörter und Grammatikregeln gelernt, um schließlich relativ frei zu Sätzen zusammengefügt zu werden. Dieser Ansatz birgt jedoch das Risiko einer starken Orientierung an der Erstsprache und ist damit **anfällig für Interferenzen**, also fälschlicherweise vorgenommene Übertragungen aus der Muttersprache (siehe 3.3.1.8 „Fehlerkorrektur als Diagnose- und Fördermöglichkeit"). Das Ergebnis sind meist unidiomatische Ausdrücke, d. h. solche, die im Sprachgebrauch der Zielsprache unüblich sind, z. B. „*Me gusta fútbol" statt „Me gusta el fútbol", weil man im Deutschen „Mir gefällt Fußball" ohne Artikel nutzt. Um dem entgegenzuwirken, muss davon Abstand genommen werden, Wörter und Grammatikregeln isoliert zu vermitteln.

Im Sinne einer **Lexikogrammatik** sollten daher vielmehr syntagmatische Verknüpfungen in Form von lexikogrammatischen Einheiten, sogenannten „chunks“, auf Spanisch „trozos léxicos“ (Kracht 2016, 12), vermittelt bzw. erlernt werden, die bereits eine idiomatische Struktur darstellen, z. B. „lavarse las manos“, „volver a casa“, „por así decirlo“ (vgl. Küster 2013, 47). Dafür müssen Erkenntnisse aus der Phraseologie- und Kollokationsforschung berücksichtigt werden, die sich mit möglichen und häufigen Kombinationen von Sprachelementen beschäftigt. Für den Fremdsprachenunterricht folgt daraus, dass die einzelnen Bereiche – Wortschatz, Grammatik, Aussprache, Intonation und Orthographie – in Form konkreter Einheiten, die all diese Bereiche in sich tragen, integrativ vermittelt werden sollten. Diese Einheiten dienen für die Lernenden als Muster, so dass von ihnen ausgehend weitere kommunikative Aussagen verstanden bzw. formuliert werden können (vgl. Segermann/ Wicher 2016, 74). Dies bedeutet nicht, dass keine Grammatikregeln mehr benötigt werden, sie sollten nur stets in Kombination mit passendem Wortschatz Anwendung finden.

Lexikogrammatische Einheiten entsprechen – neueren Forschungsergebnissen zufolge – der Struktur des sogenannten **„mentalen Lexikons“**, in dem größere Einheiten abgespeichert werden (vgl. Bürgel 2016, 45). Auch wenn bisher kaum empirisch gesicherte Erkenntnisse zur Funktionsweise vorliegen, erlauben Untersuchungen zu Versprechern sowie Experimente mit Menschen mit partiellen Hirnschädigungen Einblicke in die Organisationsweise bei der Speicherung von Spracheinheiten im Gehirn (vgl. Aitchison 1997, 20–34). Als gesichert gilt, dass Einträge im mentalen Lexikon jeweils mehreren Netzen zugeordnet sind (vgl. Neveling 2004, 196), z. B. einem

- **Sachnetz** durch sachliche Zusammenhänge wie „el tenedor“–„el cuchillo“,
- **Begriffsnetz** mit Ober- und Unterbegriffen wie „los animales“–„el gato“,
- **Merkmalsnetz** durch Synonyme wie „caminar“–„andar“ und Antonyme wie „arriba“– abajo“,
- **syntagmatischen Netz** mit Kollokationen, z. B. „darle un regalo a alguien“
- **Wortfamiliennetz** mit Ableitungen wie „un profesor“–„el profesorado“,
- **Klangnetz** z. B. durch Reime wie „la cama“–„el drama“ sowie einem
- **affektiven Netz** durch Assoziationen, z. B. „el verano“–„las vacaciones“.

Diese verschiedenen Netzzugehörigkeiten verdeutlichen die enge Verbindung der Bereiche sprachlicher Mittel, da „Lexikon“ eben nicht nur bezogen auf Einzelwörter verstanden werden kann. Stattdessen steht der Wortschatz stets, z. B. durch die zugehörige Aussprache beim Klangnetz sowie durch das syntagmatische Netz, das auf grammatischen Kombinationsregeln beruht, **mit anderen Elementen in Verbindung**. Zudem sind die verschiedenen Sprachen einer Sprecherin oder eines Sprechers innerhalb des mentalen Lexikons miteinander vernetzt, was nicht zuletzt Interferenzen verdeutlichen.

Wenn vom **aktiven Wortschatz** die Rede ist, betrifft dieser folglich auch die anderen Bereiche sprachlicher Mittel. Er beinhaltet diejenigen Einheiten, die die bzw. der Lernende

- bei der Rezeption spontan in ihrem vollen Bedeutungsumfang versteht,
- zu denen sie bzw. er die gängigsten Kollokationen,
- die jeweilige kommunikative Funktion und
- die Registerzugehörigkeit kennt sowie
- die möglichen grammatischen Formen des Wortes, z. B. Genus und Pluralbildung von Substantiven, die Angleichung von Adjektiven oder die Konjugation von Verben;
- zudem kann sie bzw. er diese Einheiten produktiv anwenden, wozu wiederum entweder Orthographie oder Aussprache notwendig ist (vgl. Decke-Cornill/Küster 2015, 164; Reinfried 2017d, 177; Kieweg 2017, 92–93).

Der **passive Wortschatz** hingegen, der ebenfalls „rezeptiver Wortschatz" genannt wird, enthält Einheiten, die zwar insofern bekannt sind, als sie beim Hören oder Lesen verstanden werden, die bzw. der Lernende ist jedoch nicht in der Lage, diese Einheiten aktiv zu verwenden. Dieser Wortschatz ist naturgemäß größer als der aktive und reicht für manche Ausdrücke wie Schimpfwörter oder regionale Besonderheiten (rezeptive Varietätenkompetenz; siehe 3.3.6 „Sprachbewusstheit (Sek. II)") auch aus, da diese nicht produktiv genutzt werden sollen bzw. müssen. Von diesen Ausnahmen abgesehen ist aber prinzipiell das Ziel, Einheiten aus dem passiven Wortschatz Schritt für Schritt in den aktiven Wortschatz zu überführen – die Grenze ist dabei fließend. Ebenso können Einheiten des aktiven Wortschatzes durch zu seltene Aktivierung in Vergessenheit geraten und wieder in den passiven Wortschatz zurückgehen. Die Lernersprache ist somit – wie moderne Sprachen generell – ein dynamisches Konstrukt, das entsprechender Pflege bedarf, damit die einmal geschaffenen Verknüpfungen bestehen bleiben oder noch ausgebaut werden.

Als dritte Art ist der **potenzielle Wortschatz** zu nennen, der Einheiten enthält, die die bzw. der Lernende noch nicht kennt, aber rezeptiv verstehen kann, weil sie bzw. er sie sich z. B. aus dem Kontext, anhand der Wortfamilie oder aus anderen Sprachen ableiten kann (siehe 2.2.8 „Mehrsprachigkeit"). Lernende über diese Arten aufzuklären, erhöht die Sprachbewusstheit (siehe 3.3.6) und damit auch das Wissen über das eigene Können, ist jedoch ebenso für die Sprachlernkompetenz (siehe 3.3.5) von zentraler Bedeutung, da unterschiedliche Anstrengungen von Nöten sind, um Einheiten in den aktiven oder den passiven Wortschatz zu integrieren. Lehrkräften dient die Kenntnis der

Wortschatzarten darüber hinaus zum einen der Antizipation von Schwierigkeiten, die Lernende bei der Begegnung mit einem Text haben könnten, bzw. kann zum anderen aufzeigen, welche neuen Einheiten ggf. nicht vorentlastet werden müssen, weil sie von den Lernenden erschlossen werden können (vgl. Koch 2017c, 171).

Bei der **schriftlichen Fixierung der lexikogrammatischen Einheiten** sollte den vielfältigen Netzzugehörigkeiten und den damit verbundenen Elementen des aktiven Wortschatzes Rechnung getragen werden. Das klassische zweisprachige Vokabelheft mit deutsch-spanischen (Einzel-)Wortgleichungen entspricht diesem System nicht. Ein Karteikasten kann insofern ein erster Schritt in die richtige Richtung sein, als er eine veränderbare Reihenfolge aufweist und mehr Platz für zusätzliche Informationen bietet, z. B. zur Registerzugehörigkeit und häufigen Kollokationen. Doch auch mit ihm muss mündlich und in Kommunikationskontexten gearbeitet werden, um die Aussprache zu integrieren und die Anwendung einzuüben. Eine digitale Variante des Karteikastens wie *Phase 6* – eine Vokabellern-App, die sich auf das jeweilige Lehrwerkvokabular beziehen lässt, – bietet dabei zumindest die Möglichkeit, sich das Wort ebenfalls anzuhören, ersetzt aber ebenfalls nicht die schlussendliche Einbettung in einen realen kommunikativen Kontext. (Digitale oder analoge) Wörternetze, die stetig erweitert werden können, formen die Struktur des mentalen Lexikons derzeit am besten nach und lassen sich nach den oben angegebenen Netzen untergliedern (vgl. Neveling 2004; siehe Abb. 4).

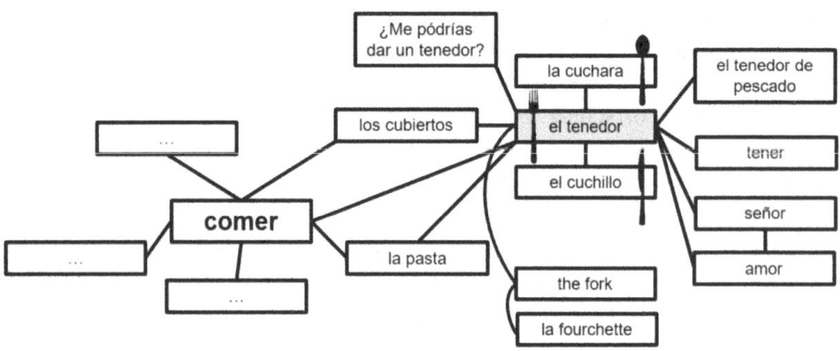

Abb. 4: exemplarischer Ausschnitt aus einem Wörternetz

Ebenso gilt für die **schriftliche Fixierung von Grammatikregeln**, dass diese stets mit – möglichst von den Lernenden beigesteuerten – Beispielen festgehalten werden sollten. Die Regeln sollten zudem möglichst kurz und damit einprägsam die kommunikative Funktion auf den Punkt bringen und nach Möglichkeit in der Fremdsprache formuliert sein. Der Rückgriff auf **signalgrammatische Elemente** wie Pfeile, Symbole oder Bilder kann in diesem

Rahmen Lernenden mit einer Präferenz für den visuellen Kanal zugutekommen (siehe 3.3.5) und die Nutzung der Erstsprache überflüssig machen.

Für die **Phasierung** bedeutet dies, dass – ausgehend von der dienenden Funktion sprachlicher Mittel – immer ein Kommunikationsanlass der Ausgangspunkt einer Lerneinheit ist. Nur weil Lernende zu Beginn einer Einheit ein **Kommunikationsbedürfnis** erkennen, d. h. etwas verstehen und/oder ausdrücken wollen, erfolgt eine **Präsentation** neuer lexikogrammatischer Strukturen. Diese werden anschließend – in einem noch geschlossenen, aber thematisch passenden Kontext – **eingeübt**, bevor die Realisierung des anfänglichen Kommunikationsbedürfnisses in Form einer **Anwendung** folgt. Später können die neu gelernten Einheiten und Strukturen dann auf andere kommunikative Kontexte **transferiert** werden (vgl. Koch 2015a, 4–5). Damit wird dem klassischen Vierschritt (1. Präsentation, 2. Übung, 3. Anwendung, 4. Transfer) von Zimmermann (1984, 70–71) eine ‚nullte' Phase der situativ-kommunikativen Einbettung vorangestellt. Letztere kann besonders gut durch Aufgaben, *tareas*, erreicht werden (siehe 2.2.6 „Aufgaben- und Inhaltsorientierung").

Vermittelt werden im Rahmen der **Präsentation** jeweils die lexikogrammatischen Einheiten, die für die Kommunikationssituation dienlich sind, d. h. die in der Zielsprache in solchen Situationen häufig auftauchen und der Lebenswelt der Lernenden entsprechen. Wenn z. B. über Haustiere gesprochen wird, müsste das Wortmaterial an die tatsächlich im Haushalt der Lernenden vorhandenen Tiere und die damit verbundenen Aktivitäten angepasst werden. Dabei sollte die natürliche Reihenfolge berücksichtigt werden, in der Lernende normalerweise, v. a. im Erstspracherwerb, mit neuen Strukturen in Kontakt kommen, d. h. zunächst hörend, anschließend sprechend und erst im Anschluss lesend und schreibend. Um die Bedeutung einer lexikogrammatischen Einheit zu vermitteln (**Semantisierung**), kann die Lehrkraft zielsprachliche Umschreibungen, Bilder, Gesten, Gegenstände (sogenannten „Realien"), Beispielsätze, Synonyme, Antonyme, Ober- und Unterbegriffe etc. nutzen, d. h. auf die Funktionsweisen der oben aufgeführten Netze zurückgreifen und die Lernenden damit dazu anregen, Verknüpfungen an bereits Bekanntes herzustellen (vgl. z. B. Rössler 2009a, 6). Außerdem kann – statt einer Semantisierung durch die Lehrkraft – eine **Autosemantisierung** erfolgen, indem die Lernenden angehalten werden, sich die Bedeutung, ggf. mithilfe von Hilfsmitteln, selbst zu erschließen.

Dieser Unterschied zwischen Lehrkraft- und Lernerzentrierung findet sich auch in der Unterscheidung zwischen einer deduktiven und induktiven Herangehensweise bei der Vermittlung grammatischer Regelmäßigkeiten: Bei einem **deduktiven** Zugang gibt die Lehrkraft die Regel vor, die die Lernenden im Anschluss an verschiedenen Beispielen anwenden. Dies ist die schnellste

Variante, bei der die Regel überdies die höchste sprachliche Korrektheit aufweist, da sie von der Lehrkraft hereingereicht wird. Bei einer **induktiven** Vorgehensweise erschließen sich die Lernenden hingegen die Regel selbst anhand von Beispielen und formulieren diese im Anschluss im Optimalfall selbst. Dadurch wird eine größere Lernerautonomie erreicht und es besteht die Hoffnung auf eine höhere Verarbeitungstiefe, weshalb dieser Zugang längere Zeit – im Sinne von Lernerorientierung und gemäßigtem Konstruktivismus (siehe 2.2.1) – bevorzugt wurde. Laut Hatties Meta-Studie erweist sich allerdings gerade eine Mischung der beiden Zugänge als besonders lernwirksam (vgl. Hattie 2013, 31), so dass letztendlich im Einzelfall je nach grammatikalischer Struktur, Lernenden und Zeitressourcen eine Auswahl zu treffen ist.

In der Präsentationsphase gilt es daher, Wortschatz und Grammatik – im Zusammenspiel mit Aussprache, Intonation und Orthographie – möglichst bereits in Form von exemplarischen Strukturen zu vermitteln. Wenn das kommunikative Bedürfnis nur dann realisiert werden kann, wenn die neuen Einheiten gelernt worden sind, weil z. B. nur mithilfe von Vergangenheitsstrukturen vom letzten Wochenende erzählt werden kann, dann findet die obige Phasierung Anwendung (**proaktiver Ansatz**). In diesem Fall kann somit erst nach der Präsentation die Kommunikation stattfinden. Sollten die Lernenden jedoch bereits sprachliche Möglichkeiten haben, das Kommunikationsbedürfnis zu erfüllen und die neuen Strukturen dienen lediglich der Optimierung der eigenen Möglichkeiten, z. B. durch eine ökonomischere Gestaltung anhand von Objektpronomen, dann könnte vor der Präsentationsphase bereits eine erste Kommunikation erfolgen, indem die Lernenden z. B. einen Text verfassen. Die Präsentationsphase würde dann eingeleitet durch die Bewusstmachung, inwiefern der Text noch verbessert werden könnte und die Anwendungsphase würde dann eine Überarbeitung des anfänglich produzierten Textes dank des neu Gelernten darstellen (**reaktiver/retroaktiver Ansatz**) (vgl. Ellis 2003, 152–167).

Auf die Präsentation neuer sprachlicher Mittel folgt stets eine **Einübung** in einem überschaubaren Kontext mit dem Ziel einer ersten Automatisierung, indem etwas mehrfach wiederholt und dabei erste neuronale Verknüpfungen erstellt werden (vgl. Bauer 2007, 40). In dieser formbezogenen Phase benötigen die Lernenden gezielte Rückmeldungen, ob die neuen Strukturen korrekt angewendet werden (vgl. Klippel 2017, 357; siehe auch 3.3.1.8 „Fehlerkorrektur als Diagnose- und Fördermöglichkeit“). Es findet an dieser Stelle folglich eine wichtige Vorbereitung auf die immer freiere Anwendung der neuen Einheiten und der zugehörigen Regeln statt (vgl. ebd., 358). Dass explizite Regeln in **habitualisiertes Sprachhandeln** umgewandelt werden können, Sprache also nicht ausschließlich durch erstsprachliche Imitation implizit erworben werden kann, gilt mittlerweile als bewiesen. Man spricht von einem schwachen *Interface*, d. h. einer Schnittstelle von deklarativem Faktenwissen und prozeduralem Handlungswissen (vgl. Raabe 2005, 79).

Die nachfolgende **Anwendung** ist ein *erster* Versuch, in dem zu Anfang der Lerneinheit eröffneten kommunikativen Kontext mit dem neu Gelernten sprachlich zu handeln. Dies sollte aber nicht darüber hinwegtäuschen, dass in den nächsten Unterrichtsstunden, auch im Rahmen des **Transfers**, und in den nachfolgenden Lernjahren noch viele Formen des – zum individuellen Lernenden passenden – intelligenten Übens in wechselnden Kontexten im Sinne spiralförmigen, d. h. wiederkehrenden, aber stetig komplexer werdenden, Lernens zum Einsatz kommen müssen, damit von einer langfristigen Beherrschung gesprochen werden kann (vgl. Kleppin 2016a, 103).

Für die Testung sprachlicher Mittel, die im Fremdsprachenunterricht meist in isolierter Form durch **Vokabeltests** und seltener **Grammatiktests** erfolgt, bedeutet das Vorherige, dass ***immer* ein minimaler kommunikativer Kontext** gegeben sein muss. Wortgleichungen sind somit nicht nur für das Lernen (Vokabelheft), sondern ebenso für die Überprüfung nicht zielführend. Vielmehr sollte ein kommunikativer Anlass geschaffen werden, die neuen Einheiten und die zugehörigen Grammatikregeln anzuwenden. Dies kann, jeweils in kurzer Form, um eine Abgrenzung zur Klassenarbeit vorzunehmen, z. B. durch eine Bildbeschreibung, das Verfassen eines Dialoges oder das Erzählen vom letzten Urlaub sowie das Versprachlichen einer Bilderserie passieren. Ist gerade die Konstruktion rund um „gustar“ mit verschiedenen Hobbys eingeführt worden, könnten beispielsweise zunächst vorgegebene Personen (mit Bildern zu den Hobbys, die sie mögen, sowie einigen durchgestrichenen, die sie nicht mögen) beschrieben werden, bevor die eigenen Abneigungen und Vorlieben dargelegt werden. Dies kann kommunikativ eingebettet werden, indem jemandem von den Hobbys einer Freundesgruppe berichtet werden soll – die vorgegebenen Personen wären dann die fiktiven eigenen Freunde, wenn man sichergehen möchte, dass bestimmte Hobbys genannt werden. Überprüft würde daran sowohl die korrekte Verwendung der Struktur um „gustar“ in der ersten und dritten Person Singular, ggf. auch Plural bei mehreren Personen, die das Gleiche mögen oder nicht mögen als auch die lexikogrammatischen Einheiten rund um Hobbys und die orthographische Korrektheit.

3.3.1.8 Fehlerkorrektur als Diagnose- und Fördermöglichkeit

Eines der fremdsprachenspezifischsten und sehr häufig angewandten Verfahren der oben genannten Diagnosemöglichkeiten ist die **Analyse sprachlicher Fehler** in Lernendenäußerungen jeglicher Art, die im Folgenden exemplarisch genauer ausgeführt wird. Als Fehler wird in diesem Zusammenhang eine „sprachliche Abweichung gegenüber dem Sprachsystem und/oder gegenüber dem Sprachgebrauch“ (Kleppin/Königs 1997, 16) verstanden. Letztendlich ist es die Lehrkraft, die – ggf. mithilfe einschlägiger Werke, z. B. der Real Academia Española, – entscheiden muss, ob ein Verstoß vorliegt. Der Fehler ist dabei als „natürlicher Begleiter“ (Nieweler 2003a, 3) des Lernens zu sehen und verdeutlicht, an welchen Stellen eine Lernende bzw. ein Lernender eine unzutreffende Hypothese über den Gebrauch der Zielsprache gebildet hat, z. B. durch eine **Übergeneralisierung** („beber“ > „bebo“; „tener“ > „*teno“ statt „tengo“). Fehler können zudem aus einer **Interferenz**, d. h. einem negativen Transfer aus einer anderen Sprache, resultieren, z. B. wenn Doppelkonsonanten aus dem Deutschen oder Englischen ins Spanische übertragen werden („*impossible“ statt „imposible“). Dies gilt auch auf lexikalischer Ebene bei sogenannten **„falschen Freunden“**, die äußerliche Ähnlichkeiten zeigen, aber durch semantische Unterschiede keine Entsprechung in der Zielsprache sind (siehe Tab. 6).

deutscher Ausdruck	**falscher spanischer Freund (Bedeutung auf Deutsch)**	**passender spanischer Ausdruck zum deutschen**
haben	haber (haben (als Hilfsverb))	tener
alt	alto (hoch)	viejo, antiguo
Datum	un dato (Angabe, Beleg, Unterlage)	una fecha
Karte	una carta (Brief)	un mapa, una tarjeta
Regal	un regalo (Geschenk)	una estantería
sortieren	sortear ((ver-/aus)losen, ausweichen)	ordenar
Vase	un vaso (Glas)	un jarrón, un florero

Tab. 6: Falsche Freunde für deutsche Spanischlernende

Es gibt noch weitere Besonderheiten des Spanischen, die für deutsche Spanischlernende durch die **Differenz zum Deutschen** eine Herausforderung darstellen und sich z. B. in Sätzen wie „*Busco el profesor“ statt „Busco al profesor“ zeigen, da im Spanischen das direkte Objekt bei Personen normalerweise mit „a“ eingeleitet werden muss. Des Weiteren können Zustände wie Müdigkeit, Ablenkung oder Nervosität zu (vermehrten) Fehlern führen (vgl. für die grundlegenden psycholinguistischen Prozesse Selinker 1972, 216–221). Durch eine Bewusstmachung dieser Fehlerursachen können Lernende nicht nur in Zukunft aktiv versuchen, diese Fehler zu vermeiden (Prophylaxe), sondern sie merken zudem, dass die meisten Fehler keine individuellen und willkürlichen Irrtümer, sondern systematisch in der Differenz der genutzten Sprachen begründet sind (vgl. Gnutzmann 2013, 117–118). Den Lernenden muss folglich deutlich werden, welchen Gesetzmäßigkeiten ihre Lernersprache – „interlanguage“ (Selinker 1972, 214) – folgt, die sich zunehmend dem Sprachsystem und -gebrauch der Zielsprache annähern sollte. Dies kann auch in motivatorischer Hinsicht hilfreich sein, weil eine Regelhaftigkeit erkannt wird, der nun strukturiert entgegengewirkt werden kann.

Eine grundlegende Differenzierung, die für die Diagnose von großer Bedeutung ist, liegt im Unterschied zwischen Kompetenzfehler (*error*) und Performanzfehler (*falta, fallo*) (vgl. z. B. Kleppin 1998, 41): Ein **Kompetenzfehler** ist ein Wissensfehler, d. h. der Lernende kennt die Regel (noch) nicht bzw. hat sie nicht verstanden. Ein solcher Fehler liegt somit in der Tiefe der Lernendensprache und wird – ggf. von einigen ‚Zufallstreffern‘ abgesehen – systematisch falsch gemacht. In diesem Fall ist die bzw. der Lernende nicht in der Lage, selbst eine Korrektur vorzunehmen. Ein **Performanzfehler** ist hingegen ein sogenannter „Flüchtigkeitsfehler“, der sich nur an der Oberfläche der Lernendensprache befindet. Er tritt unsystematisch auf, wenn Lernende, wie oben bereits erwähnt, z. B. müde, abgelenkt oder nervös sind. Da ihnen das zugrundeliegende sprachliche Prinzip jedoch bekannt ist, können Lernende diese Fehler selbst korrigieren. Für die Diagnose ist daher ein entscheidender Hinweis, ob ein Fehler sehr häufig oder nur gelegentlich bzw. in bestimmten Situationen auftritt. Für die Förderung bedeutet diese Erkenntnis, dass entweder bei der Regel angesetzt oder die Aufmerksamkeit und Selbstreflexion angeregt werden sollte.

Für die **schriftliche Fehlerkorrektur** bedeutet dies, dass die Lehrkraft bei jedem Fehler entscheiden muss, wie sie diesen markieren und ggf. kommentieren sollte, um das Weiterlernen im Anschluss bestmöglich anzuleiten. Dies betrifft zunächst die Fehlermarkierung durch ein **Korrekturzeichen**. Diesbezüglich gibt es länder-, teilweise schul- oder lehrkraftspezifische Aufstellungen über Kürzel, die verwendet werden. Die QUA-LiS (Qualitäts- und UnterstützungsAgentur – Landesinstitut für Schule) in NRW schlägt für Spanisch beispielsweise vor, zunächst zwischen „W“ für „Wortschatz“, „G“ für „Grammatik“, „R“ für Rechtschreibung und „Z“ für „Zeichensetzung“ zu unterscheiden (QUA-LiS 2015, 2). In Kombination mit einer Unterstreichung des Fehlerortes im Text und einer solchen Markierung am Rand würde die bzw. der Lernende über den Bereich ihres bzw. seines Fehlers informiert, müsste aber selbst überlegen, worin genau der Fehler besteht. Als Unterkategorien, die der bzw. dem Lernenden einen gezielteren Hinweis geben, schlägt das QUA-Lis die folgenden vor:

Korrekturzeichen	Beschreibung
W	Wortschatz
Präp	Präposition
Konj	Konjunktion
A	Ausdruck
G	Grammatik
Bez	Bezug, Konkordanz
F	Form
Mod	Modus
Pron	Pronomen
Sb	Satzbau
T	Tempus
R	Rechtschreibung
Z	Zeichensetzung
(…)	Streichung
√	Einfügung

Tab. 7: Korrekturzeichen und ihre Beschreibungen (QUA-Lis 2015, 2)

Wie genau ein Fehler bezeichnet wird, hängt von der individuellen Diagnose ab, bei der die Lehrkraft entscheiden muss, welche Markierung die bzw. der Lernende benötigt (für eine Gegenüberstellung verschiedener möglicher Varianten anhand konkreter, spanischsprachigen Lernendentexten siehe Ribas Moliné/d’Aquino Hilt 2004, 81–91). Von großer Bedeutung ist es in jedem Fall, dass den Lernenden im Vorfeld die Art und Bedeutung der Fehlermarkierung **transparent** gemacht wird.

Gleiches gilt für die Möglichkeit, die **korrekte Lösung am Rand** anzugeben. Auch hier muss die Lehrkraft – in der Regel davon abhängig, ob ein Kompetenz- oder ein Performanzfehler vorliegt – entscheiden, ob eine selbstständige Berichtigung anhand der Fehlermarkierung möglich ist oder nicht. Performanzfehler werden sinnvollerweise im Text unterstrichen und ggf. mit einem Fehlerkürzel markiert, es wird allerdings nicht die richtige Lösung vorgegeben, da die Lernenden diese problemlos selbst finden können. Das selbstständige Identifizieren der Lösung hat dabei idealerweise gleichzeitig den Effekt der Bewusstmachung, so dass beim nächsten Mal ggf. besonders darauf geachtet wird, dass sich solch ein vermeidbarer Fehler nicht wiederholt. Liegt ein Kompetenzfehler vor, kann in bestimmten Fällen, z. B. wenn die Regel im Unterricht noch nicht behandelt wurde, ein Angeben der Lösung sinnvoll sein, in anderen Fällen, z. B. wenn eine bereits behandelte Regel offenbar noch nicht verstanden wurde, kann im – jede Klassenarbeit oder Klausur abschließenden – **Lernhinweis** auch die Aufforderung zur erneuten Erarbeitung der Regel vermerkt werden. Nachdem diese Erarbeitung erfolgt ist und sinnvollerweise ein, zwei Übungen gemacht und von der Lehrkraft überprüft worden sind, kann die bzw. der Lernende anschließend idealerweise die diese Regel betreffenden Kompetenzfehler in seinem Text selbst berichtigen.

Sowohl für die Randspalte als auch für den Lernhinweis am Ende einer schriftlichen Leistungsmessung sollte zudem eine **Positivkorrektur** (vgl. z. B. Bausch 2005) die Negativkorrektur, die durch Fehlermarkierungen ein Aufzeigen von Defiziten darstellt, begleiten. Wie oben beschrieben, beinhaltet die Diagnose das Aufzeigen von Stärken, das darüber hinaus motivational und im Sinne der Kompetenzorientierung mit ihren Kann-Beschreibungen von Bedeutung ist. Da die Negativkorrektur meist in roter Farbe erfolgt, könnte hier z. B. mit einem grünen Stift gewürdigt werden, welche sprachlichen Elemente bereits sehr gut beherrscht werden und/oder an welchen Stellen das Risiko komplexerer Konstruktionen auf sich genommen wurde. Für das Weiterlernen bedeutet die Positivkorrektur neben einem Motivationseffekt auch, dass die bzw. der Lernende erfährt, welche Elemente sie bzw. er unbedingt weiterverwenden oder noch stärker nutzen sollte.

Es entspricht dabei der Grundanlage der Kompetenzorientierung und der Kann-Beschreibungen in den bildungspolitischen Vorgaben (siehe 1.1.3), (auch) auf das zu achten, was die Lernenden bereits beherrschen. Nicht nur die Positivkorrektur regt dazu an, sondern ebenfalls die **Bewertungsbögen**, die idealerweise am Ende jeder Klassenarbeit oder Klausur deutlich machen, wie gut die Leistungen der Lernenden in den verschiedenen inhaltlichen und sprachlichen Bereichen dieser Leistungsüberprüfung waren. Für zentrale Prüfungen werden solche Bewertungsbögen in den verschiedenen Bundesländern auch vorgegeben. Dabei wird deutlich – hier exemplarisch aufgezeigt an den Bögen für das Zentralabitur in Nordrhein-Westfalen –, dass sprachliche Richtigkeit nur noch ein Drittel der Punkte im Teil der sprachlichen Leistung ausmacht. Ebenso viele Punkte werden für kommunikative Textgestaltung und das Ausdrucksvermögen vergeben (vgl. Ministerium für Schule und Bildung des Landes Nordrhein-Westfalen 2017, 2). Fehlerquotienten, wie sie früher errechnet wurden, in dem die Anzahl der Fehler durch die Anzahl der geschriebenen Wörter geteilt wurde, sind folglich nicht mehr „zeitgemäß", weil ein niedriger Fehlerquotient z. B. erreicht werden kann, indem nur einfache Strukturen genutzt werden (vgl. Kleppin 2005, 16). Die Bewertungsbögen honorieren hingegen den Mut zu schwierigeren Konstruktionen und geben den Lernenden detailliert Auskunft darüber, in welchem Bereich ihre Stärken und in welchem ihre Schwächen liegen. Der oben erwähnte Lernhinweis fasst die wichtigsten Erkenntnisse des Bogens zudem noch einmal für die Lernende bzw. den Lernenden zusammen.

Die Korrektur schriftlicher Texte durch die Lehrkraft mit Fehlermarkierung und Lernhinweis im Rahmen der Diagnose bereitet den nächsten Schritt der Fehleranalyse vor, den die bzw. der individuelle Lernende übernimmt. Ihre bzw. seine Aufgabe ist es, anhand der Korrekturhinweise nun eine **Berichtigung** vorzunehmen. Korrektur und Berichtigung haben somit ein komplementäres Verhältnis zueinander (vgl. Nieweler 2005a, 3). Ein erneutes Abschreiben des korrekten Textes durch die Lernende bzw. den Lernenden führt in der Regel nicht zum gewünschten Lernerfolg (vgl. z. B. Quandt 2005, 12), da die einzelnen Fehlerursachen im Sinne einer Prophylaxe, d. h., dass sie beim nächsten Mal nicht wieder auftreten, in der Regel nicht im Detail durchdrungen werden. Als Alternative wird eine systematische Bestandsaufnahme der (größten) eigenen ‚Baustellen' empfohlen. Dies kann im Rahmen eines **Fehlerkorrekturgitters** (vgl. Nieweler 2005b) oder eines **Lernordners** (vgl. Quandt 2005) erfolgen. Beide Ansätze verfolgen das Ziel, in einem Schnellhefter oder Ordner eine individuelle Lernhilfe anzulegen, in der die eigenen Fehler kategorisiert werden. Dies kann entweder in einer Tabelle erfolgen oder es wird pro Kategorie – z. B. „Grammatik" oder spezifischer „Bezug, Konkordanz" – je ein separates Blatt angelegt. Dabei sollen auch noch nicht (vollständig) beherrschte Regeln erneut in eigener Darstellung festgehalten werden. Ziel ist es, neben der strukturierten Bewusstmachung zusätzlich die Eigenverantwortung der Lernenden zu steigern. Das Gitter bzw. der Ordner sollte als ständiger Begleiter im Lernprozess verstanden werden und kann darüber hinaus als Grundlage dienen, für die nächste Leistungsmessung eine individuelle Fehlercheckliste aufzustellen, die dann während des Schreibens oder im Anschluss zur selbstständigen Überprüfung des Textes herangezogen wird. Wie die Lehrkraft bei der Korrektur immer auch einen Blick für das

Positive haben sollte, ist es ratsam, die Lernenden ebenfalls zu ermuntern, eine Kategorie bzw. ein Blatt für besonders gelungene Sätze, Ausdrücke und Konstruktionen in ihrem Ordner anzulegen.

Die Lehrkraft sollte **die Lernende bzw. den Lernenden** im Sinne der Lernerautonomie den Lernordner zunehmend selbst gestalten lassen und sie bzw. ihn immer mehr **an der Diagnose beteiligen**. Dies gilt besonders für Fälle, in denen die Lehrkraft nicht wissen kann, welche Fehlerursache einem Verstoß zugrunde liegt. Eine häufige Fehlerquelle im Spanischen ist für deutsche Lernende beispielsweise die Verwendung des *subjuntivo* und seiner Auslöser. So zieht z. B. „No creo que …" einen *subjuntivo* nach sich, „Creo que … " aber einen Indikativ. Äußert jemand den fehlerhaften Satz „*Creo que María trabaje" müsste für eine zukünftige Vermeidung des Fehlers die bzw. der Lernende möglichst selbst Auskunft darüber geben, ob dieser Fehler z. B. darauf zurückzuführen ist, dass sie bzw. er fälschlicherweise dachte, dass auch nach „Creo que …" ein *subjuntivo* folgt, oder ggf. darauf, dass sie bzw. er „*trabajer" statt „trabajar", also eine falsche Verbendung, im Kopf hat(te). In der mündlichen Interaktion können solche lehrkraftseitigen Nachfragen direkt geklärt werden, in schriftlichen Lernendentexten können entsprechende Kommentare am Rand eingefügt oder, z. B. bei einer Häufung solcher Fehler, bei der Rückgabe das Gespräch gesucht werden.

Bei der **mündlichen Fehlerkorrektur** sind die zu treffenden Entscheidungen zwar ähnlich wie bei der schriftlichen, dennoch muss die Diagnose und die anschließende Korrektur in der Regel in Sekundenschnelle erfolgen, was die Situation dennoch grundsätzlich von der schriftlichen Situation unterscheidet. Grundlegend stellt sich im Mündlichen zunächst die Frage, ob korrigiert werden soll. In **formbezogenen Phasen**, z. B. im Rahmen einer Grammatik- oder Ausspracheübung, sollte auf jeden Fall korrigiert werden, da der Fokus in diesem Moment auf der korrekten Anwendung eines begrenzten, meist gerade eingeführten Phänomens liegt. Eine fehlende Korrektur würde an dieser Stelle das Risiko bergen, dass sich die Lernenden die Struktur von vornherein falsch einprägen und sich diese Vorstellung verfestigt (**Fossilierung**). In **inhaltsbezogenen Phasen**, wenn die kommunikative Kompetenz der Lernenden im Zentrum steht, z. B. weil sie (begeistert) von ihrem letzten Wochenende oder ihren Hobbys berichten, würde eine Korrektur – v. a., wenn sie den Sprachfluss unterbricht, – nahelegen, dass die Lehrkraft primär an der sprachlichen Ebene, nicht aber am Inhalt interessiert ist. Dies kann negative motivationale Folgen haben und sollte daher vermieden werden. Da Sprachenlernen kumulativ erfolgt, d. h. Kompetenzfehler machen als „Altlasten" (Nieweler 2005a, 3) immer wieder Probleme, ist es wichtig, im Normalfall zu korrigieren. In inhaltsbezogenen Phasen könnte sich die Lehrkraft somit z. B.

besonders gravierende oder häufig auftauchende Fehler merken, ggf. notieren, und diese im Anschluss an eine inhaltliche Rückmeldung in einer separaten Phase zum Thema machen (vgl. z. B. Kleppin 2016b, 414). In dieser können die – durch die Lernkraft notierten – fehlerhaften Ausdrücke den Lernenden auch in Schriftform mit dem Auftrag vorgelegt werden, die Fehler zu identifizieren und eine Korrektur vorzuschlagen (vgl. Polleti 2001, 8).

Wenn die Lehrkraft sich *für* eine mündliche Korrektur entscheidet, folgen weitere Fragen, die sie sehr schnell beantworten muss:

- **Welche Fehler** sollen korrigiert werden? Liegt der Schwerpunkt auf bestimmten Phänomenen oder sollen alle Fehler korrigiert werden?
- **Wer** soll korrigieren? Die Lehrkraft, eine Mitschülerin oder ein Mitschüler, die bzw. der Lernende selbst? Hierbei ist die Unterscheidung in Kompetenz- und Performanzfehler entscheidend, da nur letztere vom Lernenden selbst korrigiert werden können (siehe oben).
- **Wann** soll die Korrektur erfolgen? Soll der Redefluss unterbrochen werden oder wird, wie bereits angedeutet, anschließend korrigiert?
- **Wie** soll korrigiert werden, wenn die Lehrkraft die Korrektur übernimmt? Hierbei steht eine Vielzahl von Möglichkeiten zur Verfügung: Die Lehrkraft kann die richtige Lösung direkt vorgeben – als explizite Korrektur oder implizit im weiteren Verlauf des Gespräches – oder, ähnlich wie durch die Korrekturzeichen im Schriftlichen, lediglich einen Hinweis auf die Präsenz eines Fehlers und ggf. seine Art geben, so dass die bzw. der Lernende zunächst die Gelegenheit zur Selbstkorrektur erhält. Ebenso kann ausholend oder nichtausholend korrigiert werden, je nachdem, ob die Regel erneut thematisiert wird oder nicht, etc. (vgl. Kleppin/König 1997, 67–73). Aussagekräftige empirische Belege zur Wirksamkeit der jeweiligen Korrekturarten durch die Lehrkraft liegen bisher nicht vor (vgl. Kleppin 2016b, 414).

Zudem besteht die Möglichkeit, dass die Lehrkraft zuvor festlegt, dass auch die **Initiierung** der Korrektur, d. h. der Hinweis darauf, dass ein Fehler vorliegt, von den Mitlernenden übernommen wird. Dies kann **verbal oder nonverbal** erfolgen. Bei Ausspracheübungen ist z. B. das nonverbale Klopfen auf den Tisch bei einem Fehler im Klassenzimmer anzutreffen. Die bzw. der Lernende, die bzw. der auf den Tisch geklopft hat, korrigiert den Fehler, indem er die richtige Lösung nennt und führt die Übung fort. Bei jeglicher Art der Korrektur durch Mitlernende, auch „peer correction" („corrección por pares") genannt, ist jedoch auf ein wertschätzendes Klassenklima zu achten, so dass sich niemand angegriffen oder bloßgestellt fühlt.

Obwohl die Diagnose, wie oben dargelegt, auf Elemente der Leistungsmessung zurückgreift, ist ihr Ziel ein lernbezogenes. Es geht ihr nicht um die

Bewertung, sondern um die bestmögliche anschließende Förderung. Diagnose bewegt sich somit im Rahmen einer **positiven Fehlerkultur**, die einen Fehler in einer **Lernsituation** als Anlass für die eigene Weiterentwicklung betrachtet. Diese Tatsache wird allerdings gelegentlich übergeneralisiert, wenn von einer *grundsätzlich* positiven Fehlerkorrektur im Fremdsprachenunterricht die Rede ist. Es sollte jedoch nicht übersehen werden, dass in einer **Leistungssituation**, in der eine Bewertung und Beurteilung stattfindet, Fehler nach wie vor sanktioniert werden. Ebenso zielt die an die Diagnose anschließende Förderung letztendlich darauf ab, dass aufgetretene Fehler in Zukunft nicht wieder gemacht werden, so dass der Fehler an sich, so notwendig er als vorübergehendes Stadium in der Lernersprache auch ist, seinen negativen Aspekt nach wie vor behalten hat.

Zusammenfassung (3.3.1)

Alle Fertigkeiten der funktional kommunikativen Kompetenz haben große Bedeutung für die private wie berufliche Kommunikation in der Fremdsprache.

Bei der **hörenden, hörsehenden und lesenden Rezeption** laufen je nach Anforderung des Textes und Sprachniveau der Lernenden unterschiedlich intensive Top-down- und Bottom-up-Prozesse ab. Diese sollten in der Förderung gezielt angeregt werden – ebenso wie die bewusste Entscheidung für globales, selektives und detailliertes Verstehen *vor* der Rezeption. Für die Diagnose können Teilaspekte der rezeptiven Fertigkeiten kurzfristig isoliert und in geschlossenen Formaten getestet werden. Lautes Denken hilft beim Aufdecken unvorteilhafter Strategien.

Bei der Diagnose monologischen und dialogischen **Sprechens** sowie des **Schreibens** mit unterschiedlichen Funktionen müssen die Phasen des Sprachproduktionsprozesses gezielt in den Blick genommen werden, um Stärken und Schwächen ausfindig zu machen und anschließend sprech- bzw. schreibfördernde Methoden auswählen zu können.

Sprachmittlung kombiniert jeweils eine Art des Verstehens und der Produktion, setzt aber ebenso Text- und Medien- sowie interkulturelle Kompetenz und Sprachbewusstheit voraus. Dementsprechend sind Diagnose und Förderung kleinteiliger zu gestalten.

Sprachliche Mittel werden für alle genannten Fertigkeiten benötigt und erfüllen eine dienende Funktion. Im Einklang mit der Funktions- und Organisationsweise des mentalen Lexikons sollten sie als lexikogrammatische Einheiten vermittelt bzw. gelernt werden.

Die Analyse von **Fehlern** bei der Sprachproduktion stellt eine hervorragende Diagnosemöglichkeit dar, da auf fehlerhafte Hypothesen in der Lernersprache geschlossen werden kann. Die Fehlerkorrektur erfüllt somit eine wichtige Rückmeldefunktion und die Berichtigung ist bereits Teil der Förderung.

Weiterführende Literatur: Blume, Otto-Michael (2016): Lesen und Verstehen als komplexer Prozess: Potenziale und Grenzen im Französischunterricht. In: Der Fremdsprachliche Unterricht Französisch, H. 142, S. 2–9. **Kleppin, Karin (2005):** Mit Fehlern umgehen – neue Herausforderungen. In: Der Fremdsprachliche Unterricht Spanisch, H. 11, S. 16–20. **Möller-Frorath, Monika (2016):** Expresión escrita. In: Brinitzer, Michaela/Hantschel, Hans-Jürgen/Kroemer, Sandra/Mateos

Ortega, Yolanda/Möller-Frorath, Monika/Pérez, Noema/Ros, Lourdes (Hrsg.): Enseñar español. Conocimientos básicos de didáctica Español como lengua extranjera. Stuttgart, S. 35–48. **Plikat, Jochen (2012):** *Hable con ellos*. Sprechkompetenz im Spanischunterricht gezielt fördern. In: Der Fremdsprachliche Unterricht Spanisch, H. 39, S. 4–9. **Rossa, Henning/Meißner, Franz-Joseph u. a. (2017):** Hörverstehen. In: Tesch, Bernd/von Hammerstein, Xenia/Stanat, Petra/Rossa, Henning (Hrsg.). Bildungsstandards aktuell: Englisch/Französisch in der Sekundarstufe II. Braunschweig, S. 84–99. **Thaler, Engelbert (2012):** Englisch unterrichten: Grundlagen, Kompetenzen, Methoden. Berlin, Kapitel C.2, S. 169–180. **Wieland, Katharina (2016):** Erkenntnisse aus Translationswissenschaft und -didaktik für die Entwicklung von Strategien und Techniken zur Sprachmittlung im Fremdsprachenunterricht. In: Fremdsprachen Lehren und Lernen 45, H. 2, S. 108–123.

3.3.2 Interkulturelle kommunikative Kompetenz (Sek. I & II)

Die Bildungsstandards betonen, dass neben kommunikativen Kompetenzen v. a. interkulturelle Kompetenzen „eine wichtige **Voraussetzung erfolgreicher Kommunikation**" (KMK 2003, 6; Hervorhebung: C.K.) darstellen. Diese Kommunikation kann sowohl im eigenen Lebensumfeld als Teil einer multikulturellen Gesellschaft stattfinden als auch bei (gezielt herbeigeführten) Begegnungssituationen mit Sprecherinnen und Sprechern der gelernten Zielsprache sowie sonstigen Reisen (vgl. Montiel Alafont/Vatter/Zapf 2014, 10). In der Sekundarstufe II wird die interkulturelle Kompetenz insofern mit der kommunikativen in direkten Zusammenhang gebracht, als nun von einer „interkulturellen kommunikativen Kompetenz" (KMK 2012, 12) die Rede ist. Zudem wird hervorgehoben, dass mit interkulturellem Lernen ein „Zuwachs an Erfahrung und [eine] Stärkung der eigenen Identität" (KMK 2003, 6; Ergänzung: C.K.) einhergehen kann. Hier zeigt sich in besonderem Maße, dass der Fremdsprachenunterricht auch **persönlichkeitsbildende Ziele** verfolgt.

Für die Sekundarstufe I nennen die Bildungsstandards als **Teilbereiche interkultureller Kompetenzen** – in den älteren Standards für die Sekundarstufe I noch im Plural ausgewiesen, in den neueren für die Sekundarstufe II im Singular – die folgenden (vgl. KMK 2003, 8):

- soziokulturelles **Orientierungswissen**,
- verständnisvoller **Umgang** mit kultureller Differenz und
- praktische **Bewältigung** interkultureller Begegnungssituationen.

Neben kognitiven Wissensbeständen, v. a. bezüglich der Zielkulturen, werden also ebenfalls affektive Einstellungen, Werte und Haltungen sowie Verhaltensaspekte angeführt, wobei sich im Handeln zeigt, ob die kognitiven und affektiven Voraussetzungen vorliegen (vgl. Lüsebrink 2008, 77).

In den Bildungsstandards für die Sekundarstufe II wird diese Dreiteilung erweitert, indem dort neben „Wissen“, „Einstellungen“, „Handeln“ zusätzlich **„Verstehen“** und **„Bewusstheit“** als Unterpunkte interkulturell kommunikativer Kompetenz festgehalten werden (KMK 2012, 12). Damit wird „die zentrale Bedeutung der Anwendung von Wissen und Einstellungen in fremdsprachigem Verstehen und Handeln“ hervorgehoben und die „Bewusstheit“ weist „die (selbst-)reflexive Komponente“ aus (Caspari/Burwitz-Melzer u. a. 2017a, 39; siehe zudem 2.2.7 „Inter- und transkultureller Ansatz“ für die bereits vorgestellten *saberes* interkultureller Kompetenz nach Michael Byram).

Wie bereits zur Kulturdidaktik (siehe 1.2.1 „Spanischdidaktik als wissenschaftliche Disziplin“) und zur Kulturwissenschaft (siehe 1.2.2 „Bezugswissenschaften“) sowie v. a. in Bezug auf Transkulturalität (siehe 2.2.7 „Inter- und transkultureller Ansatz“) dargelegt, basiert die Auseinandersetzung mit Kultur auf einem **weiten Kulturbegriff**. Dieser versteht Kultur als „ein vielschichtiges Konstrukt mit offenen Rändern, das von Überlappungen, Vermischungen und wechselseitigen Durchdringungen gekennzeichnet ist“ (Grünewald/Küster/Lüning 2011, 69). Eine klare Trennung in das Eigene und das Fremde ist bezogen auf Gesellschaften demzufolge nicht möglich, weil diese auch in sich heterogen und hybrid sind (vgl. ebd., 52). Überdies wird Kultur als Konstrukt immer durch Sprache geschaffen und jede sowie jeder einzelne ist Teil der „gesellschaftliche[n] Praxis der Bedeutungszuweisung“ (ebd., 69). **Individuen sind somit immer Teil mehrerer kultureller Netze** und dies in einer dynamischen Hinsicht, so dass sich jederzeit Veränderungen ergeben können. Des Weiteren ist zu betonen, dass nicht ausschließlich kulturelle Prägungen das Wesen und Verhalten einer Person beeinflussen, sondern auch individuelle und die konkrete Situation bzw. die äußeren Umstände. Kommt eine Spanierin oder ein Spanier zu spät zu einer Verabredung, so kann schlichtweg der Zug Verspätung gehabt haben und ihr bzw. sein Zuspätkommen muss nicht in einem kulturell unterschiedlichen Konzept von Pünktlichkeit begründet sein (vgl. Bosse 2010, 112–113). Nichtsdestotrotz findet eine Beeinflussung des Individuums durch kollektive Deutungsmuster statt, die ein Orientierungsangebot darstellen (vgl. Grünewald/Küster/Lüning 2011, 69). Daher ist zwar die Differenzierung zwischen kultureller und nationaler Identität entscheidend (vgl. Welsch 1999, 53) und die Abkehr von Nationalgrenzen als strikten Trennlinien angezeigt, aber die Schulung von Lernenden hinsichtlich interkulturellen Handelns muss die Vorbereitung auf wahrscheinlich anzutreffende Differenzen beinhalten.

Die **Diagnose** interkultureller kommunikativer Kompetenz stellt Lehrkräfte aufgrund ihrer Vielschichtigkeit vor Herausforderungen. Während der Bereich Wissen, z. B. in Form von Jahreszahlen oder Hauptstadtnamen, noch relativ leicht abgefragt werden kann, sind z. B. Einstellungen, Wertvorstellungen und Bewusstsein nur **schwer messbar**. In Gesprächen, Rollenspielen, Lerntagebüchern sowie über inhaltliche Analysen mündlicher oder schriftlicher Produkte können jedoch über beobacht- und wahrnehmbare Äußerungen und Verhaltensweisen, wenn auch wenig objektive, Rückschlüsse gezogen werden, inwiefern die **in den Bildungsstandards formulierten Standards** zum Ende der jeweiligen Sekundarstufe erreicht worden sind (vgl. für die Standards KMK 2003, 16–17; KMK 2012, 19–20).

Die anschließende Förderung sollte entsprechend bei den gewonnenen Diagnoseergebnissen ansetzen. Grundsätzlich definiert Schumann für die **Förderung** interkultureller kommunikativer Kompetenz die folgenden drei zentralen Felder (vgl. Schumann 2009, 217–223):

- die Sensibilisierung und Wahrnehmungsschulung,
- die Bewusstseinsbildung und den Kulturvergleich sowie
- interkulturelles Interaktionstraining und Rollenspiele.

Das erste Feld der **Sensibilisierung und Wahrnehmungsschulung** kann z. B. über das Erzählen einer Geschichte aus verschiedenen Perspektiven erfolgen. Dies zielt darauf ab zu erkennen, dass es verschiedene, aber jeweils aus der Situation heraus legitime Sichtweisen auf ein und denselben Sachverhalt geben kann. Dies ist der erste Schritt, den eigenen Blick zu dezentrieren, d. h. nicht aus dem eigenen Blickwinkel zu betrachten (vgl. Grünewald/Küster/Lüning 2011, 51). Durch einen **Perspektivenwechsel** kann anschließend eine fremde Sichtweise kurzfristig eingenommen und damit nachvollzogen werden, um anschließend wieder in Distanz zu ihr zu treten und die verschiedenen Perspektiven miteinander zu **koordinieren** (vgl. Caspari/Burwitz-Melzer u. a. 2017a, 37).

Ebenso ist die Beschäftigung mit **Stereotypen** dienlich, womit gleichzeitig das zweite Feld des Kulturvergleichs hinzugenommen wird. Stereotype sollten als „vereinfachende, homogenisierende Vorstellungen zunehmend hinterfragt, relativiert und ausdifferenziert“ (Grünewald/Küster/Lüning 2011, 52) werden. Sie erhalten meist einen „relativen Wahrheitsgehalt“ (Bausinger 1988, 161), da sie aus einem konkreten Anlass entstanden sind. Es erfolgt allerdings eine starke Reduzierung „auf einige wenige sinnfällige Merkmale, die das Unbekannte überschaubar und sprachlich fassbar machen“ (Schumann 2008, 113) und werden in zu großem Maße übergeneralisiert, d. h. letztendlich auch auf solche Personen übertragen, die das Merkmal gar nicht tragen. Stereotype werden ferner nicht nur als Orientierung eingesetzt, um Komplexität zu reduzieren, sondern ebenso zur Abgrenzung genutzt und häufig (politisch) instrumentalisiert, was sie so gefährlich macht. Das Wissen über die

Prozesse der Stereotypenbildung ist für einen kritischen Umgang demnach unerlässlich (vgl. ebd., 118–119).

Darüber hinaus kann ein Blick auf pauschalisierende **Heterostereotype**, also Stereotype von anderen, **zum eigenen Land** geworfen werden. Dieser erfolgt häufig mit Bildern von Frauen in Dirndln und Männern in Lederhosen o. Ä., mit denen sich meist nur wenige deutsche Lernende identifizieren können. Für Lernende, die erst kürzlich nach Deutschland gekommen sind, wäre das Erfragen ähnlicher Heterostereotype über ihr Herkunftsland denkbar sowie inwiefern sie diese als auf sie persönlich zutreffend empfinden. Über die zusätzliche Abfrage der Lieblingsessen der Lernenden, z. B. Pizza, Pasta und Döner, kann dieser Ansatzpunkt ein erstes Verständnis für die Vielschichtigkeit von Kulturen als auch ihre Durchmischung schaffen (vgl. Grünewald/Küster/Lüning 2011, 71). Die Tendenz, die eigene Kultur als heterogen zu sehen, Mitglieder der Zielkulturen jedoch „undifferenziert als Träger eines gruppenspezifischen Verhaltens" (Schumann 2008, 118), kann dadurch ein Stück weit aufgebrochen werden. Wenn Lernende somit zu Beginn des Spanischunterrichts vorgeben, bereits eine klare Vorstellung von den Spanierinnen und Spaniern bzw. ebenso z. B. Mexikanerinnen und Mexikanern, Argentinierinnen und Argentiniern etc. zu haben, gilt es, dieses stereotype Bild behutsam Schritt für Schritt zu dekonstruieren, was – in diesem Fall – Spanien bzw. Mexiko, Argentinien etc. wieder neuartig und spannend machen kann (vgl. Schmelter 2010a, 35).

Es ist zudem wichtig zu betonen, dass der Kontakt mit Sprecherinnen und Sprechern der Zielkulturen sowie die Reise in Zielsprachenländer Stereotype dekonstruieren *kann*, indem die Erfahrung gemacht wird, dass sie nicht (auf alle) zutreffen (vgl. ebd., 117). Ohne Vorbereitung, Begleitung und Nachbereitung können Auslandsaufenthalte – und dazu zählen auch Schüleraustausche – aber ebenso dazu führen, dass Stereotype verstärkt werden und neue hinzukommen (vgl. Montiel Alafont/Vatter/Zapf 2014, 11). Daher kommt der **Einbettung von Auslandserfahrungen in den Fremdsprachenunterricht** enorme Bedeutung zu. Erlebnisse während des Aufenthalts können für eine nachträgliche Besprechung z. B. in einem Reisetagebuch festgehalten werden.

Dazu kann – sowohl vor- als auch nachbereitend – darüber hinaus die Arbeit mit ***critical incidents*** genutzt werden, die einen zentralen Ansatz des dritten Feldes, des **interkulturellen Interaktionstrainings** nach Schumann (siehe oben), darstellt. *Critical incidents* sind alltägliche, wiederkehrend vorkommende Konfliktsituationen, in denen Missverständnisse zwischen Sprecherinnen und Sprechern unterschiedlicher Kulturen entstehen, weil letztere denselben Sachverhalt unterschiedlich deuten. Die Situation geht damit für mindestens eine bzw. einen der Interagierenden nicht erwartungsgemäß aus (vgl.

Deutsch-Französische Hochschule 2016, 19; Freitag-Hild 2017, 149). Solche *critical incidents* werden im Unterricht vorgestellt und es wird gemeinsam überlegt, welche Deutungsmuster die beteiligten Personen wohl angewandt haben und was notwendig gewesen wäre, um die Konfliktsituation aufzulösen. Dafür müssen mögliche Absolutheitsansprüche der eigenen Sichtweisen aufgegeben werden (vgl. Bredella 2017, 149). Des Weiteren sollten immer mehrere Deutungsmöglichkeiten diskutiert werden, um das Verstärken von Stereotypen zu verhindern und zusätzlich zu kulturellen Erklärungsmustern situative und individuelle Einflussfaktoren einzubeziehen (siehe oben). Dies soll des Weiteren für die Zukunft dafür sensibilisieren, stets mehrere mögliche Erklärungen zu durchdenken, statt vorschnell zu urteilen. Man selbst ebenso wie andere sollen als selbstgesteuert wahrgenommen werden und nicht „als anonymes Teilchen einer großen Masse“ (da Silva 2010, 77). Lernende sollen dadurch auch außerhalb des Unterrichts (vgl. ebd., 71–74)

- *critical incidents* als solche erkennen können,
- nach unterschiedlichen Interpretationsmöglichkeiten suchen und
- Lösungsvorschläge in der Situation selbst machen bzw. sich ein mögliches modifiziertes Verhalten für nachfolgende Situationen zurecht legen.

Gerade über Vielstimmigkeit, auch bezüglich im Unterricht verwendeter Texte, ist somit ein Kernbereich der Förderung interkultureller kommunikativer Kompetenz die Zeichnung eines authentischen und vielfältigen Bildes der zielsprachlichen Sprecherinnen und Sprecher und ihres Lebensumfeldes sowie die Bewusstmachung der „Relativität und Standortgebundenheit kulturbezogener Deutungen“ (Schmelter 2010b, 50). Ein besonderes Potenzial bieten dafür authentische Texte (siehe hierzu 4.6 „Textarbeit“).

3.3.3 Methodische Kompetenzen (Sek. I)

„Methodische Kompetenzen“ befinden sich mit dieser Bezeichnung ausschließlich in den Bildungsstandards für den Mittleren Schulabschluss am Ende der Sekundarstufe I – d. h. nicht in den neueren für die Allgemeine Hochschulreife (vgl. KMK 2012) – und zwar mit folgenden, heterogenen Unterpunkten:

- Textrezeption (Leseverstehen und Hörverstehen)
- Interaktion
- Textproduktion (Sprechen und Schreiben)
- Lernstrategien
- Präsentation und Mediennutzung
- Lernbewusstheit und Lernorganisation (vgl. KMK 2003, 8).

In den neun Jahre später erschienenen Bildungsstandards für die Allgemeine Hochschulreife am Ende der Sekundarstufe II finden sich diese Elemente in unterschiedlichen Kompetenzbereichen wieder: Die Bestandteile von „Textrezeption und -produktion" sowie der „Präsentation und Mediennutzung", die über das jeweils funktional Kommunikative hinausgehen, sind der **Text- und Medienkompetenz** (siehe 3.3.4) zugeordnet. Die „Interaktion" ist unter der Bezeichnung „kommunikative Strategien" als Bestandteil der **funktional kommunikativen Kompetenz** ausgewiesen (siehe 3.3.1) und zudem eng verknüpft mit der **interkulturellen kommunikativen Kompetenz** (siehe 3.3.2). Die „Lernstrategien" sowie die „Lernbewusstheit und Lernorganisation" sind in den Bildungsstandards für die Allgemeine Hochschulreife in der **Sprachlernkompetenz** (3.3.5) verortet – mit Schnittstellen zur **Sprachbewusstheit** (3.3.6) bezüglich der „Lernbewusstheit".

Auch wenn sich unzweifelhaft Niveauunterschiede zwischen den beiden Sekundarstufen ergeben, werden die Elemente der methodischen Kompetenzen in den jeweils im vorherigen Absatz angegebenen Teilkapiteln behandelt. Für diese Vorgehensweise spricht überdies die Tatsache, dass sich, wie bereits angedeutet, in neueren Lehrplangenerationen für die **Sekundarstufe I** die Tendenz erkennen lässt, sich **an der Kompetenzstruktur der Sekundarstufe II zu orientieren** (vgl. z. B. Ministerium für Schule und Bildung des Landes Nordrhein-Westfalen 2019a, 12).

3.3.4 Text- und Medienkompetenz (Sek. II)

Im Vergleich zu den bis zu diesem Zeitpunkt gültigen bildungspolitischen Vorgaben ist die Einführung der Text- und Medienkompetenz mit den Bildungsstandards für die Allgemeine Hochschulreife von 2012 eine Neuerung. Diese bewirkt, dass erstmals eine kompetenzorientierte und differenzierte Grundlage für den Umgang mit Texten und Medien vorliegt, die als „längst überfällige **Bereicherung des bisherigen Inventars an Kompetenzbeschreibungen**" (Caspari/Burwitz-Melzer u. a. 2017b, 56; Hervorhebung: C.K.) bezeichnet wird. Derzeit ist sie laut Bildungsstandards noch nicht Teil der Kompetenzen in der Sekundarstufe I, dies scheint sich aber zeitnah zu ändern (siehe unten).

Als **Text** verstehen die Bildungsstandards „[a]lle mündlich, schriftlich und medial vermittelten Produkte, die Schülerinnen und Schüler rezipieren, produzieren oder austauschen" (KMK 2012, 20). Diese Systematik ist jedoch insofern irreführend, als auch mündliche und schriftliche Texte medial vermittelt werden können, wobei Medien laut Bildungsstandards „alle Mittel und Verfahren der Informationsverarbeitung und -verbreitung" (ebd.) sind. Es handelt sich demzufolge nicht um drei verschiedene Arten von Texten, sondern um zwei: **mündlich und schriftlich**, die jeweils **medial vermittelt** werden – sofern man die menschliche Stimme als Medium wertet. In vorliegendem Werk werden allerdings zur besseren Differenzierung ausschließlich apersonale Medien als Medien verstanden. **Medien** sind demnach Gegenstände und Geräte, die Texte ‚tragen' bzw. ‚darstellen', also z. B. Bücher, Zeitungen, Plakatwände, Computer, Smartphones und Radiogeräte. **Texte** sind hingegen unter Rückgriff auf einen **weiten Textbegriff** alle kohärenten, d. h. bedeutungstragenden, Zeichenverbünde, die von diesen Trägern vermittelt werden. Somit gelten sowohl Romane als auch Zeitungsartikel, Filme, Bilder, Comics, Blogeinträge, Radiosendungen, Plakate etc. als Texte (vgl. The New London Group 1996, 64). Wann von Kohärenz und Bedeutung gesprochen werden kann, ist sicherlich zu einem gewissen Grad subjektiv, wie beispielsweise Diskussionen über (moderne) Kunst verdeutlichen: Die Meinungen darüber, was Kunst ist und was nicht, gehen bisweilen weit auseinander.

Zugleich zeigt diese weite Definition, dass eben auch rein außersprachliche Zeichen wie Bilder Texte sind. Eine Unterscheidung kann diesbezüglich in **kontinuierliche und diskontinuierliche** Texte getroffen werden. Beide benennen die Bildungsstandards explizit als relevant für das Fremdsprachenlernen (vgl. KMK 2012, 20). Kontinuierliche Texte sind ‚durchlaufende', rein sprachliche Texte, z. B. klassische Romane, während die sprachlichen Elemente bei diskontinuierlichen Texten mit nicht-sprachlichen Elementen kombiniert und durch diese ‚unterbrochen' werden. Dies ist z. B. bei Tabellen, Diagrammen, aber ebenso Karikaturen und Comics der Fall. Bei diesen Texten muss ein integratives Verständnis der sprachlichen und nicht-sprachlichen Elemente erreicht werden. Ebenso sind Texte mit ausschließlich außersprachlichen Zeichen wie Bildern diskontinuierlich, weil sie nicht fortlaufend, sondern simultan rezipiert werden (siehe „Seh-Lese-Verstehen" am Ende von 3.3.1.3 „Leseverstehen").

Der kompetente Umgang mit diesen Texten und Medien beinhaltet laut Bildungsstandards nun in Form der **Text- und Medienkompetenz** u. a. „die Fähigkeit, Texte selbstständig, zielbezogen sowie in ihren historischen und sozialen Kontexten zu verstehen, zu deuten und eine Interpretation zu begründen" (KMK 2012, 20). Text- und Medienkompetenz legt folglich einen Schwerpunkt auf **Lernerautonomie** („selbstständig") und betont noch einmal die bereits dargelegte Bedeutung der Bewusstmachung der eigenen **Rezeptionsabsicht** und der Auswahl eines entsprechenden **Rezeptionsstils** („zielbezogen") (siehe 3.3.1.1 „Hörverstehen", 3.3.1.2 „Hör-Seh-Verstehen" und 3.3.1.3 „Leseverstehen"). Zudem bezieht Text- und Medienkompetenz außersprachliche Elemente wie die **gesellschaftlichen Kontexte** der Texte als gewichtige Bezugsgrößen explizit ein. Wie bereits dargelegt (siehe ebd.), ist das Verstehen von Texten grundsätzlich auf solche Bezüge angewiesen, da ein ständiger Abgleich zwischen neuen Informationen aus dem Text und dem Vor- bzw. Weltwissen der Rezipierenden erfolgt. Hier zeigt sich die enge Verbindung zur interkulturellen kommunikativen Kompetenz, die sich in der Feststellung der Bildungsstandards widerspiegelt, dass Text- und Medienkompetenz das „Erkennen konventionalisierter, **kulturspezifisch geprägter Charakteristika** von Texten und Medien, die Verwendung dieser Charakteristika bei der Produktion eigener Texte sowie die Reflektion des individuellen Rezeptions- und Produktionsprozesses" (KMK 2012, 20) beinhaltet. Der Vollzug eines Perspektivenwechsels, der bezüglich interkultureller kommunikativer Kompetenz bereits dargestellt wurde (siehe 3.3.2), wird in den Bildungsstandards als Teil der Text- und Medienkompetenz erneut genannt und belegt auch dadurch die enge Verzahnung der Kompetenzen miteinander (vgl. KMK 2012, 20). Des Weiteren ist die Kenntnis über **Textsortenmerkmale**, die Lernende in eigenen Textproduktionen nutzen können sollen, elementarer Bestandteil der Text- und Medienkompetenz (vgl. ebd.). Diesbezüglich können sich ebenfalls kulturgebundene Unterschiede ergeben, z. B. unterschiedliche Konventionen beim Verfassen von förmlichen Briefen und Lebensläufen. Als Text*sorte* können dabei solche Texte zusammengefasst werden, die ähnliche formal-strukturelle Merkmale aufweisen. Ebenso sollen Lernende die Wirkung **spezifischer Gestaltungsmittel** der einzelnen Textsorten sowie individueller Texte erkennen und deuten können (vgl. ebd.), wofür zunächst eine Kenntnis dieser Gestaltungsmittel Voraussetzung ist (siehe 4.6 „Textarbeit"). Zudem führen die Bildungsstandards die **selbstständige Verwendung von Hilfsmitteln**, ohne weitere Spezifizierung, auf (vgl. ebd., 21).

Die vorausgehenden Punkte zur Text- und Medienkompetenz in den Bildungsstandards von 2012 sind hauptsächlich in Bezug auf analog übermittelte Texte erarbeitet worden, auch wenn sie sich prinzipiell auf digital übermittelte Texte übertragen lassen. Derzeit befinden sich die Bundesländer jedoch darüber hinaus in der Umsetzung der 2016 erschienenen Strategie der Kultusministerkonferenz **Bildung in der digitalen Welt** (KMK 2016). Ziel dieser Strategie ist es, Lernende „zu befähigen, die eigene Medienanwendung kritisch zu reflektieren und Medien aller Art zielgerichtet, sozial verantwortlich und gewinnbringend zu nutzen" (ebd., 24). Medienkompetenz soll sich dabei in Zukunft noch stärker auf *digitale* Medien konzentrieren. Dies geht einher mit Finanzierungsmöglichkeiten wie dem nationalen **„DigitalPakt Schule"** (Bundesministerium für Bildung Forschung 2019), der insgesamt fünf Milliarden Euro zur Verfügung stellt, von denen Schulen auf Antrag Gelder abrufen können, um z. B. WLAN einzurichten, interaktive Tafeln oder mobile Endgeräte wie Tablets anzuschaffen und Lehrkräfte weiterzubilden, damit sie diese Medien zielgerichtet einsetzen können.

Welche Auswirkungen diese Neuausrichtung der Medienkompetenz konkret für das Fach Spanisch hat, ist bundeslandabhängig, wobei bisher noch keine präzisen fachspezifischen Richtlinien existieren. **Nordrhein-Westfalen** liefert mit seinem online verfügbaren **„Medienkompetenzrahmen“** (https://medienkompetenzrahmen.nrw/) z. B. ein systematisches Konzept, das für Lernende, die ab dem Schuljahr 2018/19 in die Grundschule oder die Sekundarstufe I eintreten, verbindlich ist. Derzeit wird der Medienkompetenzrahmen in die fachspezifischen Lehrpläne eingearbeitet. Sein Ziel ist es, Lernende „zu einem sicheren, kreativen und verantwortungsvollen Umgang mit Medien zu befähigen und [ihnen] neben einer umfassenden Medienkompetenz auch eine informatische Grundbildung zu vermitteln“ (Ministerium für Schule und Bildung des Landes Nordrhein-Westfalen 2019b). Dies soll erreicht werden, indem innerhalb der folgenden sechs großen Bereiche mit jeweils vier Unterkategorien systematisch über die gesamte Schullaufbahn gearbeitet wird:

- **Bedienen und Anwenden** (Medienausstattung, Digitale Werkzeuge, Datenorganisation, Datenschutz und Informationssicherheit),
- **Informieren und Recherchieren** (Informationsrecherche, -auswertung, -bewertung, -kritik),
- **Kommunizieren und Kooperieren** (Kommunikations- und Kooperationsprozesse und -regeln, Kommunikation und Kooperation in der Gesellschaft, Cybergewalt und -kriminalität),
- **Produzieren und Präsentieren** (Medienproduktion und Präsentation, Gestaltungsmittel, Quellendokumentation, Rechtliche Grundlagen),
- **Analysieren und Reflektieren** (Medienanalyse, Meinungs-, Identitätsbildung, Selbstregulierte Mediennutzung),
- **Problemlösen und Modellieren** (Prinzipien der digitalen Welt, Algorithmen erkennen, Modellieren und Programmieren, Bedeutung von Algorithmen) (vgl. Medienkompetenzrahmen NRW 2019).

In dem im Juni 2019 bereits online veröffentlichten **neuen Kernlehrplan für Spanisch in der Sekundarstufe I am Gymnasium in Nordrhein-Westfalen** bleiben die konkreten Einarbeitungen, die die Ankündigungen vermuten lassen würden, allerdings noch vage. So wurde die Text- und Medienkompetenz nun zwar grundsätzlich als Kompetenz ergänzt, die auf digitale Medien bezogenen Elemente sind jedoch überschaubar, z. B. sollen Lernende „bei der Erstellung von Medienprodukten die zentralen rechtlichen Grundlagen des Persönlichkeits-, Urheber und Nutzungsrechts beachten“ sowie „sozial verantwortungsvoll mit eigenen und fremden, auch digital erstellten Produkten umgehen“ (Ministerium für Schule und Bildung des Landes Nordrhein-

Westfalen 2019a, 21). Eine fachspezifische Ausgestaltung obliegt daher den Lehrkräften bzw. den Schulen, die nun Medienkonzepte erstellen müssen, um Gelder aus dem oben genannten DigitalPakt abrufen zu können.

Um den aktuellen Stand sowie spezifische Stärken und Schwächen im Bereich der **Textkompetenz** bei den einzelnen Lernenden im Rahmen der **Diagnose** sichtbar zu machen, bieten sich verschiedene Wege an: Für die Offenlegung der Bewusstmachungsprozesse der eigenen Rezeptionsabsicht sowie die Nutzung von Hilfsmitteln können Gespräche bzw. lautes Denken oder eine Analyse von Lernwegdokumentationen in Form von Lerntagebüchern u. Ä. genutzt werden (siehe auch 3.3.1.1 „Hörverstehen", 3.3.1.2 „Hör-Seh-Verstehen" und 3.3.1.3 „Leseverstehen"). Zudem kann eine Analyse von mündlichen wie schriftlichen Lernendenprodukten Aufschluss über die erfolgte Einordnung in historische und soziale Kontexte sowie den Grad des Befolgens kulturspezifischer Textsortenmerkmale geben. Auch die sinnvolle Nutzung von Hilfsmitteln wie Wörterbüchern lässt sich zum Teil an den Lernendentexten erkennen, wenn beispielsweise neues Vokabular (nicht) idiomatisch passend verwendet wird. Für die Diagnose der **Medienkompetenz** mit Schwerpunkt auf *digitalen* Medien müssten im Prinzip die Kompetenzen sowie Ursachen für die Stärken und Schwächen in den einzelnen Teilbereichen sichtbar gemacht werden – für Nordrhein-Westfalen somit in den oben genannten sechs. Dies kann beginnen mit der mündlichen Begründung der Lernenden, warum sie ein bestimmtes digitales Wörterbuch in Anbetracht eines konkreten Ziels oder eine App zum Vokabellernen vor dem Hintergrund der eigenen Lernpräferenzen ausgewählt haben. Es kann weitergehen mit der lernendenseitigen Darlegung, woran man verlässliche Quellen erkennt, und bis hin zum Lernvideo gehen, das Schülerinnen und Schüler nach zuvor erarbeiteten Merkmalen mit dem Smartphone drehen, schneiden und online zur Verfügung stellen. Hier gilt es, in den nächsten Jahren genauer herauszuarbeiten, welchen konkreten Auftrag die einzelnen Schulfächer – im jeweiligen Bundesland und ggf. an der konkreten Schule – erhalten, um für Spanisch gezieltere Angaben machen zu können und zwischen den Fächern sinnvolle Synergieeffekte zu erreichen.

Die **Förderung** setzt an den Diagnoseergebnissen an. Bezogen auf Merkmale analog wie digital vermittelter Textsorten, können im Sinne eines „Lernens am Modell" z. B. die Rezeption und Analyse von Texten der Ausgangspunkt für eigene Produktionen dieser Textsorte sein, indem die relevanten Merkmale aus den Beispieltexten herausgearbeitet werden (vgl. Piepho 1998, 10). Hallet schlägt im Rahmen seines „Generischen Lernens" dementsprechend vor, in einem festgelegten kulturellen Kommunikationskontext zunächst verschiedene Texte einer Textsorte, eines „Genres" (vgl. zu seiner genauen Definition dieses Begriffs Hallet 2016, 11), mit dem Ziel der Bewusstmachung von Regelmäßigkeiten zu rezipieren und zu analysieren. Ein Baustein kann dabei u. a. die Wiederherstellung der Reihenfolge eines zerschnittenen Textes durch die Lernenden sein. Wird beispielsweise mit Märchen gearbeitet, so erkennen Lernende aufgrund ihres Vorwissens über deutsche Märchen unter Rückgriff auf ihren potenziellen Wortschatz (siehe 3.3.1.7 „Verfügbarkeit sprachlicher Mittel“) vermutlich schnell den typischen Anfang „Érase una vez …“ sowie Endformeln wie „Y colorín colorado, este cuento se ha acabado“ oder „Y fueron felices y comieron perdices“. Anschließend können solche Elemente – zunächst kooperativ, anschließend individuell – in eigenen Texten verwendet und das Ergebnis evaluiert werden. Später können auf diese Weise gelernte Textsortenmerkmale auf andere Kontexte übertragen werden, bezüglich Märchen z. B. die Darstellung einer Moral am Ende der Geschichte, die beispielsweise ebenfalls für einen Blogeintrag verwendet werden könnte (vgl. Hallet 2016, 102–111).

Bezüglich der **spezifischen Gestaltungsmittel**, die erkannt, deren Wirkung gedeutet und die ggf. in eigenen Produkten angewandt werden sollen, muss die Förderung zunächst bei der grundsätzlichen Vermittlung ansetzen. Wird deutlich, dass Lernende z. B. bei Kameraperspektiven in Filmen zu offensichtlichen Fehldeutungen kommen, können szenische Verfahren genutzt werden. Wenn eine Lernende sich beispielsweise auf den Boden hockt oder setzt und zu einem direkt vor ihr stehenden Lernenden aufschaut, kann sie beschreiben, wie sie sich in dem Moment fühlt und auf diese Art und Weise ein Gespür für den anvisierten Effekt der Froschperspektive erhalten. Finden sich eher bei rhetorischen Mitteln wie Metaphern, Metonymien oder Hyperbeln Schwierigkeiten bei der Gedichtsanalyse, so gilt es zunächst herauszufinden, ob es beispielsweise an fehlenden Begrifflichkeiten, sprachlichem Unverständnis oder interkulturell-kontextuellen Lücken liegt, bevor z. B. noch einmal Definitionen der rhetorischen Mittel formuliert, sprachlich (vor-)entlastet oder fehlendes Wissen eingebracht werden kann.

Die Förderung des Umgangs mit Hilfsmitteln kann beispielsweise das Nachschlagen in Grammatiken betreffen oder das Hinzuziehen von Korrekturfunktionen beim Schreiben am Computer. Besonders häufig bezieht sich dieser Aspekt von Text- und Medienkompetenz auf **die kompetente und selbstständige Nutzung von Wörterbüchern**, die „für das Erlernen einer Fremdsprache langfristig unverzichtbar sind“ (Zöfgen 2013, 108). Empirische Studien deuten jedoch darauf hin, dass Lernende im Umgang mit Wörterbüchern eher wenig versiert sind, was bereits damit beginnt, dass es ihnen schwerfällt, das richtige Wörterbuch auszuwählen und die gesuchte Information in einem Eintrag zu identifizieren (vgl. Engelberg/Lemnitzer 2009, 89). Ab dem ersten

Lernjahr und **kontinuierlich** über die nachfolgenden Jahre sollte die Arbeit mit digitalen und analogen Wörterbüchern daher integraler Bestandteil des Unterrichts sein. Erstere bieten sich v. a. aufgrund der leichteren Verfügbarkeit und schnelleren Bedienung an, gedruckte Versionen sind aber z. B. in Klausuren in der Oberstufe nach wie vor das gängige zugelassene Hilfsmittel und müssen daher benutzt werden können. Der Ausgangspunkt sollte dabei, wie bei jeder Strategievermittlung (siehe 3.3.5 „Sprachlernkompetenz (Sek. II)“), stets **ein konkretes Bedürfnis** der Lernenden sein. Dies kann der Wunsch sein, etwas auszudrücken, wofür es an (stilistisch passenden) sprachlichen Mitteln fehlt, oder etwas zu verstehen, das unbekannt ist und sich nicht aus dem Kontext oder anderen Sprachen ableiten lässt. Eingebettet in einen Kontext, der die Wörterbuchnutzung tatsächlich erfordert, d. h. *nicht* als separate, kontextfreie Einführung, müssen die Lernenden somit sukzessive lernen,

- **in welchen Situationen** sie ein Wörterbuch zu Rate ziehen sollten,
- **welche Wörterbücher** ihnen zur Verfügung stehen,
- **welche spezifischen Informationen** (Inhalt) **in welcher Form** (Struktur), inklusive Abkürzungen, z. B. für Wortarten, in ihnen enthalten sind, und
- **wie die passende Information** identifiziert werden kann – auch die Option, sich Ausdrücke online anzuhören, um sie mündlich verwenden zu können,
- um die gefundene Information anschließend **im kommunikativen Kontext**, für den das Nachschlagen erfolgt ist, **korrekt anzuwenden** (vgl. Engelberg/Lemnitzer 2009, 91; Zöfgen 2013, 108–109).

Durch eine zunehmende Automatisierung und wiederkehrende Einbettung in den Unterricht werden die Lernenden idealerweise immer selbstständiger und kompetenter im Umgang mit Wörterbüchern und lernen die gesamte Bandbreite der Nutzungsmöglichkeiten kennen. Gerade Neue Medien bieten Lernenden diesbezüglich großes Potenzial, z. B. in Form von **korpusbasierten Datenbanken** wie *linguee*, so dass – mit Quellenangabe zur Überprüfung der Zuverlässigkeit – sogar die authentische kontextuelle Verwendung eruiert werden kann. Studien zeigen, dass das Hinzuziehen mehrerer Nachschlagewerke besonders zielführend ist, um eine idiomatische Ausdrucksweise zu erreichen (vgl. z. B. Reder 2016, 27). Dies betont wiederum die Bedeutung umfassender Kenntnisse über die zur Verfügung stehenden Möglichkeiten.

3.3.5 Sprachlernkompetenz (Sek. II)

Sprachlernkompetenz ist – wie Sprachbewusstheit (siehe 3.3.6) – eine **transversale Kompetenz**, die also in besonderem Maße mit allen anderen Kompetenzen – funktional kommunikative, interkulturell kommunikative und Text- und Medienkompetenz – interagiert. So ist Sprachlernkompetenz zum einen

Voraussetzung, um in direkten interkulturellen Begegnungssituationen und im Kontakt mit zielsprachigen Texten kommunikativ handeln zu können, weil z. B. im Vorfeld die sprachlichen Mittel und die Textsortenmerkmale gelernt worden sein müssen; zum anderen bieten diese Kontexte immer auch Lernsituationen, an die die Sprachlernkompetenz direkt anknüpfen kann, wenn z. B. in einem Gespräch ein neuer Ausdruck kennengelernt oder anhand eines Textes gelernt wird, wie z. B. ein Bewerbungsschreiben im spanischsprachigen Raum aufgebaut sein sollte.

Sprachlernkompetenz impliziert laut Bildungsstandards „die Fähigkeit und Bereitschaft, das eigene Sprachenlernen selbstständig zu analysieren und bewusst zu gestalten, wobei die Schülerinnen und Schüler auf ihr mehrsprachiges Wissen und auf individuelle Sprachlernerfahrungen zurückgreifen" (KMK 2012, 22). Es ist somit entscheidend, dass Lernende über das Wissen verfügen, wie man generell – und v. a. sie selbst als Individuum – fremde Sprachen (besonders gut) lernen kann. Dafür müssen sich die Lernenden zunächst **ihrer eigenen Lernwege bewusst werden**, diese auf ihre Wirksamkeit **evaluieren** und ggf. **verbessern** (vgl. z. B. Kleppin/Tönshoff 2000, 113; Fritsch 2009, 13). Eine solche „Selbstbeobachtung" erfolgt am besten, indem der Lernprozess dokumentiert und getroffene Entscheidungen begründet werden, z. B. in einem Lerntagebuch (vgl. Lohmann 2015, 7). Dies setzt die Bereitschaft voraus, sich mit dem eigenen Lernen auseinanderzusetzen und dieses verbessern zu wollen. Nach Weinerts Kompetenzdefinition (siehe 1.1.3 „Bildungspolitische Vorgaben für das Fach Spanisch" und 3.3 „Diagnose und Förderung der einzelnen Kompetenzen") sind demzufolge zunächst die **motivationalen und volitionalen Aspekte** gefragt, um Sprachlernkompetenz sinnvoll ausbilden zu können. Dazu gehört u. a. die Bewusstmachung eigener Sprachlernerfahrungen und ihres Einflusses auf das aktuelle eigene Lernverhalten im Rahmen eines „reflexiven Sprachenlernens" (KMK 2012, 22). Letzteres zielt darauf ab, den eigenen Lernprozess möglichst gut selbst steuern und kontrollieren zu können, wodurch die Lernenden **Autonomie** gewinnen und über die Schule hinaus **lebenslang** in der Lage sind, ihre eigenen fremdsprachlichen Kompetenzen zu pflegen und zielgerichtet zu verbessern (vgl. Haß 2017, 45; Martinez/Meißner u. a. 2017, 220).

Auf das Erkennen und Reflektieren der eigenen Lerngewohnheiten kann nur eine sinnvolle anschließende Modifikation derselben folgen, wenn die Lernenden Kenntnisse z. B. über alternative Hilfsmittel (siehe hierzu 3.3.4 „Text- und Medienkompetenz (Sek. II)") und alternative Lernstrategien haben. Lernende sollten diesbezüglich über ein individuelles, d. h. zu *ihrem* Lernen passendes, **Repertoire von Strategien** verfügen und dieses so bewusst sowie soweit automatisiert haben, dass sie je nach konkreten situativen Anforderungen flexibel und selbstständig die in dieser Situation zielführendste Strategie daraus auswählen und nutzen können (vgl. Kleppin/Tönshoff 1998, 52; Schmenk 2009, 73; Koch 2011, 7). Strategien können dabei verstanden werden als „systematische Bündelung von Einzelmaßnahmen“ (Raupach 2009, 16), die in einer Strategie zu einem „übergeordneten, sequenzierbaren Handlungsplan“ (Rössler 2009b, 161) zusammengefügt werden.

Als **bereichsunspezifische Lernstrategien** müssen in jeglichem Unterricht z. B. metakognitive Strategien vermittelt werden, durch die das eigentliche Lernen organisiert werden kann, z. B. indem das Smartphone ausgeschaltet wird, während Hausaufgaben gemacht werden, weil die bzw. der Lernende weiß, dass sie bzw. er abgelenkt wird, wenn beispielsweise eine neue Nachricht eintrifft. **Bereichsspezifische Lernstrategien** beziehen sich hingegen auf das fachliche Lernen (vgl. Koch 2011, 4), z. B. Vokabellernstrategien, die in anderen nicht-fremdsprachlichen Fächern nicht (in dieser Form) benötigt werden. Das Ziel solcher **Lernstrategien** ist es, das eigene sprachliche Wissen und Können „absichtsvoll unter vergleichsweise geringem Zeitdruck und mit der Möglichkeit, verschiedene Hilfsmittel hinzuzuziehen, langfristig zu erweitern“ (ebd., 5). Damit grenzen sie sich von **Kommunikationsstrategien** ab (siehe 3.3.1.4 „Sprechen“), die als Anwendungsstrategien „das kurzfristige Ziel [verfolgen], bereits Gelerntes unter vergleichsweise großem Zeitdruck und in der Regel ohne Hilfsmittel bestmöglich anzuwenden“ (ebd.), z. B. indem Wortschatzlücken durch Umschreibungen ausgeglichen werden. Wie zu Anfang bereits bezüglich des transversalen Charakters von Sprachlernkompetenz betont, sind beide Arten von Strategien notwendig: Als Vorbereitung auf Kommunikationssituationen werden Lernstrategien benötigt, für das tatsächliche Handeln in diesen Situationen werden jedoch Kommunikationsstrategien benötigt.

Da Spanisch häufig erst als dritte Fremdsprache gelernt wird (siehe 1.1.1 „Entwicklung und aktueller Stand in Deutschland“), verfügen die Lernenden meist bereits über Strategien aus dem Englisch- und Französisch- oder Lateinunterricht, die im Idealfall für den Spanischunterricht genutzt werden können. Dafür gilt es, diese Strategien (erneut) bewusst zu machen und zu evaluieren, zum einen hinsichtlich ihrer Effizienz für die Erreichung des Lernziels durch die bzw. den individuellen Lernenden, zum anderen bezüglich ihrer **Passung zum Spanischen** bzw. ihrer **Notwendigkeit** angesichts der spezifischen Herausforderungen des Spanischen für die Lernenden. Um sich z. B. einzuprägen, dass im Spanischen die Subjektpronomen häufig nicht genannt werden, kann eine Visualisierungsstrategie genutzt werden, wie sie im Lehrwerk *¡Apúntate!* zu finden ist: Ein Männchen, auf dessen Bauch „yo“ steht, trägt dort eine Angel mit der Endung „o“. Ein pferdeähnliches Tier trägt auf seinem Körper den Verbstamm („habl-“) und auf seinem Schweif die Verbendung („-ar“). Wenn nun das Männchen das Tier führt, hält es seine Endung („o“) über die Infinitivendung, so dass „yo hablo“ zu sehen ist. In einem weiteren Schritt tritt das Männchen hinter das Tier, so dass es zwar unter dem Bauch desselben und über seinem Rücken noch zu sehen ist, zu lesen ist allerdings nur noch „hablo“ (siehe Abb. 5).

Abb. 5: Visualisierungsstrategie in zwei verschiedenen Ausgaben von *¡Apúntate!* (Balser u. a. 2008, 18; Balser u. a. 2016, 23; © Cornelsen/Rafael Broseta)

Um herauszufinden, ob sich für Lernende eine solche Visualisierungsstrategie anbietet oder z. B. eher ein ausformulierter Merksatz, muss die Lehrkraft den **Lernstil** der einzelnen Lernenden kennen. Dieser ergibt sich aus den kognitiven Präferenzen und Gewohnheiten der Lernenden und wird durch den Weg geprägt, auf dem sich eine Person besonders nachhaltig und schnell Informationen merken kann (vgl. Grotjahn 1998, 11–12; Koch 2011, 6). Lehrkräfte müssen sich darüber hinaus ihres eigenen Lernstils bewusst werden, da dieser auf unbewusstem Wege steuern kann, welche Informationswege die Lehrkraft ihren Lernenden bevorzugt anbietet. Um hier möglichst allen Lernstilen zu entsprechen, ist die Lehrkraft aufgefordert, ebenfalls von ihrer eigenen Präferenz abweichende Lernstrategien anzubieten (vgl. Thaler 2012, 132). Zudem profitieren in der Regel alle Lernenden von einer gewissen Vielfalt, da der Lernstil zum einen lediglich eine Präferenz darstellt, der nicht ausschließt, dass andere Zugänge zum Behalten beitragen können; zum anderen müssen teilweise die Vorlieben insofern kompensiert werden, als z. B. rein auditive Lernstrategien nicht die Orthographie eines Ausdrucks beinhalten, die aber für den Schriftgebrauch benötigt wird. Eine Mischung ist daher in jedem Fall anzustreben.

Die **Diagnose** von Sprachlernkompetenz sollte zunächst sicherstellen, dass die Lernenden bereit sind, ihr eigenes Lernverhalten zu untersuchen und zu reflektieren sowie ggf. zu verändern. Dafür könnte ein Lernstiltest ein „[d]iagnostischer Ausgangspunkt" (Fritsch 2009, 12) sein, in dem Präferenzen offengelegt werden. Alle Lernstildimensionen, die dabei untersucht werden können, sind somit als „bipolares Kontinuum" zu verstehen, von denen kein Pol grundsätzlich besser ist als der andere (vgl. Koch 2011, 6). Es geht eher um die Frage „Wie lerne ich am besten und was/wen brauche ich dazu?" (vgl. ebd.). Nach Grotjahn sind vier zentrale **Lernstildimensionen**, die Kognition, die Affektion, die Ambiguitätstoleranz und der Wahrnehmungskanal, zu differenzieren (vgl. Grotjahn 1998, 12–13): Bezüglich der Kognition kann zwischen eher analytisch und eher global (bzw. holistisch) Lernenden unterschieden werden. **Analytisch Lernende** arbeiten sehr genau an Details, z. B. an der korrekten Schreibung von Ausdrücken, und verlieren dabei, auch durch ihr langsameres Voranschreiten, leicht den Blick für das große Ganze, z. B. die gesamte Menge der zu lernenden Ausdrücke. **Global Lernende** sind eher auf das große Ganze fixiert, wollen sich also beispielweise alle Vokabeln schnell oberflächlich einprägen und gehen deshalb schneller voran, wodurch Details wie Akzente oder Artikel weniger Aufmerksamkeit erhalten. Analytisch Lernende profitieren in der Regel eher von institutionalisierten Lernsituationen, während global Lernende authentische, ganzheitliche Situationen bevorzugen. Hinsichtlich der Affektion können reflexive von impulsiven Lernenden unterschieden werden. **Reflexive Lernende** sind häufig gleichzeitig analytisch Lernende, die langsamer voranschreiten, weil sie viel nachdenken, während **impulsive Lernende** häufig globale Lernende sind und somit spontaner und schneller handeln, dafür aber durch Unachtsamkeit mehr Fehler machen. Den Umgang mit unvollständigen oder widersprüchlichen Informationen können analytisch-reflexive Lernende meist nur schwer ertragen, weshalb sie z. B. vermehrt im Wörterbuch nachschlagen und nach Regelmäßigkeiten suchen, d. h. sie sind häufig **ambiguitätsintolerant**. Global-impulsiv Lernende können hingegen Wissenslücken und Ausdrücke, die sie nicht verstehen, leichter aushalten, sie sind also **ambiguitätstolerant**, ergreifen dadurch jedoch weniger Lerngelegenheiten. Bezüglich des Wahrnehmungskanals sind vier Varianten zu unterscheiden, denn Lernende können Folgendes bevorzugen:

- **visuelles** Lernen anhand von (bewegten oder statischen) Bildern, Symbolen und/oder Farben,
- **auditives** Lernen mithilfe von Hörimpulsen, auch in Form von sich reimenden Merkversen oder Liedern,
- **taktiles bzw. haptisches** Lernen durch das Berühren von Gegenständen beim Einprägen oder
- **kinästhetisches** Lernen im Sinne des Ausführens einer Bewegung.

Zu diesen vier kann zudem noch eine **soziale Dimension** hinzugefügt werden, also die Frage, ob jemand lieber alleine oder mit jemand anderem oder in einer Gruppe lernt. Lernerautonomie sollte daher nicht (automatisch) „mit Isolation des Schülers bzw. der Schülerin [...] verwechselt werden" (Rampillon 2003, 5), es kann durchaus zu mehreren autonom gelernt werden. Auch wenn bestimmte Kombinationen der Lernstildimensionsausprägungen häufiger auftreten als andere (siehe oben), sind verschiedene Kombinationen möglich. Passt eine Lernstrategie zu einem Lernenden, ist die Wahrscheinlichkeit, dass diese im Sinne des individuellen Konstruktionsprozesses des Lernens erfolgreich ist und in das individuelle Repertoire übernommen wird, deutlich größer, so dass es Sinn macht, sich der eigenen Präferenzen bewusst zu werden (vgl. Koch 2011, 7).

Die Diagnose sollte sich demzufolge damit auseinandersetzen, wie die Lernenden am besten lernen und eruieren, warum derzeit ggf. noch keine passende Lernstrategie genutzt wird. Dafür kann zunächst z. B. bei einem Vokabeltest ein Feld dafür vorgesehen werden, welche Lernstrategie(n) für die Vorbereitung genutzt wurde(n) sowie ggf. wie oft und wie lange gelernt worden ist. Diese Angaben können dann im Verhältnis zum Testergebnis, z. B. in einem Gespräch mit der Lehrkraft oder einer Nachbarin bzw. einem Nachbarn oder aber schriftlich in einem Lerntagebuch, reflektiert werden. Dabei kann überlegt werden, welche Elemente für das nächste Mal verändert werden sollten, um zu überprüfen, ob dadurch ein (noch) größerer Lernerfolg erzielt werden kann. Darüber hinaus kann auf **publizierte Lernstiltests** zurückgegriffen werden wie das *Inventario de Estrategias de Aprendizaje para la Lengua Española* (vgl. Roncel Vega 2007). Dieser Fragebogen basiert auf der englischsprachigen Version, dem *Strategy Inventory for Language Learning* (SILL) und ermöglicht eine Selbsteinschätzung bezüglich 50 Strategien, die in sechs Bereichen aufgelistet sind: *estrategias mnemotécnicas*, *estrategias cognitivas*, *estrategias compensatorias*, *estrategias metacognitivas*, *estrategias afectivas* und *estrategias socioculturales* (vgl. ebd.).

Die **Förderung** der Sprachlernkompetenz könnte dann z. B. mit der Vermittlung von verschiedenen Strategien beginnen, so dass für alle Lernenden ein Angebot besteht, aus denen sie je nach eigenem Lernstil auswählen können. Die **Vorstellung neuer Strategien** und der zugehörigen einzelnen Handlungsschritte sollte dabei stets anhand eines tatsächlich vorliegenden Problems, z. B. schwaches Ergebnis in einem Test, erfolgen, damit den Lernenden Problem und Ziel direkt bewusst werden (vgl. Raabe 1998, 10). Sowohl die Lehrkraft als auch Lernende können diese Präsentation übernehmen. Besonders erfolgreiche Lernende können z. B. ihre bevorzugten Strategien mit der Lerngruppe teilen. Idealerweise haben alle Strategien Namen, damit später problemlos darüber gesprochen werden kann. Zudem können verschiedene Varianten und Erweiterungsmöglichkeiten eingebunden werden (vgl. Schramm 2009, 110; Tönshoff 2009, 90 und 93). Anschließend sollten die Lernenden ausreichend Zeit erhalten, die neue Strategie **intensiv zu erproben**, indem sie auf das Problem angewendet wird. Es werden also z. B. die gleichen oder die nächsten Vokabeln nun auf diese (neue) Art gelernt. Am besten werden dabei gemachte Erfahrungen dokumentiert, denn der nächste Schritt ist die **Reflexion und Bewertung der Strategie** im Rahmen des konkreten Kontexts (Problem und Ziel) für die eigene Person (vgl. Raabe 1998, 10). Neben einer 1:1-Übernahme und einer Ablehnung besteht überdies die Möglichkeit, die Strategie abzuwandeln, so dass sie besser zu einer bzw. einem Lernenden passt. Erst im **Transfer**, wenn sie also im Nachgang noch auf weitere Kontexte übertragen wurde, zeigt sich schließlich, ob die Strategie wirklich übernommen worden ist und zunehmend selbstständig angewendet werden kann (vgl. Chamot/O'Malley 1994, 66) sowie zum jeweils angestrebten Ergebnis führt (vgl. Schramm 2009, 109).

Bezüglich der Verfügbarkeit sprachlicher Mittel (siehe 3.3.1.7) sind bereits die Charakteristika sowie Vor- und Nachteile des **Vokabelhefts**, des **Karteikastens** – auch in digitaler Version in Form einer Vokabellern-App – sowie **Wörternetze** diskutiert worden. Es handelt sich dabei um Fixierungsmöglichkeiten lexikogrammatischer Einheiten, die aber in der Regel den anschließenden Lernprozess mitbestimmen. Wird mit einem Vokabelheft gearbeitet, erfolgt das Einprägen meist durch das Zuhalten einer Spalte, die dann mündlich oder schriftlich ergänzt wird. Bei Karteikästen kann es ähnlich sein, indem die Karte erst nach der eigenen Produktion des Ausdruckes umgedreht wird. Wörternetze können ebenfalls teilweise zugehalten werden oder nach längerem Anschauen frei, in ggf. etwas anderer Anordnung, reproduziert werden. Sowohl Karteikarten als auch Wörternetze können dabei, v. a. für Lernende, die bevorzugt mit bildlichen Elementen arbeiten, durch **Bildwörter** ergänzt werden (siehe Abb. 6).

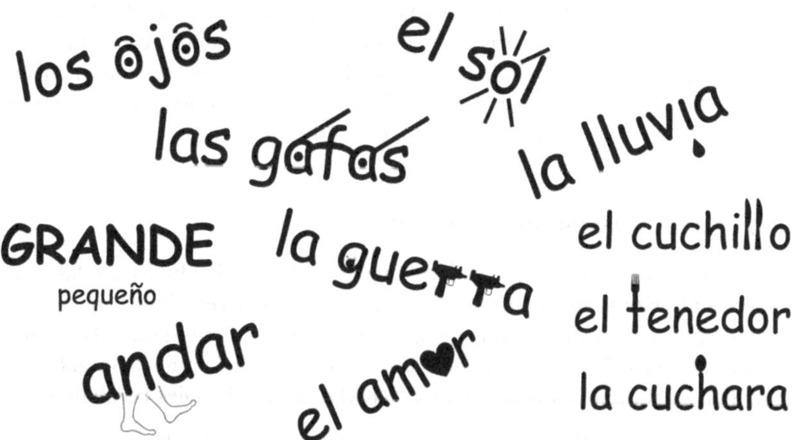

Abb. 6: exemplarische spanische Bildwörter

Das Schriftbild wird in diesen durch visuelle Elemente ergänzt, die in Verbindung mit den Buchstaben oder durch Veränderung oder Ersetzung derselben den semantischen Inhalt darstellen. Dadurch soll sich das Schriftbild direkt in Kombination mit der Bedeutung im Gehirn verankern. Eine solche Kombination aus Sprache und Bild kann für Gegenständliches wie „los ojos" und „las gafas", aber auch für abstraktere Begriffe wie „la guerra" oder „el amor" funktionieren, wobei bei letzterem auf konventionalisierte Symbolik, hier das Herz, zurückgegriffen wird. Gleichermaßen können für Verben wie „andar" oder Adjektive wie „grande" und „pequeño" entsprechende Darstellungsmöglichkeiten gefunden werden. Unstrittig ist allerdings, dass sich diese Art der Bedeutungsvisualisierung v. a. in den ersten Lernjahren anbietet. Die Lernenden können dabei, je nach Präferenz und ggf. Begabung, frei entscheiden, ob sie händische Zeichnungen anfertigen oder – wie hier – mit einfachen technischen Mitteln mit digitalen Medien Bildwörter herstellen möchten.

Nach einer ersten Einprägungsphase ist es darüber hinaus sinnvoll, die neuen Ausdrücke in eine **eigene Geschichte** einzubinden und dadurch neue neuronale Verknüpfungen zu erreichen, die ähnlich wie Eselsbrücken ein späteres Erinnern erleichtern. Wird mithilfe **Neuer Medien** mit Computerprogrammen oder Apps gearbeitet, gibt es zudem häufig die Möglichkeit, die Umwälzung **spielerisch** zu gestalten, z. B. in Quizform oder als Memory – mit oder ohne Wettbewerbscharakter –, und die Möglichkeit, sich die Ausdrücke zusätzlich **anzuhören**, kommt hinzu (vgl. exemplarisch zu *Quizlet* Fehn 2016 und Pukrop 2016). Gleiches kann analog im Rahmen des Unterrichts erreicht werden, indem entsprechende Spiele eingesetzt werden oder z. B. per CD oder im Chor der Lautung besondere Aufmerksamkeit geschenkt wird. Die Neuen Medien ermöglichen den Lernenden jedoch eine unterrichts-, orts- und lehrkraftunabhängige Lernmöglichkeit, die ein direktes – wenn auch automatisiertes – Feedback vergibt. Dieses Potenzial Neuer Medien sollte wahrgenommen und im Sinne der Lernerautonomie genutzt werden.

3.3.6 Sprachbewusstheit (Sek. II)

Sprachbewusstheit ist wie Sprachlernkompetenz in den Bildungsstandards als **transversale Kompetenz** angelegt, die also in besonderem Maße im Zusammenspiel mit den anderen Kompetenzen wirkt. Die Bildungsstandards definieren Sprachbewusstheit als „Sensibilität für und Nachdenken über Sprache und sprachlich vermittelte Kommunikation" (KMK 2012, 21). Dies beinhaltet

- die **sprachlichen Mittel**, inklusive der induktiven Erschließung von Regelmäßigkeiten (siehe 3.3.1.7 „Verfügbarkeit sprachlicher Mittel"),
- **Gemeinsamkeiten, Unterschiede und Beziehungen zwischen Sprachen**, d. h. hier geht es um Sprach*en*bewusstheit, (siehe 2.2.8 „Mehrsprachigkeit", sowie, hinsichtlich falscher Freunde, 3.3.1.8 „Fehlerkorrektur als Diagnose- und Fördermöglichkeit"),
- **Sprachvarietäten**, z. B. in sozialer und geographischer Hinsicht,
- **Stilistik** und **Register**, z. B. Umgangs- vs. förmliche Sprache, aber ebenso Beeinflussung durch Sprache, beispielsweise in der Werbung,
- die **kulturelle Prägung des Sprachgebrauches**, z. B. Höflichkeitskonventionen und metaphorische Redensarten und Sprichwörter, und
- die **Bedeutung und Verwendung von Sprache(n) in der Welt**, z. B. in politischen Kontexten, (vgl. KMK 2012, 21).

Dabei wird deutlich, dass Sprachbewusstheit sowohl kognitive als auch affektive und performative Aspekte beinhaltet (vgl. Gnutzmann 2013, 117–118): **Kognitiv** geht es um das Wissen über Strukturen wie Syntax, aber auch lexikogrammatische Einheiten, über Mehrdeutigkeiten, das Verhältnis von Norm und Abweichungen etc. (vgl. ebd., 117). Sprachbewusstheit bezieht sich aber eben auch auf die Kenntnis über die soziale Bedingtheit von Sprache je nach Situation und dem Verhältnis der Gesprächspartnerinnen bzw. -partner sowie die Reflexion über alle genannten Elemente (vgl. Knapp 2013, 77). Die **affektive** Komponente betrifft die Neugierde, die idealerweise interessengeleitete Aufmerksamkeit und Sensibilität bewirkt. Aufbauend auf entsprechendem Wissen zählt die *kritische* Sprachbewusstheit ebenfalls in den affektiven Bereich, und zwar durch die gezielte Wahrnehmung der Wirkung von Sprache und ihre Reflexion, z. B. um in Werbetexten sprachliche Beeinflussungsstrategien aufzudecken. Der **performative** Aspekt von Sprachbewusstheit bedeutet, dass die eigene Sprachverwendung kritisch analysiert werden kann (vgl. Vollmer u. a. 2017, 203). Zudem bezieht sich dieser Bereich v. a. auf die Sprachproduktion, die dank des kognitiven Wissens und die affektive Einstellung, zur angemessenen, reflektierten Sprachverwendung führen sollte. Der Interface-Hypothese folgend, der zufolge deklaratives Regelwissen in prozedurales Handlungswissen transformiert werden kann (siehe 3.3.1.7 „Verfügbarkeit sprachlicher Mittel"), ist Sprachbewusstheit folglich grundlegend im performativen Bereich dafür zuständig, z. B. die passende Grammatikregel zu ‚liefern', die für eine Aussage benötigt wird. Sprachbewusstheit kann somit als „eine begleitende Ebene der Kontrolle, Reflexion und der Pragmatik" (ebd., 211) verstanden werden.

Diese genannten Punkte zeugen bereits von der **engen Verknüpfung mit der funktional kommunikativen** (siehe 3.3.1), **der interkulturell kommunikativen** (siehe 3.3.2) **und der Text- und Medienkompetenz** (siehe 3.3.4). Auch zwischen **Sprachbewusstheit und Sprachlernkompetenz** (siehe 3.3.5) besteht eine enge Verbindung, da das Wissen über Regularitäten wie Präfixe und ihre semantische Bedeutung („des-cubrir" – „ent-decken/-hüllen") oder Suffixe und ihre grammatische Bedeutung („jug-ar" – Verb, „juga-dor/a" – Person etc.) das Behalten und Kategorisieren von neuen Ausdrücken erleichtert (vgl. Gnutzmann 2013, 115). Um Elemente wie die genannten nicht nur selbst zu beherrschen, sondern auch unterrichten zu können, benötigen zunächst die Lehrkräfte eine hohe Sprachbewusstheit. Die *Association for Language Awareness* (ALA) führt in diesem Sinne sowohl die Sprachlernkompetenz als auch die Sprachlehrkompetenz auf, wenn sie *language awareness* in einem weiteren Verständnis definiert als „explicit knowledge about language, and conscious perception and sensitivity in language learning, language teaching and language use" (ALA o. J.). In den Bildungsstandards sind diese Aspekte deshalb nicht enthalten, weil sich diese an Lernende, nicht Lehrende richten.

Sprachbewusstheit ist jedoch auch in den Bildungsstandards als weites Konzept zu verstehen, so dass sowohl **metasprachliche Aussagen**, d. h. Aussagen *über* Sprache, wie

- Lernender: „Im Spanischen wird alles klein geschrieben."
- Lernende: „Stimmt doch gar nicht. Man schreibt ‚España' doch groß!"

oder

- Lernende: „¡Joder!"
- Lernender: „Eso no se dice."

oder

- Lernende: „‚El otoño' es ‚Herbst' en alemán. En inglés es ‚autumn' y en francés ‚l'automne'."

als auch **Übergeneralisierung von Regeln** (siehe 3.3.1.8 „Fehlerkorrektur als Diagnose- und Fördermöglichkeit") Zeugnisse von Sprachbewusstheit der Lernenden sind.

Für die **Diagnose** von Sprachbewusstheit bedeutet dies, dass sowohl über eher zufällig getroffene metasprachliche Äußerungen der Lernenden ein Rückschluss auf ihre Sprachbewusstheit gezogen werden kann als auch durch sprachlich korrektes und situativ angemessenes Sprachhandeln oder Fehler, indem letztere die Hypothesen der Lernersprache offenlegen. Neben solch **beiläufigen Diagnosemomenten** lässt sich aber wie bei den anderen Kompetenzen durch **explizit herbeigeführte schriftliche wie mündliche Handlungssituationen**, die ein bestimmtes Sprachhandeln nahelegen, eine gezielte Diagnose eines bestimmten Teilelements von Sprachbewusstheit durchführen. Zudem kann durch das **Sprechen über Sprache in Gesprächen, über lautes Denken und in Lerntagebüchern** ein direkterer Zugriff auf das metasprachliche Wissen erfolgen, ggf. in bestimmten Fällen auf Deutsch, um Störvariablen wie mangelnde sprachliche Ausdrucksmöglichkeiten in der Zielsprache bei der Diagnose weitestgehend auszuschalten. Dabei wird häufig anhand konkreter Materialien gearbeitet, z. B. dass Lernende sich potenziellen Wortschatz (siehe 3.3.1.7 „Verfügbarkeit sprachlicher Mittel") erschließen und dabei kommentieren sollen, auf welchen Wegen sie dies tun. Führen diese Strategien zu Erfolg, kann eine solche Versprachlichung in Form lauten Denkens darüber hinaus dazu dienen, dass andere Lernende von den Strategieoffenlegungen ihrer Mitschülerinnen und Mitschüler profitieren.

Die **Förderung** orientiert sich entsprechend an den Ergebnissen der Diagnose und sollte stets dazu anregen, zunehmend selbstständig aufmerksam sprachliche Strukturen auf Regelmäßigkeiten, Parallelen und Unterschiede, kulturelle Ursprünge etc. zu untersuchen. Auch sprachpolitische Elemente wie die Tatsache, dass das Deutsche viele **Anglizismen** ohne orthographische Veränderung übernimmt, das Spanische aber ganz anders damit umgeht, sind wichtige Informationen, die bei der Erschließung unbekannter Wörter eine Hilfestellung sein können: „el español tiende a asimilar la palabra extranjera al propio sistema (primero fonológico y después a menudo incluso ortográfico [...])" (Mateos Ortega 2016, 91). Ohne ein solches Wissen ist es für Lernende quasi unmöglich, das englische Wort „Whisky" in dem spanischen Wort „güisqui" – oder ebenso „sweater" in „suéter", „leader" in „líder" – zu erkennen. Ist man sich der genannten Angleichungsstrategie des Spanischen bewusst, weiß man, dass an manchen Stellen ein lautes Vorlesen hilfreich sein kann. Die Förderung kann sowohl geplant erfolgen als auch inzidentell, d. h. wenn Lernende spontan über einen Ausdruck oder seine Implikationen ‚stolpern'. Gleichermaßen kann eine Bewusstmachung **gendergerechter Ausdrucksweisen** (siehe 2.2.10 „Gendersensiblität") propädeutisch, also geplant-vorbereitend, in den Unterricht eingebunden werden oder z. B. wenn den Lernenden selbst die wenig gendergerechte Ansprache in Lehrwerken auffällt.

Im Rahmen der Förderung sollte zudem explizit die **enge Verbindung zwischen Sprache und Kultur** thematisiert werden, da Sprache kulturelle Elemente widerspiegelt und die Kultur gleichzeitig beeinflusst. Zum Verständnis kulturell geprägter Ausdrücke fehlt es den Lernenden aber häufig nicht nur an sprachlichem, sondern ebenso an kulturellem Wissen. Sprachbewusstheit bei den Lernenden auszubilden, bedeutet somit auch, dass die Lehrkraft – ähnlich einer Sprachmittlungssituation (siehe 3.3.1.6) – antizipieren muss, an welchen Stellen Lernenden entsprechendes **Hintergrundwissen** fehlen könnte. Es ist bereits angeklungen (siehe 3.3.1.2 „Hör-Seh-Verstehen" und 3.3.1.6 „Sprachmittlung"), dass der **Stierkampf** einen gewichtigen kulturellen Einfluss auf die spanische Sprache darstellt. Nun könnte zunächst der Einwand vorgebracht werden, dass damit stereotype Sichtweisen verstärkt werden können. Es ist jedoch so, dass diese Elemente in der Sprache bis heute präsent sind und sich dadurch die Notwendigkeit einer Behandlung ergibt (vgl. Koch 2013a, 106–107). Der unterschiedlichen kulturellen Prägung entsprechend, rufen ein Stier und Stierkampf bei deutschen Lernenden, wenn letzterer überhaupt bekannt ist, andere mentale Konzepte hervor als bei Spanierinnen und Spaniern (vgl. Acquaroni Muñoz 2008, 45). Der Ausdruck „echar un capote" als „jemandem zu Hilfe kommen" kann daher besser verstanden und behalten werden, wenn der Ursprung im Stierkampf bekannt ist. Interkulturelle und funktional kommunikative Kompetenz sind an dieser Stelle somit eng mit Sprachbewusstheit verknüpft. Auch bezüglich gemeinsamer metaphorischer Bildfelder, z. B. durch gemeinsame Ursprünge wie die **Bibel**, ist Sprachbewusstheit gefragt. Deutsche Lernende, die mit dem Sprichwort „Wer ohne Sünde ist, der werfe den ersten Stein" vertraut sind, verstehen im Spanischen vermutlich „El que esté libre de pecado, que tire la primera piedra". Es ist jedoch im Unterricht dafür zu sensibilisieren, dass bei der produktiven Verwendung die feste Ausdrucksweise der Zielsprache verwendet werden muss, so dass hier ein sehr genaues sprachliches Lernen notwendig ist, auch wenn die inhaltlichen Elemente vertraut erscheinen. Die zehn Gebote sind anders als im Deutschen beispielsweise im Futur formuliert, z. B. „No matarás".

Werbung greift ebenfalls häufig auf Metaphern zurück und kombiniert diese mit Sprachspielen. Die Arbeit mit Werbetexten kann bei der Förderung von Sprachbewusstheit sowohl die sprachlichen (und bildlichen) **Beeinflussungsmechanismen** als auch die **sprachspielerisch-metaphorischen Kom-**

ponenten von zielgerichtetem Spracheinsatz in Augenschein nehmen. Auf der Homepage des spanischen Ministerio de Sanidad, Consumo y Bienestar Social (http://www.mscbs.gob.es/campannas/portada/home.htm) findet sich beispielsweise eine Vielzahl von Kampagnen der letzten 15 Jahre, die sich für den Einsatz im Spanischunterricht eignen (vgl. auch Koch 2013a, 224–232). Die Themen reichen vom richtigen Verhalten bei hohen Temperaturen über Verhütung bis hin zu Fettleibigkeit bei Jugendlichen und Drogenkonsum. Entsprechend thematisch in den Unterricht eingebettet, können bereits die Slogans der Kampagnen für die Schulung von Sprachbewusstheit genutzt werden. Eine Anti-Drogen-Kampagne von 2006 titelt beispielsweise mit dem Slogan „Drogas. Hay trenes que es mejor NO coger". Die verwendete Metapher wird zusätzlich durch ein Bild von Schienen, die aus Kokain und Cannabis gelegt sind, visualisiert. Das Formulieren von Hypothesen über die Gründe für die Verwendung dieser Metapher mit dem Ziel der Beeinflussung Jugendlicher sowie Überlegungen, welche Entsprechung im Deutschen gefunden werden könnte, z. B. „Es gibt Züge, auf die man besser nicht aufspringen sollte", können zum Reflektieren über Sprache und ihre Wirkung anregen. Die gewonnenen Erkenntnisse können anschließend für das sprachproduktive Erstellen einer eigenen, alternativen Kampagne verwendet werden, die laut der Lernenden das gesteckte Ziel, Jugendliche vom Drogenkonsum abzuhalten, am besten erreicht. Damit fände der performative und kreative Aspekt der Sprachbewusstheit ebenfalls Berücksichtigung (vgl. Knapp 2013, 78).

Das angesprochene Bewusstsein für Variationsmöglichkeiten der Sprache bezieht sich meist auf **diastratische**, d. h. schichtspezifische, **Varietäten**, wie Jugendsprache, sowie auf **diaphasische**, d. h. stil- bzw. situationsbezogene, **Varietäten**, wie Umgangssprache, und zuletzt **diatopische**, d. h. ortsbedingte, **Varietäten** (vgl. Koch 2017d, 37). In diatopischer Hinsicht sollten die Lernenden wissen, dass verschiedene Standardvarietäten des Spanischen unterschieden werden, von denen drei in Spanien und fünf in Amerika verortet sind: *el español castellano*, *el español de Andalucía*, *el español de Canarias*, *el español del Caribe*, *el español de México y Centroamérica*, *el español de los Andes*, *el español de la Plata y Chaco* und *el español de Chile* (vgl. Moreno Fernández 2007, 39–46; Moreno Fernández 2014, 53). Dem Konzept der *norma (culta) pluricéntrica* entsprechend, verfügen all diese Standardvarietäten über ein eigenes normgebendes Zentrum und stehen gleichberechtigt nebeneinander (vgl. Leitzke-Ungerer 2017, 43). De facto gibt es aber durchaus Konflikte, da das historisch älteste kastilische Spanische nach wie vor eine Art ‚Vormachtstellung' einnimmt (vgl. Lebsanft/Mihatsch/Polzin-Haumann 2012, 8–9). Lernende sollten sowohl Wissen über die entsprechenden sprachpolitischen und kulturellen Hintergründe als auch exemplarisch über die primären Unterschiede zwischen den Standardvarietäten in den Bereichen Aussprache, Grammatik und Wortschatz verfügen (vgl. Koch 2017d, 40–41). Vor allem Einflüsse aus indigenen Sprachen, z. B. *elote* (für *maíz verde*), *coyote* und *aguacate* aus dem *náhuatl*, bieten direkte Anknüpfungspunkte an interkulturelles Lernen. Es reicht jedoch im Normalfall, wenn Lernende eine ***rezeptive* Varietätenkompetenz** entwickeln. Lediglich bei einem geplanten Kontakt mit Sprecherinnen und Sprechern einer anderen Standardvarietät als derjenigen, die im Unterricht gesprochen wird (siehe 4.7 „Klassenraumsprache"), z. B. im Rahmen eines Aufenthaltes in einem entsprechenden Zielland, können (individuelle) produktive Lernziele hinzukommen.

Zusammenfassung (3.3.2–3.3.6)

Interkulturelle kommunikative Kompetenz setzt sich aus soziokulturellem Orientierungswissen, dem verständnisvollen Umgang mit kultureller Differenz auf der Basis einer offenen und toleranten Einstellung sowie der praktisch-handelnden Bewältigung interkultureller Begegnungssituationen zusammen. Sie weist zudem stets eine (selbst-)reflexive Komponente auf. Abgesehen von den Wissensbeständen ist interkulturelle kommunikative Kompetenz schwer messbar, lässt sich aber z. B. im Rahmen von Rollenspielen zu *critical incidents* erfassen, die gleichzeitig für die Förderung genutzt werden können.

Die **methodischen Kompetenzen** der Bildungsstandards für die Sekundarstufe I (2003) sind ‚auslaufende' Kompetenzen. In den Bildungsstandards für die Sekundarstufe II (2012) lassen sie sich in Text- und Medienkompetenz (z. B. Ergebnisse präsentieren), funktional kommunikative Kompetenz (z. B. Kommunikationsstrategien) sowie Sprachlernkompetenz und Sprachbewusstheit integrieren (z. B. Lernstrategien).

Die **Text- und Medienkompetenz** widmet sich, einem weiten Textbegriff folgend, allen mündlichen wie schriftlichen Äußerungen, die durch die menschliche Stimme oder über Medien in Form von Gegenständen oder Geräten übermittelt werden. Diese – durch die Bildungsstandards 2012 neu hinzugekommene – Kompetenz erstreckt sich auf zahlreiche Teilaspekte: von der Identifikation und eigenen Verwendung von Textsortenmerkmalen über die Nutzung von Hilfsmitteln wie Wörterbüchern bis hin zur kritischen und kompetenten Verwendung Neuer Medien.

Sprachlernkompetenz interagiert als transversale Kompetenz vielfältig mit allen anderen Kompetenzen. Sie schafft durch – zum individuellen Lernstil – passende Lernstrategien die notwendigen Grundlagen an sprachlichen Mitteln, die für die Bewältigung von interkulturellen Kommunikationssituationen benötigt werden. Auch Neue Medien wie Apps zum Vokabellernen können autonomiefördernd zum Einsatz kommen.

Sprachbewusstheit, als zweite transversale Kompetenz, bezieht sich auf die Erschließung sprachlicher Mittel, Gemeinsamkeiten und Unterschiede zu anderen Sprachen, Varietäten, Stilistik und Register sowie auf die kulturelle Prägung des Sprachgebrauchs und die sprachpolitischen Verhältnisse in der Welt. Mit ihrer kognitiven, affektiven und performativen Komponente schafft Sprachbewusstheit ein tieferes Verständnis für die Regeln und die Wirkung von Sprache und Sprachverwendung.

Weiterführende Literatur: Themenheft 38 der Zeitschrift **Fremdsprachen Lehren und Lernen (2009)** zu Strategien im Fremdsprachenunterricht. **Grünewald, Andreas/Küster, Lutz/Lüning, Marita (2011):** Fokus Kultur/Interkulturalität. In: Meißner, Franz–Joseph/Krämer, Ulrich (Hrsg.): Spanischunterricht gestalten. Wege zu Mehrsprachigkeit und Mehrkulturalität. Seelze, S. 49–80. **Hallet, Wolfgang (2016):** Genres im fremdsprachlichen und bilingualen Unterricht: Formen und Muster der sprachlichen Interaktion. Seelze. **Knapp, Annelie (2013):** Still aware of language awareness? In: Fremdsprachen Lehren und Lernen 42, H. 1: 65-79.

4 Unterrichtsplanung und -durchführung

Die Planung von Unterricht ist ein kreativer Schaffensprozess mit einer gewissen Eigendynamik, der sich daher nicht in eine strikt einzuhaltende Reihenfolge von Arbeitsschritten zerlegen lässt (vgl. Krummrich/Maul-Krummrich 2010, 11). Dennoch versucht dieses Kapitel, die wichtigsten Planungselemente in einer sinnvollen Abfolge darzulegen, um eine Orientierung zu geben. Auch nach vielen Berufsjahren sollte Unterricht immer noch gewissenhaft geplant werden, so dass es nicht zu einer sogenannten „Schwellenpädagogik" oder „Türklinkendidaktik" kommt, bei der sich die Lehrkraft mit dem Eintreten in den Unterrichtsraum spontan überlegt, was sie in der Unterrichtsstunde mit den Lernenden tun möchte (vgl. Leupold 2007, 38). Nichtsdestotrotz wird die Planung der Lehrkraft mit zunehmender Unterrichtserfahrung immer schneller von der Hand gehen und weniger Verschriftlichung bedürfen, als dies am Anfang der Lehrtätigkeit der Fall ist. Eine Grundvoraussetzung dafür ist, dass eigene Unterrichtsplanungen übersichtlich archiviert werden – für die Lehrkraft selbst oder in cloudbasierten Ordnern für andere Lehrkräfte, mit denen Unterrichtsmaterialien ausgetauscht werden. Dafür bedarf es einer individuell bzw. in der Gruppe abgestimmten Systematik, um Inhalte schnell wiederfinden zu können (vgl. Azadian 2016, 65). Das vorliegende Kapitel widmet sich zunächst den Schritten der Vorbereitung von konkreter Unterrichtsplanung (4.1), bevor der Formulierung von Lernzielen (4.2) und der Phasierung (4.3) von Unterricht Aufmerksamkeit geschenkt wird. Es folgen Ausführungen dazu, was bei der Auswahl von Methoden (4.4), Medien (4.5) und Texten (4.6) zu beachten ist und welche jeweils grundlegend zur Verfügung stehen. Den Abschluss bildet ein Blick auf die konkreten sprachlichen Mittel, die Lehrkraft und Lernende im Spanischunterricht verwenden, um möglichst viel zielsprachlich miteinander interagieren zu können (4.7).

4.1 Vorbereitende Schritte der Unterrichtsplanung

Vor dem Hintergrund aller in den vorherigen Kapiteln dargelegten Inhalte gilt es schließlich, im Rahmen einer Praxisphase im Studium, im Referendariat oder zu Beginn der dritten Phase, d. h. der Berufseinstiegsphase, für konkrete Lerngruppen Unterricht zu planen. Dies setzt stets eine Sichtung der **bildungspolitischen Vorgaben** voraus. Diese sind für den schulischen Spanischunterricht in Deutschland der bundeslandspezifische Lehrplan und das

Schulcurriculum sowie sonstige fachkonferenzinterne Absprachen, z. B. zur Bewertung von Klassenarbeiten, Tests, mündlichen Prüfungen und sonstiger Mitarbeit. Auch ein Blick in den Gemeinsamen europäischen Referenzrahmen und die bundesweit geltenden Bildungsstandards kann hilfreiche Anregungen und Begründungszusammenhänge liefern (siehe 1.1.3 „Bildungspolitische Vorgaben für das Fach Spanisch"). Für die Qualifikationsphase in den letzten zwei Jahren vor dem Abitur sind zusätzlich die entsprechenden Vorgaben des jeweiligen Bundeslandes zu berücksichtigen.

Für das Thema, das durch Abiturvorgaben oder in der Spracherwerbsphase durch das Lehrwerk oder das schulinterne Curriculum für einen bestimmten Abschnitt festgelegt ist, gilt, dass sich die Lehrkraft zunächst selbst intensiv vorbereiten muss. Im Rahmen einer **Sachanalyse** taucht die Lehrkraft dabei tiefer in die Inhalte ein, als sie es für den Unterricht benötigt, denn nur dann kann sie begründet auswählen, was die Lernenden genau erarbeiten sollen. Zudem kann sie auf diese Art und Weise auf weiterführende Lernendenfragen flexibel reagieren und bei Bedarf zusätzliche Informationen beisteuern. Dies bedeutet nicht, dass die Lehrkraft alles wissen muss, es können auch eigene Wissenslücken offen zugegeben und als Anlass für eine Recherche genutzt werden, aber grundsätzlich sollte ein Wissensvorsprung vorliegen, der der Lehrkraft zugleich auch etwas Sicherheit gibt (vgl. Azadian 2016, 45).

Zugleich ist die **genaue Analyse der Lerngruppe** eine Grundvoraussetzung, um sinnvollen Unterricht zu planen, idealerweise indem in der Gruppe zunächst hospitiert wird (siehe 2.2.9 „Inklusion" und 3.1 „Grundlagen zur (individuellen) Diagnose"). Dazu zählt die Feststellung des Niveaus der einzelnen Lernenden in den verschiedenen Kompetenzbereichen des Spanischunterrichts (3.3 „Diagnose und Förderung der einzelnen Kompetenzen") sowie ein Interesse für die konkreten Vorlieben und Abneigungen der Lernenden, vorgelernte Fremdsprachen, häusliches Umfeld, aber ebenso Informationen wie ggf. eine bevorstehende Austauschmöglichkeit mit einem spanischsprachigen Zielland in diesem Lernjahr etc. Viel über die Lernenden zu wissen, hilft nicht nur dabei, den Unterricht für sie anregend zu gestalten, es ist auch eine Voraussetzung mit heiklen Themen sensibel umgehen zu können, indem man zumindest grob weiß, wer von Themen wie Scheidung, gleichgeschlechtlichen Paaren, Transsexualität, Krieg oder Verlust eines Angehörigen berührt ist.

Zudem müssen die **zeitlichen Ressourcen** geklärt werden, z. B. wie viele Minuten eine Unterrichtsstunde an dieser konkreten Schule lang ist, ob in Einzel- und/oder Doppelstunden gearbeitet wird, wie viele Wochenstunden für das Fach Spanisch vorgesehen sind, zu welchem Tageszeitpunkt diese im Stundenplan der Lernenden verortet sind, welche Vorgaben es in zeitlicher und inhaltlicher Hinsicht für Leistungsüberprüfungen gibt, welche Feiertage oder Schultermine bestimmte Tage von der Planung ausnehmen, usw. Ebenso gilt es, die zur Verfügung stehenden **Räumlichkeiten** und ihre Beschaffenheit sowie die **Gesamtausstattung der Schule** in Augenschein zu nehmen, z. B. bezüglich ausleihbarer Medien, Selbstlern- und Bibliotheksräumen.

Anschließend kann vor dem Hintergrund des aktuellen neokommunikativen Fremdsprachenunterrichts (siehe 2.2 „Aktuelle fremdsprachendidaktische Prinzipien“) die konkrete Planung erfolgen. In der Regel erfolgt diese von der größeren zur kleineren Einheit, d. h. man verschafft sich zunächst einen Überblick über die gesamte zur Verfügung stehende Zeit und die zu erreichenden Kompetenzerwartungen sowie die vorgeschriebenen bzw. möglichen Inhalte, Textsorten etc. Ein Schuljahr wird anschließend in verschiedene **Unterrichtsreihen**, auch „Unterrichtsvorhaben“ genannt, segmentiert, die sich in **Unterrichtssequenzen** und diese wiederum in **Unterrichtseinheiten**, z. B. eine einzelne Schulstunde oder Doppelstunde, untergliedern:

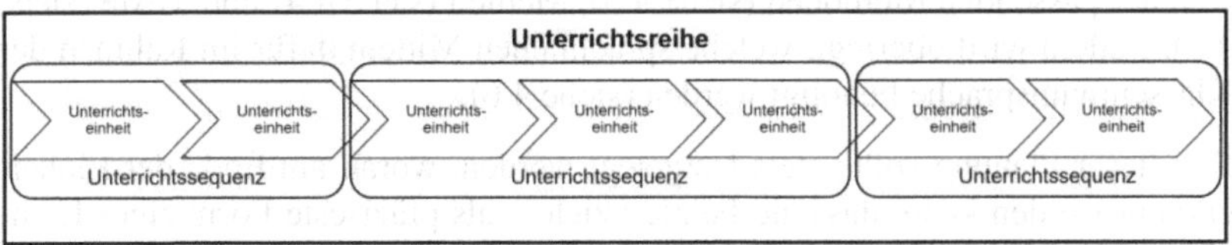

Abb. 7: Untergliederung einer Unterrichtsreihe in Sequenzen und Einheiten

Je kleiner das Unterrichtselement ist, dem man sich planerisch zuwendet, desto mehr steigt der Präzisionsgrad. Dies gilt zu allererst für die Lernziele, die für die verschiedenen Elemente formuliert werden (siehe 4.1).

4.2 Lernzielformulierung

Je nachdem, ob man für eine Unterrichtsreihe, eine Unterrichtssequenz oder eine Unterrichtseinheit (siehe Abb. 7 in 4.1) Ziele formuliert, werden diese allgemeiner oder spezifischer sein. Für eine Unterrichtsreihe werden meist noch recht abstrakte **Richtziele** formuliert, für eine Unterrichtssequenz können es **Grobziele** sein und für die einzelnen Unterrichtseinheiten braucht es dann **Feinlernziele**. Meist werden letztere von einem **Stundenziel**, das sich auf eine Einzel- oder Doppelstunde bezieht, überschrieben. Diesem Stundenziel untergeordnet gibt es dann mehrere Feinlernziele für die verschiedenen Kompetenzen, die in dieser Einheit schwerpunktmäßig im Fokus stehen.

Im Einklang mit der derzeit geltenden Outputorientierung (siehe 1.1.3 „Bildungspolitische Vorgaben für das Fach Spanisch“) werden dabei bewusst **keine *Lehr*ziele, sondern *Lern*ziele** formuliert. Es geht somit nicht darum, was die Lehrkraft beabsichtigt, an Input zu liefern, sondern darum, was bei den Lernenden als konkreter Output am Ende sichtbar werden soll (siehe 2.2.1 „Lernerorientierung"). Damit liegt der Fokus darauf, was die individuellen Lernenden am Ende tatsächlich leisten können. Ein Lernziel beschreibt also ein **„gewünschtes Lernergebnis"** (Nieweler 2017b, 226; Hervorhebung: C.K.), das mit dem Unterricht erreicht werden soll (vgl. Meyer 1974, 32). Lernenden sollte dieses zu Beginn auch in adressatengerechter Weise **transparent** gemacht werden, damit sie wissen, warum, d. h. mit welchem konkreten Ziel, sie die nachfolgenden Lernanstrengungen auf sich nehmen sollen. In bestimmten Fällen, wenn z. B. ein Überraschungs- oder Entdeckungseffekt erzielt werden soll, kann darauf selbstverständlich verzichtet werden.

Die formulierten Ziele stellen den Ausgangspunkt der Unterrichtsplanung dar. Es erfolgt eine **Rückwärtsplanung**, die erörtert, wie diese Ziele von den individuellen Lernenden bestmöglich erreicht werden können – und zwar mithilfe welcher passenden Methoden (siehe 4.3), Medien (siehe 4.4) und Texte (siehe 4.5). Zudem wird überlegt, welche sprachlichen Mitteln dafür im Rahmen der Klassenraumsprache benötigt werden (siehe 4.6).

Bei dieser Planung sollte stets festgelegt werden, woran am Ende der Einheit erkannt werden kann, dass die Feinlernziele – als präziseste Form eines Lernziels – erreicht worden sind. Es geht folglich um die Lernzielkontrolle. Dabei ist **Operationalisierung** das Schlüsselwort. Dass Lernende einen Text ‚verstanden' haben, kann die Lehrkraft nicht direkt beobachten oder messen. Sie muss sich also überlegen, welche konkreten Tätigkeiten der Lernenden ihr zeigen können, dass diese den Text verstanden haben, z. B. indem sie die zentralen Inhalte mündlich wiedergeben. Es geht demzufolge darum, alle erwünschten Ergebnisse konkret mess- oder beobachtbar zu machen (vgl. auch SeCo 2010, 3).

Im Folgenden werden anhand eines **Beispiels** die einzelnen Elemente eines Feinlernziels erläutert:

- Die Lernenden geben die zentralen Inhalte des Erzähltextausschnitts wie Personen(-konstellation), Handlungen, Orte und Motive in eigenen Worten mündlich weitgehend sprachlich korrekt wieder.

Die konkrete Tätigkeit, die im Feinlernziel benannt wird, ist das Verb „wiedergeben" und stellt die **Prozesskomponente** des Ziels dar, d. h. das, was die Lernenden aktiv tun. Hinzu kommt eine **Inhaltskomponente**, die näher bestimmt, was genau wiedergegeben wird, damit im Nachhinein auch möglich präzise evaluiert werden kann, ob die notwendigen Inhalte genannt wurden. Im Beispiel erfolgt dies durch die Angabe „die zentralen Inhalte des Erzähltextausschnitts wie Personen(-konstellation), Handlungen, Orte und Motive".

Schließlich werden noch **Bedingungen** angegeben, unter denen die Lernenden dies tun sollen, nämlich „in eigenen Worten" und „mündlich". Ferner können weitere **Kriterien** hinzukommen wie hier die Angabe, dass die schriftliche Wiedergabe – weil es sich z. B. noch nicht um fortgeschrittene Lernende und um eine mündliche Aktivität handelt – ‚lediglich' „weitgehend sprachlich korrekt" sein muss (vgl. Meyer 1974, 47). Beim ggf. anschließenden Verfassen eines schriftlichen Resümees würde der sprachlichen Korrektheit anschließend größere Aufmerksamkeit gewidmet. Resümierend lässt sich das oben genannte Beispielfeinlernziel folgendermaßen untergliedern:

- **Prozess**: Die Lernenden geben ... wieder.
- **Inhalt**: ... die zentralen Inhalte des Erzähltextausschnitts wie Personen(-konstellation), Handlungen, Orte und Motive ...
- **Bedingung**: ... in eigenen Worten mündlich ...
- **Kriterium**: ... sprachlich weitgehend korrekt ...

Um Lernziele weitergehend systematisieren zu können, lohnt sich ein Blick auf die Anforderungsbereiche in Abiturklausuren, in denen – für die derzeit meist (noch) lesetextbezogene Aufgabenstellung – zwischen drei Anforderungsbereichen unterschieden wird:

- **Anforderungsbereich I** ist meist ein Resümee des rezipierten Textes,
- in **Anforderungsbereich II** erfolgt eine zielgerichtete Analyse bestimmter Elemente und
- in **Anforderungsbereich III** entweder eine kritische Stellungnahme zu dem Text oder eine kreativ-produktive Weiterarbeit mit den neuen Inhalten, z. B. durch das Verfassen eines Paralleltextes, einer Fortsetzung oder eines vom Ursprungstext losgelösten Textes, in dem aber die gewonnenen Informationen verarbeitet werden (vgl. KMK 2012, 23).

Diese Unterteilung kann überdies als eine **Lernzieltaxonomie**, d. h. klassifizierende Systematik, verwendet werden. Die unterste Stufe wäre demnach eine reine **Reproduktion** von Fakten, die in der Antwort, z. B. auf die Frage „¿Cuántos habitantes tiene Madrid?", benannt würden. Das oben genannte Feinlernziel-Beispiel bezieht sich auf einer etwas höheren Ebene auf mehr als rein selektives Lesen, sondern setzt bereits ein **Textverständnis** voraus, das es erlaubt, auch genauere Zusammenhänge darzustellen. Der Anforderungsbereich I prüft somit diese beiden Elemente – Reproduktion von Fakten und Textverständnis in Bezug auf Zusammenhänge – ab. Wird anschließend z. B. die Personendarstellung zweier Protagonisten des Textausschnitts im Rahmen einer **Analyse** miteinander verglichen, wäre der Anforderungsbereich II im Fokus, der aber das zuvor erworbene Wissen, d. h. das Ergebnis von Anforderungsbereich I voraussetzt. Wiederum darauf aufbauen würde schließlich als

Anforderungsbereich III das **Beurteilen** der neuen Erkenntnisse, z. B. im Rahmen einer kritischen Einordnung in den historischen Kontext, oder die **kreative Weiterarbeit** mit dem Textinhalt. Das Niveau steigt dementsprechend mit zunehmendem Anforderungsbereich, weil immer größere Eigenaktivität gefragt ist. Lernziele aller Ebenen haben ihre Berechtigung, es sollte nur auf eine sinnvolle Progression und die notwendige Abfolge der einzelnen Schritte geachtet werden – sowohl bei der Lernzielformulierung als auch bei der Phasierung der betreffenden Unterrichtseinheit (siehe 4.3).

4.3 Lerneinheitsphasierung

Wie in den vorbereitenden Schritten der Unterrichtsplanung (siehe 4.1) bereits erwähnt, können „Unterrichtsreihen" in „Unterrichtsequenzen" und diese wiederum in „Unterrichtseinheiten" untergliedert werden – ohne dass diese **Begriffe in der Literatur jedoch einheitlich oder trennscharf verwendet** würden. Es muss somit immer konkret überprüft werden, was mit den Begrifflichkeiten gemeint ist.

Die Planung erfolgt, wie zuvor angedeutet, von der größeren zur kleineren Einheit. Es wird also zunächst für die gesamte Reihe bestimmt, welche übergeordneten Ziele mit welchen Inhalten und Texten erreicht werden sollen. Als letztes werden die einzelnen Einheiten der Reihe geplant, die jeweils einen kleinen Beitrag dazu leisten, dass die Reihenziele erreicht werden. Jede Einheit baut dabei auf den vorherigen Einheiten auf und bereitet gleichzeitig die nachfolgenden vor, so dass sich **ein roter Faden durch die ganze Reihe und jede einzelne Einheit** zieht. Der kumulative Kompetenzaufbau – auch über eine Reihe hinaus – sollte sich dabei stets im Sinne eines **Spiralcurriculums** dem Wiederaufgreifen und Ausweiten bereits erarbeiteter Inhalte widmen (vgl. Azadian 2016, 38). Abgesehen von sehr spezifischen Inhaltsaspekten sind im Fremdsprachenunterricht die meisten Elemente immer auch für das nächste Thema relevant, so dass eine Vernetzung und Wiederholung, nicht zuletzt sprachlicher Strukturen, nur von Vorteil sein kann.

Für die Verschriftlichung der Planung einer Unterrichtseinheit, d. h. meist einer Einzel- oder Doppelstunde, wird in der Regel ein **tabellarischer Verlaufsplan** genutzt (siehe Tab. 8). Dieser Plan sollte auf eine Din A4-Seite passen. So kann er während des Unterrichtens auf dem Pult liegen, wodurch die Lehrkraft bei Bedarf schnell noch einmal nachschauen kann, was sie sich als nächstes überlegt hat, welches Material benötigt wird etc.

Phase	**Sach- und Verhaltensaspekte**		**Sozialform**	**Materialien/ Medien**	**Didaktisch-methodischer Kommentar**
	Lehrkraft	Lernende			
calentamiento/ encarrilamiento					
Einstieg					
Erarbeitung					
Sicherung					
Hausaufgabe					

Tab. 8: exemplarischer Verlaufsplan einer Unterrichtseinheit (meist einer Einzel- oder Doppelstunde)

Der Verlaufsplan (siehe Tab. 8) enthält neben der Angabe zu der jeweiligen Unterrichtsphase Angaben dazu, was Lehrkraft und Lernende zu welchem Zeitpunkt tun („**Sach- und Verhaltensaspekte: Lehrkraft bzw. Lernende**") sowie in welcher „**Sozialform**" und welche „**Materialien/Medien**" dafür benötigt werden. Die letzte Spalte begründet in Form eines „**didaktisch-methodischen Kommentars**" kurz, warum bzw. mit welchem Ziel ein konkreter Schritt auf die gewählte Art und Weise erfolgt. Da v. a. zu Beginn der Lehrtätigkeit ein realistisches Zeitmanagement eingeübt werden muss, ist es zudem ratsam, sich im Vorfeld zu überlegen, wie viel Zeit für die verschiedenen Unterrichtsphasen vorgesehen wird – wohlwissend, dass dieser Zeitplan in der tatsächlichen Unterrichtssituation vermutlich verändert werden muss.

Die klassische Phasierung einer Unterrichtseinheit ist der Dreischritt aus Einstieg, Erarbeitung und Sicherung. Im kommunikationsorientierten Unterricht hat es sich jedoch als sinnvoll erwiesen, dem Einstieg noch eine schüleraktivierende Kurzphase voranzustellen. Diese Vor-Phase wird „**calentamiento**" oder „**encarrilamiento**" genannt: Der erste Begriff nutzt die Sportmetapher des Sich-Aufwärmens, während der zweite zum Ausdruck bringt, dass die Lernenden „auf das richtige Gleis" gesetzt werden. Beide Ausdrücke verdeutlichen das Ziel dieser kurzen Phase, die Lernenden in den – maximal fünf – ersten Minuten in der Regel in Partnerarbeit in der Fremdsprache ankommen und sprachlich möglichst aktiv werden zu lassen. Das *calentamiento* bzw. *encarrilamiento* beginnt daher sinnvollerweise mit einer ritualisierten fremdsprachlichen Begrüßung zwischen Lehrkraft und Lernenden als klares Startsignal des Unterrichts und einem anschließenden Gesprächsanlass, der mit einer Mitschülerin bzw. einem Mitschüler mündlich ausgeführt wird. Dabei können beispielsweise Bilder oder eine kurze sprachliche Situationsbeschreibung oder ein Zitat als Ausgangspunkt gewählt werden, um die kurzen Dialoge anzustoßen. Lernende könnten sich z. B. aus vorgegebenen Bildern begründet eines auswählen, von ihrem letzten oder bevorstehenden Wochenende erzählen, ihre Familien oder Hobbies sowie Lieblingsfilme, -stars vorstellen, sich gegenseitig darlegen, wie sie in einer skizzierten Situation reagieren würden oder einen zitierten Satz in Bezug auf ihr eigenes Leben kommentieren. Entscheidend ist dabei neben dem Motivationspotenzial, dass die Lernenden bereits über die notwendigen sprachlichen Mittel verfügen. Diese werden bei der Gelegenheit zwar durch die Anwendung noch einmal reaktiviert und umgewälzt, müssen aber prinzipiell bereits bekannt sein. Die Lehrkraft gibt in dieser Phase die Kontrolle ab und muss die Ergebnisse anschließend nicht zwingend noch einmal ins Plenum holen, v. a. dann nicht, wenn der Inhalt des *calentamiento* bzw. *encarrilamiento* nicht in (direktem) Zusammenhang mit dem Stundenthema steht, was in dieser Phase möglich ist. Lernende können auch selbst Ideen für nachfolgende *calentamiento-/encarrilamiento*-Themen vorschlagen. Sie werden somit durch diese Phase aus der Pause ‚abgeholt', zum Sprechen aktiviert und wenden gleichzeitig zuvor Gelerntes noch einmal kommunikativ an (vgl. Azadian 2016, 67–70). Es hat sich herausgestellt, dass gerade das Sprechen zu Beginn der Stunde ein wichtiger ‚Eisbrecher' ist, der darüber mitentscheidet, ob sich Lernende in der nachfolgenden Unterrichtseinheit beteiligen. Wer zu Beginn sprachlich aktiv ist, beteiligt sich mit größerer Wahrscheinlichkeit auch im Anschluss, so dass diese Vor-Phase idealerweise zu einer größeren Unterrichtsbeteiligung führt (vgl. Greving/Paradies 2018, 132). Eine ritualisierte Abfrage, z. B. des Datums und des Wetters, im Plenum, deren Ergebnisse anschließend an der Tafel festgehalten werden, kann somit im Anschluss an die Begrüßung und vor der Aktivierung *aller* Lernenden ebenfalls Teil des Unterrichtsbeginns sein, sollte letztere aber keinesfalls ersetzen.

Die thematische Arbeit der Unterrichtseinheit beginnt spätestens mit dem **Einstieg** und bestimmt alle nachfolgenden Phasen. Der Einstieg dient dazu, die Aufmerksamkeit der Lernenden auf das anstehende Thema zu lenken, d. h. zu diesem hinzuführen, relevantes Vorwissen zu aktivieren und ein Kommunikations- oder Informationsbedürfnis bei den Lernenden zu wecken. Nach dem Einstieg sollten sie Lust haben auf das, was folgt, weil sie neugierig geworden sind und erkannt haben, dass die anschließende Erarbeitung für sie persönlich sinnvoll ist. Mit einer „Weg-Ziel-Transparenz" (Azadian 2016, 71) wird den Lernenden somit bewusst, welche Bedeutung die Unterrichtseinheit hat und idealerweise können sie dabei einen Teil des Weges und/oder Ziels noch mitgestalten, z. B. welchen Zugang oder welches konkrete Endprodukt sie wählen möchten. Auch Einstiege beginnen häufig mit einem Bild, das beschrieben oder zu dem Hypothesen gebildet werden. Der Ausgangspunkt kann aber ebenso ein Gegenstand, ein kurzer Dialog etc. sein. Da der Einstieg zielgerichtet zum Thema der Unterrichtseinheit hinführen soll, wird er meist als letztes geplant, wenn also schon feststeht, was wie und mit welchem Ziel erarbeitet werden soll (vgl. auch De Florio-Hansen 2019, 257).

Es folgt die **Erarbeitung**, die die längste Phase darstellt und je nach Inhalt und Schwerpunkt unterschiedlich gegliedert sein kann: Eine Texterarbeitung (siehe 4.6) verläuft anders als die Bewältigung einer konkreten Kommunikationssituation (siehe 3.3.1.7 „Verfügbarkeit sprachlicher Mittel"). Am Übergang zwischen Einstieg und Erarbeitung sollten die Lernenden wissen, was am Ende der Einheit erreicht werden soll und wie welche Schritte dafür in welcher Abfolge, mit wem, d. h. in welcher Sozialform, und welchem Material zu erledigen sind. Im Sinne der Differenzierung ist gerade für diese Phase wichtig, den einzelnen Lernenden mit ihren Stärken, Schwächen und Vorlieben Aufmerksamkeit zu schenken, so dass z. B. optimale Hilfsangebote sowie eine gewisse Wahlfreiheit angezeigt sind und Methoden wie ein Lerntempoduett unterschiedlichen Arbeitsgeschwindigkeiten Rechnung tragen können (siehe 3.2 „Grundlagen zur (individuellen) Förderung“ und 4.4 „Methodeneinsatz“). Meist endet die Erarbeitung mit der schriftlichen Fixierung der Arbeitsergebnisse.

Die anschließende **Sicherung** ist die Phase, in der Lernende durch die Ausführung der im Stundenziel – und meist einigen Feinlernzielen – beschriebenen Tätigkeit (siehe 4.2) zeigen, inwiefern sie das gewünschte Lernergebnis der Einheit erreicht haben. Eine Sicherung ist damit in den allermeisten Fällen keine reine Ergebnisfixierung an der Tafel – abgesehen ggf. von einem Lernziel wie „Die Lernenden formulieren in eigenen Worten die Regel XY“, die dann an der Tafel festgehalten würde. Der Lernertrag wird jedoch in den allermeisten Fällen in einer Anwendung des zuvor Erarbeiteten deutlich, z. B. in einem Rollenspiel oder einer Diskussion. Aus Zeitnot wird diese Phase häufig abgekürzt oder (zum Teil) in die Hausaufgabe verschoben, z. B. weil die Erarbeitungsphase länger gedauert hat, als erwartet. Da dies allerdings in der Regel das entscheidende Diagnosemoment der Einheit ist, sollte durch ein entsprechendes Zeitmanagement und eine adaptive Unterrichtsgestaltung nach Möglichkeit dafür gesorgt werden, dass eher das Endprodukt in seiner Ausführlichkeit verändert und damit die Erarbeitung verkürzt wird, als dass die abschließende Anwendung als Ergebnissicherung zu kurz kommt.

Neben der konkreten Gestaltung der einzelnen Phasen ist darauf zu achten, dass die **Übergänge** zwischen ihnen zielgerichtet und für die Lernenden transparent erfolgen. Auch die entsprechenden Überleitungen sollten daher Teil der Unterrichtsplanung sein. Ein roter Faden und das ‚Mitnehmen‘ der Lernenden durch alle Phasen sorgt dabei für einen großen Anteil **echter Lernzeit**, indem für die Lernenden kein Leerlauf entsteht. Letzterer führt meist dazu, dass sich die Schülerinnen und Schüler mit etwas anderem als dem Unterrichtsthema beschäftigen und somit abgelenkt werden. Daher ist es von zentraler Bedeutung, dass alle Materialien für die Unterrichtseinheit von vornherein bereitliegen und mögliche Umbauphasen so ökonomisch wie möglich durchgeführt werden (vgl. Azadian 2016, 38).

Die **Hausaufgaben** sind zwar im Verlaufsplan (siehe Tab. 8 oben) unter „Phase“ aufgeführt, nur das Stellen der Aufgaben stellt jedoch eine Phase dar. Dafür sollte stets eigens Zeit eingeplant werden, da diese Phase häufig während des Ertönens der Pausenklingel oder darüber hinaus übereilt erfolgt, worunter meist die Übermittlung der Bedeutung und das Verständnis der genauen Aufgabenstellung durch die Lernenden leidet. Da Hausaufgaben nicht mehr in der Einheit selbst, also im Unterricht, erledigt werden, sind sie nicht Teil der Lernziele dieser Einheit. Am Ende kann ja nicht überprüft werden, ob diese Ziele erreicht wurden. Hausaufgaben sind ein weiteres wichtiges Übergangsmoment, da sie die direkte Verbindung zwischen den verschiedenen Unterrichtseinheiten darstellen können. Durch vorbereitende Hausaufgaben, z. B. als Flipped Classroom (siehe 4.5 „Medieneinsatz"), können Erarbeitungsphasen in das häusliche Umfeld ausgelagert werden, wodurch im Unterricht selbst mehr Zeit für die Anwendung bleibt. Wiederholende Hausaufgaben bieten die Möglichkeit, dass Lernende in ihrem individuellen Rhythmus zu Hause – v. a. sprachliche – Inhalte automatisieren. Nachbereitende Hausaufgaben erlauben eine Vertiefung oder Weiterführung, die die Unterrichtszeit übersteigen würde. Unabhängig von der Art der Hausaufgabe sollte diese immer in einem sinnvollen Zusammenhang zur unterrichtlichen Arbeit stehen und nach Erledigung wieder in diese eingebunden werden. Damit wird ein zweifaches Ziel erfüllt: Zum einen sorgt die Einbindung dafür, dass sinnvolle und zielgerichtete Hausaufgaben vergeben werden, zum anderen zeigt die Weiterarbeit mit ihnen, dass sie wertgeschätzt werden. Des Weiteren ist ein Grundkriterium für Hausaufgaben, dass sie von Lernenden ohne fremde Hilfe erledigt werden können – auch hier sind somit bei Bedarf Hilfsmaterialien bereitzustellen, damit die bzw. der Lernende alleine mit der Bearbeitung zurechtkommt (vgl. Leupold 2007, 73–74; Thaler 2016, 16). Allerdings muss festgehalten werden, dass es keine eindeutigen empirischen Ergebnisse zu der Frage gibt, inwiefern Hausaufgaben tatsächlich sinnvoll sind. Laut den Ergebnissen der Meta-Studie von John Hattie erreichen sie lediglich eine Effektstärke von 0,33; erst ab 0,4 wäre von einer wirksamen Maßnahme zu sprechen (vgl. Hattie/Zierer 2017, 62). Es kommt jedoch wie bei vielen anderen Themen immer darauf an, wie der konkrete Einsatz erfolgt, so dass diese Ergebnisse nicht dazu führen sollten, Hausaufgaben per se als unsinnig zu betrachten. Was Studien bereits belegt haben, ist, dass es sinnvoller ist, regelmäßig klar definierte Hausaufgaben zu geben als gelegentlich umfangreiche (vgl. Thaler 2016, 16). In Ganztagsschulen oder bei Lerngruppen, die an einigen Tagen länger Unterricht haben, sind Hausaufgaben häufig nicht erlaubt bzw. werden in Freiarbeitsphasen in der Schule erledigt. Diesbezüglich gilt es, sich in der jeweiligen Schule zu erkundigen.

4.4 Methodeneinsatz

Der griechische Ursprung des Wortes „Methode" bedeutet „Weg auf ein Ziel hin" und ist hier in Abgrenzung zu den ‚großen' Methoden der Fremdsprachendidaktik im Verlauf der Geschichte als ein einzelnes Lehr-/Lernverfahren zu verstehen (vgl. Fäcke 2017b, 32). Eine Methode beschäftigt sich demnach damit, *wie* etwas unterrichtet bzw. gelernt werden soll, d. h. mit der **Organisation des Lehr-/Lernprozesses**.

Methoden können in unterschiedlichen **Sozialformen** erfolgen. Unterschieden werden können dabei

- Einzelarbeit (EA),
- Partnerarbeit (PA),
- Gruppenarbeit (GA),
- Unterrichtsgespräch (UG) und
- Lehrervortrag (LV).

Jede Sozialform hat ihre Berechtigung, alle sollten im Unterricht Anwendung finden. Im Sinne der Lernerorientierung (siehe 2.2.1) sollte dabei jedoch auf eine möglichst häufige Aktivierung aller Lernenden, z. B. durch **kooperative Methoden** geachtet werden, im Rahmen derer durch das Grundprinzip *Think-Pair-Share* („pensar-intercambiar-compartir") meist eine Kombination aus Einzel- sowie Partner- oder Gruppenarbeit und anschließendem Unterrichtsgespräch erfolgt (siehe 2.2.3 „Kooperatives Lernen").

Kooperative Methoden machen daher auch den Großteil der **in diesem Werk vorgestellten Methoden** aus:

Methode	**Erklärung in Kapitel**
Chorsprechen („el habla simultánea")	3.3.1.4 „Sprechen"
Fishbowl („el acuario")	3.3.1.4 „Sprechen"
Fließbandschreiben („la escritura en cadena")	3.3.1.5 „Schreiben"
Gruppenpuzzle („el puzzle de Aronson", auch „Expertenpuzzle" genannt, „el puzzle de expertos")	3.3.1.4 „Sprechen"
heißer Stuhl („la silla caliente")	4.6 „Texteinsatz"
Kniff mit dem Knick („la chuleta")	3.3.1.4 „Sprechen"
Kugellager („el rodamiento de bolas")	3.3.1.4 „Sprechen"
Laufdiktat („el dictado de carreras")	3.3.1.5 „Schreiben"

Methode	**Erklärung in Kapitel**
Lernbuffet, **Lerntheke** („el bufé de aprendizaje“)	siehe „Stationenlernen“
Lerntempoduett („el dúo de velocidad“, auch mit festem Treffpunkt möglich als „bus stop“, „la parada de autobús“)	3.2 „Grundlagen zur (individuellen) Förderung“
Murmelphase („la fase de murmurar“)	3.3.1.4 „Sprechen“
Omniumkontakt (auch „Marktplatzgespräch“) („el mercado“)	3.3.1.4 „Sprechen“
Placemat („el mantel cooperativo“)	3.3.1.5 „Schreiben“
globale Simulation („la simulación global“)	2.2.5 „Ganzheitlichkeit“
Schreibkonferenz („la conferencia de corrección“)	3.3.1.5 „Schreiben“
Standbild („la imagen fija“/„la estatua congelada“)	4.6 „Texteinsatz“
Stationenlernen („aprender en estaciones“, auch „Zirkeltraining genannt, „el círculo de aprendizaje“)	2.2.2 „Offener Unterricht“
Tandembogen („la hoja de tándem“)	3.3.1.4 „Sprechen“

Tab. 9: erklärte Methoden mit ihren Fundstellen (für exakte Seitenzahlen siehe Register)

Entscheidend ist, dass die methodische Gestaltung des Unterrichts keinen Selbstzweck verfolgt. Erst nach der Festlegung der Lernziele und im Zusammenspiel mit der Phasierung sowie der Auswahl der Medien und Texte wird die **passende Methode in dienender Funktion ausgewählt** (vgl. Steinbrügge 2008, 19). Es wird folglich diejenige Methode ausgewählt, die den Lernenden bestmöglich die Erreichung des Lernziels ermöglicht. Zwar ist es ratsam, sich auch bezüglich der Medien- und Textauswahl (siehe 4.5 und 4.6) von **veröffentlichten Unterrichtsvorschlägen**, z. B. aus Fachzeitschriften (siehe 1.2.1 „Spanischdidaktik als wissenschaftliche Disziplin“) inspirieren zu lassen, allerdings muss **stets kritisch überprüft** werden, welche Elemente der Vorschläge für die konkrete Lerngruppe und die spezifischen Lernziele zielführend sind. In den allermeisten Fällen werden somit vorgefertigte Vorschläge lediglich zur Inspiration oder als ‚Steinbruch' genutzt, jedoch nicht 1:1 im eigenen Unterricht umgesetzt.

Fremdsprachenlehrkräfte sollten sich Schritt für Schritt **eine eigene systematische Methodensammlung** anlegen, aus der sie auswählen und die sie stets erweitern können. Idealerweise enthält die Sammlung neben einer Beschreibung der Methode zusätzlich eine Liste der benötigten Materialien (sofern sie nicht direkt beigefügt werden können) und Informationen zur Evaluation durch die Lernenden und dem Lernerfolg sowie möglicherweise auszuprobierende Modifikationen (vgl. Hallet 2006, 60). Dies kann Teil der bereits angesprochenen Dokumentation der eigenen Unterrichtsplanungen sein, die Schritt für Schritt eine schnellere Vorbereitung ermöglichen (siehe 4.1 „Vorbereitende Schritte der Unterrichtsplanung").

4.5 Medieneinsatz

Wie bezüglich der Text- und Medienkompetenz (siehe 3.3.4) bereits dargelegt, wird hier als Medium ein **Gegenstand**, z. B. ein Buch, eine Zeitung oder ein einfaches Blatt Papier, sowie ein technisches **Gerät**, z. B. Radio, Computer oder Smartphone, verstanden, das Texte – im weitesten Sinne – ‚trägt' bzw. darstellt. Unterschieden wird in Bezug auf Unterricht häufig zwischen **‚alten' und Neuen Medien**, wobei ‚neu' hier als ‚digital' verstanden wird.

Das **„Leitmedium"** (Elsner 2016, 442; Hervorhebung: C.K.) der Spracherwerbsphase des Fremdsprachenunterrichts ist nach wie vor das **Lehrwerk**. Während das **„Lehrbuch"** lediglich das in sich geschlossene Buch für die Lernenden bezeichnet, umfasst das „Lehrwerk" zusätzlich zu den Lernendenbänden der verschiedenen Jahrgänge vielfältiges Zusatzmaterial wie ein *Cuaderno de actividades*, Zusatzlesetexte, auditive Medien z. B. in Form von CDs, Folien, Konversationskarten, Lehrerhandreichungen, Lernsoftware, digitale Unterrichtsassistenten etc. Ein Lehrwerk ist somit ein komplexer Medienverbund, der sowohl für die Lernenden als auch für die Lehrenden Material zur Vorbereitung, Durchführung und Nachbereitung des Unterrichts anbietet (vgl. Neuner 2003, 399). Bezüglich der Frage, welches Lehrwerk für welches Fach an einer Schule angeschafft wird, macht die jeweilige Fachkonferenz einen Vorschlag, der von der Schulkonferenz genehmigt werden muss. Entwickelt wird ein neues Lehrwerk, wenn Marktforschungsaktivitäten zu dem Schluss kommen, dass dies z. B. aufgrund veralteter kultureller Inhalte wie Kleidungsstil und Neuen Medien, neuer fachdidaktischer Entwicklungen und/oder veränderter bildungspolitischer Vorgaben notwendig ist. In der Folge wird ein Team von Autorinnen und Autoren, die primär aus der Schulpraxis stammen, zusammengestellt, das im Rahmen einer Gesamtkonzeption nach bestimmten Vorgaben arbeitsteilig einzelne Kapitel erarbeitet und die Ergebnisse gegenseitig kommentiert. Dabei wird zunächst das Lernendenbuch verfasst, anschließend die weiteren Materialien. Für das Verfassen der Lehrbuchtexte im Einklang mit der festgelegten Progression der sprachlichen Mittel werden in der Regel Erstsprachlerinnen und Erstsprachler engagiert. Abschließend werden Illustrationen hinzugefügt. Eine Gruppe von Beraterinnen und Beratern achtet zudem auf die Einhaltung der bildungspolitischen Vorgaben der einzelnen Bundesländer, damit das Lehrwerk in möglichst vielen Teilen Deutschlands genutzt werden kann. Dafür müssen die jeweiligen Ministerien der einzelnen Bundesländer für Spanischunterricht an allgemeinbildenden Schulen ihre Genehmigung erteilen. Lehrkräfte haben somit die Sicherheit, dass zugelassene Lehrwerke den Anforderungen der bildungspolitischen Vorgaben nach Urteil des Ministeriums entsprechen. Die neue Konzeption eines Lehrwerks bemüht sich dabei um den Spagat zwischen Tradition und Innovation, zwischen kommerziellen und fachdidaktischen Interessen (vgl. Nieweler 2005c, 125–131). Argumente, die immer wieder gegen Lehrwerke vorgebracht werden, sind z. B., dass sie schnell veralten, dass das ständige Arbeiten mit demselben Buch langweilig wird, dass sie keine authentische, sondern konstruierte und damit unrealistische Sprache und Situationen vorlegen und dass für alle der gleiche Zugang vorgegeben wird, was der gemäßigt-konstruktivistischen Lerntheorie widerspricht (vgl. auch Fäcke 2016a, 7). Diese Kritikpunkte haben ihre Berechtigung und ihnen sollte u. a. durch die Ergänzung aktueller und authentischer Materialien entgegengewirkt werden. Zusätzlich zu den wenigen Differenzierungsangeboten, die Lehrwerke aber mittlerweile immerhin anbieten, ist die Lehrkraft gefordert, weitere hinzuzufügen bzw. Aufgaben bewusst auszulassen, zu ersetzen oder zu verändern. Als zentrales Element der Unterrichtsplanung und Steuerung sowie als transparente Strukturierungshilfe für Lehrkräfte wie für Lernende ist das Lehrwerk als zentrale Leitlinie jedoch insgesamt ein Gewinn für beide Seiten. Durch die Entlastung bei der Unterrichtsvorbereitung und -durchführung können die Lehrkräfte diese gewonnene Zeit für mehr individualisierende Maßnahmen nutzen (vgl. Nieweler 2000, 16; Funk 2004, 42; Leupold 2007, 50). Gleichzeitig ist das Lehrwerk „eine Möglichkeit, Lehrende explizit und detailliert mit neueren didaktischen Ansätzen vertraut zu machen“ (Funke 2004, 43), auch wenn dies aufgrund der langen Dauer der Lehrwerkerstellung meist mit zeitlicher Verzögerung – im Vergleich zu wissenschaftlichen Publikationen – erfolgt (vgl. Fäcke 2016b, 150). Es kommt daher, wie bei allen Medien, auf den kompetenten Umgang mit dem Lehrwerk an, denn unabhängig vom Medium wird Unterricht, der sich nur auf ein einziges stützt, früher oder später eintönig (vgl. Nieweler 2005c, 132). Das Angebot des Lehrwerkes ist als ‚Steinbruch' zu verstehen und sollte passend zur jeweiligen Lerngruppe selektiv verwendet, ergänzt und adaptiert werden (vgl. Bach/Timm 2009, 20; Gerlach/Leupold 2019, 69).

Das zweite klassische Medium neben dem Lehrwerk ist im Fremdsprachenunterricht die **Tafel**. Es gibt allerdings verschiedene Arten von Tafeln, die zu unterscheiden sind – von der Unterscheidung zwischen einer meist dunkelgrünen oder schwarzen, mit Kreide zu beschreibenden Tafel und einem nichttechnischen Whiteboard, auf dem mit speziellen Stiften geschrieben wird, einmal abgesehen: Eine Einflächentafel lässt sich anders nutzen als eine – auf Rollen bewegliche – Wendetafel und wieder anders als zwei hintereinander angebrachte, nach oben bzw. unten verschiebbare Tafeln oder eine Klapptafel aus drei Teilen. Je nach Begebenheiten vor Ort sollte die Lehrkraft sich genau überlegen, wie sie die verschiedenen Tafelteile und die Auf- und Verdeckfunktionen nutzen möchte bzw. wie sie beides herbeiführen kann, z. B. durch eine entsprechende Unterteilung der Einflächentafel oder das verstärkte Nutzen der Magnetfunktion, über die in der Regel alle Tafelarten verfügen. Wenn vorgefertigte Elemente oder Bilder den Tafelanschrieb ergänzen sollen, kann somit auch z. B. mit Pappkarten und Magnetklebeband gearbeitet werden. Entscheidend ist die möglichst strukturierte und dauerhafte Einteilung der Tafel, so dass Lernende beispielsweise wissen, dass im Unterricht neu gelernte Ausdrücke, die abgeschrieben und gelernt werden sollen, immer rechts zu finden sind.

Unabhängig von der genauen Art sind einige **Regeln für den Umgang mit der Tafel** zu beachten (vgl. Jung 2017, 341–342; Münnich 1969, 30–33):

1. **Es sollte immer ein Tafelbild geplant werden.** Das bedeutet, dass die Lehrkraft sich vor der Stunde eine Struktur überlegt, was wo und wie vermerkt werden soll. Auf diese Weise kann die Lehrkraft im Unterricht die Tafel bereits entsprechend zielgerichtet beschreiben.
2. **Der tatsächliche Tafelanschrieb sollte immer mit den Lernenden gemeinsam entwickelt werden.** Während das Tafelbild die im Vorhinein geplante Struktur ist, entsteht der Tafelanschrieb mit entsprechender Flexibilität seitens der Lehrkraft aus den Beiträgen der Lernenden und wird in ihrer Denkgeschwindigkeit mit ihnen Schritt für Schritt erstellt.
3. **Zu Stundenbeginn sollte die Tafel immer sauber sein.** Dies hat zum einen den Zweck, dass die Tafel für die Nutzung während der Stunde bereit ist, zum anderen reduziert eine saubere Tafel des Ablenkungspotenzial, z. B. durch Inhalte der vorausgegangenen Stunde.
4. **Wer an der Tafel steht, sollte erst sprechen und anschließend schreiben.** Dies hat den Vorteil, dass die gewünschte Reihenfolge (erst hören,

dann sprechen, dann lesen, dann schreiben; siehe 3.3.1.7 „Verfügbarkeit sprachlicher Mittel") gerade bei neuen Inhalten für die Lernenden gewährleistet ist. Darüber hinaus ist die Sprecherin bzw. der Sprecher besser zu verstehen, wenn sie bzw. er zu den Lernenden und nicht zur Tafel spricht.

5. **An der Tafel sollte nie etwas Falsches stehen (bleiben).** Damit wird verhindert, Lernenden etwas Falsches zur Einprägung zu präsentieren. Soll etwas an der Tafel korrigiert werden, muss es zumindest am Ende korrekt an der Tafel stehen. Um zudem eigene Flüchtigkeitsfehler zu bemerken, sollte die Tafel zwischendurch mit Abstand betrachtet werden.
6. **An der Tafel sollte Ordnung herrschen.** Dies kann neben dem geplanten Tafelbild und der Definition fester Bereiche für bestimmte Inhalte z. B. durch strukturierende Linien sowie einheitliche Abkürzungen und eine ordentliche Druckschrift erreicht werden. An der Tafel (horizontal) gerade zu schreiben, muss ggf. geübt werden.
7. **Es sollten Visualisierungen und Farben genutzt werden.** Auch künstlerisch weniger begabte Lehrkräfte können einfache Zeichnungen, z. B. bei der Semantisierung, einfügen – auch in Form von Bildwörtern (siehe 3.3.5 „Sprachlernkompetenz (Sek. II)"). Zudem können Pfeile und farbliche Hervorhebungen und Kontrastierungen die Verständlichkeit erhöhen.
8. **An der Tafel sollte eine Reduktion auf das Wesentliche erfolgen.** Unwichtiges sollte somit wieder ausgewischt werden, so dass am Ende ein Ergebnisprotokoll, kein Verlaufsprotokoll, als Erinnerungsstütze verbleibt.
9. **Der Tafelanschrieb sollte sichtbar gemacht werden.** Dies kann durch ein Zur-Seite-Treten nach dem Schreiben oder ein Schreiben oberhalb des eigenen Kopfes erreicht werden.
10. **Es sollte Zeit zum Abschreiben eingeplant werden.** Wenn die Lernenden während der Erstellung des Tafelanschriebs mitschreiben, hören sie in der Regel nicht zu und denken v. a. nicht aktiv mit. Dass per Hand abgeschrieben und kein Foto gemacht wird, ist auch deshalb sinnvoll, weil sich händisches Schreiben als verhaltenswirksamer erwiesen hat (vgl. z. B. Zierer 2018, 20).

Der **Overhead-Projektor (OHP)** ist in manchen Schulen bereits nicht mehr präsent, wird in anderen aber nach wie vor gerne genutzt. Er bietet verschiedene Vorteile im Vergleich zur Tafel, angefangen damit, dass die Lehrkraft beim Schreiben zu den Lernenden gewandt ist, nicht von ihnen weg. Außerdem können Folien besonders gut vorbereitet werden, z. B. indem eine Tabelle bereits vorliegt, die nur zu Ende ausgefüllt wird oder ein Text projiziert wird, in dem bestimmte Dinge markiert werden. Zusätzlich kann in der nächsten Stunde direkt an Folien weitergearbeitet werden, weil diese einfach wieder aufgelegt werden können. Für ein schrittweises Aufdecken von Inhalten eignet sich die Arbeit mit dem OHP ebenfalls, Bilder sind darüber hinaus leicht zu zeigen und wenn mehrere Folien(-stücke) übereinandergelegt werden, kann z. B. auf Anweisungen von Lernenden ein Zimmer immer wieder neu mit Möbelstücken eingerichtet werden. Auch Gruppenergebnisse lassen sich durch ausgeteilte Folien schnell für die ganze Lerngruppe zugänglich machen.

Wird in Schulen nicht mehr mit einem OHP gearbeitet, ist stattdessen meist eine **Dokumentenkamera** als neues, digitales Medium vorhanden, das per Beamer an die Wand projiziert. Diese ist insofern eine Weiterentwicklung des OHPs, als sie die Tischoberfläche filmt und demzufolge keine Folien mehr benötigt werden. Das Ausfüllen vorbereiteter Tabellen oder Textmarkierungen sowie das Bewegen von z. B. Bildern verschiedener Möbelstücke bei Zimmereinrichtungen können einfach auf Arbeitsblättern vorgenommen werden. Bilder oder Einblicke in Bücher oder auf Realien können auch spontan erfolgen, da keine spezielle Vorbereitung des Materials mehr notwendig ist. Lernendentexte, ob Hausaufgaben oder Gruppenarbeitsergebnisse, können ebenso flexibel projiziert werden – und mit einer Einfrierfunktion bleiben sie sogar sichtbar, wenn beispielsweise die bzw. der Lernende mit dem eigenen Heft schon wieder am Platz sitzt. Abgesehen vom Aufwand, einen Beamer anschließen zu müssen (sofern die Dokumentenkamera nicht fest installiert ist), ist sie eine sinnvolle Erweiterung des OHPs.

Ein **interaktives Whiteboard** als berührungsempfindlicher Bildschirm – oder ein interaktiver Projektor, der jede Fläche interaktiv werden lassen kann – kombiniert verschiedene Möglichkeiten von Tafel, OHP und Dokumentenkamera, ersetzt zumindest letztere aber nicht. Als elektronische Tafel, auf der das Schreiben ebenfalls erst geübt sein will, bietet sie den Vorteil, dass Tabellen, Texte etc. bereits vorbereitet mitgebracht und vor Ort bearbeitet werden können. Des Weiteren lässt sich das Ergebnis am Ende abspeichern und beim nächsten Mal wieder aufrufen. Ebenso ist ein Zugang zum Internet möglich, so dass auditive und audiovisuelle Texte direkt über die elektronische Tafel abgespielt und bei Rückfragen auch spontan recherchiert werden können. Damit wird das Tragen eines **CD-Spielers** o. Ä. sowie das Verschieben von **TV-Geräten**, wie es früher üblich war, obsolet. Ist das Lehrwerk als eBook verfügbar, kann nicht nur das Lehrbuch für alle sichtbar projiziert werden, es können z. B. direkt die zugehörige Audio- oder Videodatei angeklickt, die passende Übung im *Cuaderno* aufgerufen und Zusatzhilfen zugeschaltet werden. Ein Nachteil der interaktiven Whiteboards ist jedoch die Wartungsintensität, begonnen bei der Kalibrierung des Stiftes bis hin zum Einsetzen von Ersatzteilen wie Leuchtmitteln oder der Installation neuer Software. Ferner sollte das interaktive Whiteboard nicht dazu verleiten, den Unterricht wieder frontaler zu gestalten, nur um die Technik zu nutzen. Die Tendenz zum schnellen Umblättern durch das Hinzufügen einer neuen leeren Seite verleitet zudem dazu, dass kein dauerhaft sichtbarer Bereich mehr vorhanden ist, z. B. für neue wichtige Ausdrücke. Es hat sich daher v. a. eine Kombination aus alten und neuen Medien als vorteilhaft erwiesen, so dass von den Vorteilen aller bestmöglich profitiert werden kann. Wie bei jedem Medium kommt es auf die Qualität der Nutzung an.

Smartphones oder **Tablets** bzw. **Laptops** können das interaktive Whiteboard ergänzen, da mit bestimmten Apps z. B. Gruppenergebnisse, die auf einem mobilen Endgerät festgehalten wurden, vorne für alle sichtbar gemacht werden können. Darüber hinaus bieten diese individuellen digitalen Medien vielfältige Möglichkeiten für den Einsatz innerhalb und außerhalb des Unterrichts, z. B. das kompetitive Beantworten von Quizfragen mit der ganzen Lerngruppe, das Zugreifen auf eine Vielzahl von Online-Wörterbüchern, die Nutzung des Internets für Recherchen, aber auch die Aufnahme von Audio-, Video- und Foto-Dateien, mit denen sprachliche und/oder bildliche Produkte der Lernenden festgehalten und weiterbearbeitet werden können. Mit den Ablenkungsmöglichkeiten und aufgebrauchtem Datenvolumen, gerade bei der Nutzung eigener Geräte (*Bring Your Own Device = BYOD*), und fehlenden Updates oder leeren Akkus, v. a. bei Schulgeräten, gibt es jedoch auch viele Faktoren, an denen der zielgerichtete Einsatz im Unterricht scheitern kann.

Dass die **Neuen Medien** für Lehrkräfte ein **Potenzial** für die Unterrichtsvorbereitung und -durchführung bieten, ist unbestritten. Recherchemöglichkeiten sowie Programme zur Erstellung von Arbeitsblättern sind kaum mehr wegzudenken. Kooperationsmöglichkeiten mit anderen Lehrkräften durch Schulserver oder gemeinsame cloudbasierte Ordner mit Unterrichtsmaterialien bereichern ebenfalls bereits viele Schulen. Dass authentische Texte einfacher gefunden und gezeigt werden können, hat dabei für den Fremdsprachenunterricht einen besonders hohen Wert, ebenso wie die Möglichkeit per E-Mail, Chat, Videotelefonie etc. mit Erstsprachlerinnen und Erstsprachlern in Kontakt zu treten, auch wenn gerade kein reales Treffen möglich ist. Szenarien wie ein **Flipped Classroom**, auch „Inverted Classroom“ genannt, bei dem Lernende sich vor dem Unterricht z. B. durch ein Erklärvideo über die neuen Inhalte informieren, eröffnen neue Zeitfenster für die tatsächliche Anwendung der Sprache im Unterricht selbst. Dies wäre ein Beispiel für **Blended Learning**, das **E-Learning-Elemente** mit Präsenzphasen kombiniert. Die Zieltextformate der Lernenden haben sich durch die Neuen Medien ebenfalls vervielfacht, z. B. wenn selbst Videos gedreht und Blog- oder Wikieinträge verfasst werden, die wiederum per Kommentarfunktion zu einem schriftlichen Austausch anregen können. Durch digitale Möglichkeiten, die relativ einfach verschiedene Lernwege eröffnen können, kann somit Differenzierung erfolgen und zwar sowohl hinsichtlich der Lernangebote, z. B. verschiedene Textsorten, als auch hinsichtlich der Lernprozesse, z. B. unterschiedliche Hilfen, und der Lernprodukte, z. B. verschiedene Zieltextformate (vgl. Schmidt/Würffel 2018, 4). Zudem erfolgt z. B. bei Vokabellern-Apps oder Quiz-Apps eine direkte Rückmeldung, ob eine Antwort korrekt war oder nicht. Adaptive Programme oder Apps können darüber hinaus daran anknüpfend ein zu den vorherigen Ergebnissen passendes Angebot für die Lernenden bereitstellen, z. B. bei Phase 6 (siehe 3.3.1.7 „Verfügbarkeit sprachlicher Mittel"), wenn der zu lernende Wortschatz im digitalen Karteikasten je nach Erfolg bei der Nennung unterschiedlich in Zukunft häufig erneut abgefragt wird: seltener bei korrekter, häufiger bei fehlerhafter Nennung.

Es bleiben jedoch **viele Fragen ungeklärt**, z. B. bezüglich Gefahren wie Cybermobbing und Verletzungen des Datenschutzes. Wird der Flipped Classroom hauptsächlich für vorgelagerte Grammatikeinführungen genutzt, stellt dies hohe Anforderungen an die Lernenden, die sich neue Strukturen zu Hause selbstständig erschließen müssen. Quiz-Apps für die Vokabelabfrage bergen das Risiko, wieder zum Einzelwort zurückzukehren, weil es leichter einzugeben und abzuprüfen ist. Zudem ist die vermeintlich bessere Lernleistung nicht belegt. Die Abhängigkeit von der Technik steigt, wenn beispielsweise Lehrwerke nur noch per Tablet abgerufen werden und grundsätzlich könnte man sich die Frage stellen, wie sinnvoll es ist, Produkte der marktführenden Softwarefirmen in großem Umfang in die Schulen zu holen und sich damit gleichzeitig für längere Zeit an diese zu binden. Auch die Softwarebeschaffung sowie die IT-Administration ist an vielen Schulen noch nicht hinreichend geregelt, ebenso wenig wie die Fortbildung der Lehrkräfte, die die neuen Geräte bedienen und die Lernenden im mündigen Umgang mit diesen schulen können sollen.

Einige dieser Punkte soll der **„DigitalPakt Schule"** (Bundesministerium für Bildung und Forschung 2019; siehe 3.3.4 „Text- und Medienkompetenz (Sek. II)") bearbeiten, der fünf Milliarden Euro bereitstellt. Aus diesem Topf können Schulen mit einem entsprechenden Konzept Gelder abrufen, um WLAN einzurichten, interaktive Tafeln oder mobile Endgeräte anzuschaffen und eben auch um Lehrkräfte im zielgerichteten Einsatz dieser Neuen Medien auszubilden. Die Kultusministerkonferenz hatte 2016 bereits anvisiert, dass bis 2021 jede Lernende bzw. jeder Lernende jederzeit, wenn es aus pädagogischer Sicht sinnvoll ist, eine digitale Lernumgebung mit Internetzugang nutzen kann (vgl. KMK 2016, 11).

Die finanziellen Mittel allein reichen allerdings nicht aus. **Noch fehlt es an grundlegenden (fach-)didaktischen Konzepten**, um die Digitalisierung sinnvoll und zielführend nutzbar zu machen (vgl. Gloeckner 2019, 96). Entscheidend ist in jedem Fall festzuhalten, dass Lernen, auch wenn es mit digitalen Medien angeregt wird, weiterhin Anstrengung und Eigeninitiative erfordert (vgl. Zierer 2018, 64) und Medien immer nur eine dienende Funktion einnehmen. „Digitales Lernen“ ist insofern eigentlich ein sinnfreier Begriff, wie Werke wie *Kein Mensch lernt digital: Über den sinnvollen Einsatz neuer Medien im Unterricht* (2017) von Ralf Lankau thematisieren. Die Nutzung Neuer Medien an sich führt daher nicht zu besserem Unterricht, kann im Gegenteil sogar von Nachteil sein, wie Gerald Lembke und Ingo Leipner in *Die Lüge der digitalen Bildung: Warum unsere Kinder das Lernen verlernen* (2018) ausführen. Derzeit belegen Meta-Studien im Durchschnitt lediglich eine geringe Effektivität digital unterstützter Lernformate, was aber, wie gesagt, durch die wenig zielführende Nutzung bedingt werden kann (vgl. Schaumburg/Prasse 2019, 216). Es gilt somit, die neuen Möglichkeiten noch gezielter zu entdecken und zu systematisieren, ohne dabei – gerade im modernen Fremdsprachenunterricht – die direkte, zwischenmenschliche Interaktion zu vernachlässigen (vgl. Leupold 2007, 49; Zierer 2018, 81).

4.6 Texteinsatz

Texte sind für den Fremdsprachenunterricht von essenzieller Bedeutung, stellen sie doch neben der Lehrkraftsprache den zentralen zielsprachlichen Input für Lernende dar. Wie bereits bezüglich der Text- und Medienkompetenz betont (siehe 3.3.4), wird im modernen Fremdsprachenunterricht ein **weiter Textbegriff** zugrunde gelegt, demzufolge alle kohärenten, d. h. bedeutungstragenden, Zeichenverbünde als Text gelten. Daher werden verschiedene Rezeptionsarten benötigt, nämlich Hör-, Hörseh-, Lese-, Seh-Lese-Verstehen (siehe 3.3.1.1–3.3.1.3) sowie reines Sehverstehen, da auch Bilder ohne sprachliche Elemente zu den Texten zählen. Der Unterschied zwischen **kontinuierlichen**, d. h. ‚durchlaufenden‘, rein sprachlichen Texten, und **diskontinuierlichen Texten**, d. h. ‚unterbrochenen‘ mit bildlichem Anteil und rein bildliche Texte, ist in besagtem Kapitel ebenfalls bereits dargelegt worden. Es sei zudem daran erinnert, dass Texte **mündliche** und/oder **schriftliche Sprache** enthalten können und häufig – in Abgrenzung zur menschlichen Stimme – **medial**, d. h. durch ein Gerät wie einen Computer oder einen Gegenstand wie ein Buch **übermittelt** werden. Dieses Kapitel widmet sich dem Einsatz all dieser ‚fremden‘ Texte, sprich *nicht* denjenigen Texten, die Lernende selbst im Unterrichtskontext verfassen (für letztere siehe 3.3.1.5 „Schreiben“ und 3.3.4 „Text- und Medienkompetenz (Sek. II)“).

Eine weitere, aus fremdsprachendidaktischer Sicht bedeutsame Differenzierung ist darüber hinaus zwischen didaktischen, authentischen und didaktisierten Texten vorzunehmen: Ein **didaktischer Text** ist in der Zielsprache für den

Fremdsprachenunterricht verfasst worden. Dies sind v. a. Lektionstexte in Lehrwerken oder didaktischen Lektüren (siehe 4.5 „Medieneinsatz“), die einer lexikogrammatischen Progression folgen (siehe 3.3.1.7 „Verfügbarkeit sprachlicher Mittel“), d. h. die – in der Regel – erstsprachlichen Autorinnen und Autoren haben genaue Vorgaben, mit welchen lexikogrammatischen Einheiten sowie zu welchen Inhalten sie einen Text für die Lernenden verfassen sollen. Ein **authentischer Text** ist hingegen in der Zielsprache für einen außerschulischen Zweck verfasst worden. Autorin bzw. Autor muss nicht zwingend eine Erstsprachlerin oder ein Erstsprachler sein, sondern der Text könnte z. B. von einer Person erstellt worden sein, die z. B. nach Spanien immigriert ist und auf Spanisch von ihren Erfahrungen berichtet. Texte von Erstsprachlerinnen und Erstsprachlern werden jedoch aufgrund der in der Regel größeren sprachlichen Korrektheit und der idiomatischeren Sprech- bzw. Schreibweise verstärkt im Fremdsprachenunterricht eingesetzt. Wird ein thematisch passender authentischer Text gefunden, werden potenzielle Verständnisschwierigkeiten meist durch folgende Maßnahmen abgemildert:

- **situative Einbettungen bzw. Aufgabenstellungen**, die z. B. nur die Entnahme bestimmter, gut verständlicher Informationen fordern und damit die Auswahl eines entsprechenden Rezeptionsstils nahelegen, z. B. global oder selektiv (siehe 3.3.1.1 „Hörverstehen“, 3.3.1.2 „Hör-Seh-Verstehen“ und 3.3.1.3 „Leseverstehen“),
- das Hinzufügen von **Annotationen**, d. h. Vokabelerklärungen am Rand oder unter einem Schrifttext bzw. das Einblenden von Erklärungen in einem Video oder Film,
- das Ergänzen erklärender **Visualisierungen** wie Personenkonstellationen bei literarischen Texten oder Diagrammen bei Sach- und Gebrauchstexten sowie
- ggf. **Kürzungen** besonders schwer verständlicher Passagen, wobei – wenn ein Text nicht als Ganzsschrift eingesetzt wird – ohnehin meist nur Ausschnitte ihren Weg in den Unterricht finden (vgl. Böing 2012, 6).

Trotz all dieser Maßnahmen wird den Lernenden in diesen Fällen letztendlich ein Text(-ausschnitt) präsentiert, der dem Originaltext entspricht bzw. in diesem zu finden ist, so dass von der Begegnung mit einem authentischen Text(-ausschnitt) gesprochen werden kann. Werden hingegen durch **Vereinfachungen** Eingriffe in das Textmaterial vorgenommen, indem z. B. unbekannte Ausdrücke gestrichen oder durch bekannte bzw. leichter verständliche ersetzt werden, ist das Ergebnis ein **didaktisierter Text**. Bei Lektüren sind Ausgaben, die didaktisiert worden sind, meist an Kennzeichnungen wie „lectura fácil“ zu erkennen. Solch starke Eingriffe als eine „Kompromisslösung“ (Leitzke-Ungerer 2010, 14) verfolgen das Ziel, Lernenden früh Zugang zu diesen Texten zu verschaffen. Sie sollten jedoch nur in Ausnahmefällen genutzt werden, da sie eben keine Begegnung mit authentischer Sprache ermöglichen (vgl. hierzu Nieweler 2013, 22; Koch 2015b, 4–6; Sommerfeldt 2017, 153–154).

Statt den Text an die Lesenden anzupassen, ist es bei einem thematisch besonders interessanten, aber etwas komplexeren Text oft zielführender, **die Lesenden an den Text anzupassen** (vgl. Leisen 2009, 9), z. B. durch die bereits angeführten Maßnahmen wie entsprechende Aufgabestellungen, die das Rezeptionsinteresse fokussieren und einen passenden Rezeptionsstil herausfordern. Zentrale Funktionen der **Vor- und Während-Phase des methodischen Dreischritts** (siehe 3.3.1.1 „Hörverstehen", 3.3.1.2 „Hör-Seh-Verstehen" und 3.3.1.3 „Leseverstehen") beschäftigen sich daher mit diesen Zielen: In der Vor-Phase werden hilfreiches Vorwissen, relevante sprachliche Mittel und passende Schemata aktiviert, Antizipation sowie das Formulieren von Hypothesen ermöglicht; in der Während-Phase können folgende Elemente dienlich sein: passende Rezeptionsstrategien (siehe ebd.) sowie (farbliches) Markieren von ‚Verstehensinseln' – d. h. verstandenen Textteilen –, Hilfsmittel wie Wörterbücher oder (optionale) Hilfekarten sowie grundsätzliche Ambiguitätstoleranz, d. h. das Aushalten der Tatsache, dass nicht alles verstanden wird (vgl. Böing 2012, 6).

Eine weitere grundlegende Unterscheidung muss für den Fremdsprachenunterricht zwischen Sach- und Gebrauchstexten und literarischen Texten vorgenommen werden, wobei beide jeweils didaktisch, authentisch und didaktisiert sowie kontinuierlich und diskontinuierlich und mündlich oder schriftlich sein können (siehe 3.3.4 „Text- und Medienkompetenz (Sek. II)"). Beide werden meist medial übermittelt. **Sach- und Gebrauchstexte** streben nach „Eindeutigkeit und Klarheit", beziehen sich auf die reale Welt (vgl. Surkamp 2012, 80) und sind im Alltag höchstpräsent. Ihre Bewältigung ist im Sinne fremdsprachlicher Handlungsfähigkeit daher entscheidend. Unterschieden werden können bei Sach- und Gebrauchstexten z. B.

- **Informationstexte** wie Kinoprogramme, Reportagen, Diagramme, Tabellen, Speisekarten und Fahrpläne,
- **Appelltexte** wie Werbetexte, politische Reden und Stellenanzeigen,
- **Obligationstexte** wie Verträge und Garantiescheine,
- **Deklarationstexte** wie Ausweise, Gutachten und Zeugnisse,
- **Kontakttexte** wie E-Mails, Chats, Postkarten und Briefe,

wobei allerdings häufig Mischformen auftreten, wenn z. B. E-Mails, Verkehrsschilder, Kochrezepte, Aufbauanleitungen oder Lebensmittelverpackungen gleichzeitig informieren und appellieren (vgl. Brinker 1992, 125 sowie

Baurmann 2009, 13; Leisen 2009, 95; Böing 2012, 5; Nieweler 2017c, 217–218; für die korrespondierenden Arten des Schreibens und Zieltextformate siehe 3.3.1.5).

Im Fremdsprachenunterricht können Sach- und Gebrauchstexte, ebenso wie literarische, im Sinne des **generischen Lernens nach Hallet** (2016) (siehe 3.3.4 „Text- und Medienkompetenz (Sek. II)“) als **Modell** eingesetzt werden, damit die Lernenden im Anschluss selbst solche Texte unter Berücksichtigung der Textsortenmerkmale erstellen können. Ebenso sind jedoch andere Zielsetzungen denkbar, z. B. **interkulturelles Lernen** anhand von Werbetexten oder die **Informationsentnahme** aus einer Reisebroschüre. Letztere ließe sich z. B. in ein Rollenspiel in einem Reisebüro oder in die Planung einer (fiktiven) Klassenreise einbetten. Auch eine **Transformation** eines Textes in eine andere Textform, z. B. ein Diagramm in einen Zeitungsartikel ist zur Weiterarbeit mit den neu gewonnenen Informationen denkbar.

In Abgrenzung von Sach- und Gebrauchstexten sind **literarische Texte** durch **Fiktionalität** geprägt, d. h. sie beziehen sich nicht unmittelbar auf die reale Welt, sondern erschaffen eine eigene Wirklichkeit, sind also **selbstreferenziell**, was jedoch Bezüge auf die außerliterarische Welt nicht ausschließt (vgl. Bredella 2007, 52; Surkamp 2012, 80; Hallet 2015, 13–14). Zudem bieten literarische Texte verschiedene Deutungsmöglichkeiten, die Sinnbildungsprozesse rund um ihre Rezeption gelten somit nie als abgeschlossen (vgl. Surkamp 2012, 80). Wie ein Werk genau beschaffen sein muss, um über mehr oder weniger **Literarizität** zu verfügen, d. h. als literarischer Text gezählt zu werden, ist jedoch vielfach Anlass für Diskussionen – auch Werbetexte „haben oft einen hohen Grad an Literarizität“ (Steinbrügge 2016, 119). Damit einher geht auch die Debatte, welche Texte zur **Hoch-** und welche zur **Trivialliteratur** gehören. Prinzipiell eignen sich allerdings beide Literaturarten für den Einsatz im Fremdsprachenunterricht. Das tatsächliche Potenzial des Textes für den Fremdsprachenunterricht hängt – in beiden Fällen – allerdings stark von der Auswahl des konkreten Textes im Einklang mit den angestrebten Zielen ab (siehe unten).

Im Sinne des weiten Textbegriffes zählen zu literarischen Texten sowohl **Romane**, **Gedichte** und **Theaterstücke** als auch **Lieder** und Sprach-Bild-Kombinationen ebenso wie **Comics** und **Filme**. Es sei dennoch darauf hingewiesen, dass dies eine nicht unumstrittene Einteilung ist, da andere Autorinnen und Autoren v. a. Filme explizit *nicht* als Texte, sondern „von Texten begleitete bewegte Bilder – mit eigenen methodischen Herangehensweisen und ästhetischen Herausforderungen“ (Nieweler 2013, 24) bezeichnen. Comics enthalten jedoch ebenfalls Bilder und werden in besagten abweichenden Klassifikationen trotzdem als Texte aufgeführt. Unterschiedliche ästhetische

Herausforderungen stellt des Weiteren auch ein Roman in Abgrenzung zu einem Comic an die Rezipierenden, so dass die Gesamtkategorisierung als Text im Einklang mit dem weiten Textbegriff als zielführend erachtet wird.

Die **Vielfalt der** – in der fachdidaktischen Diskussion angeführten – **Gründe für den Einsatz von Literatur im Fremdsprachenunterricht** verdeutlicht bereits das breite Potenzial literarischer Texte für das Fremdsprachenlernen. Auch wenn sich einige der folgenden Argumentationsansätze zunächst zu widersprechen scheinen, haben doch alle für sich ihre Berechtigung, da sie schlichtweg unterschiedliche Aspekte des Literatureinsatzes beleuchten:

- **Bildungsargument**: Literatur wird zwar nicht mehr wie im Rahmen der an altsprachlichem Unterricht orientierten Grammatik-Übersetzungs-Methode primär aufgrund ihres bildenden Wertes eingesetzt, es kann aber argumentiert werden, dass die Kenntnis bestimmter literarischer Texte zur Allgemeinbildung gehört. Lernt jemand Spanisch, so muss der Klassiker *El ingenioso hidalgo Don Quijote de la Mancha* (1605/1615) von Miguel de Cervantes zwar sicherlich nicht im Detail gelesen und analysiert worden sein, die Lektüre eines Ausschnittes und das Wissen über Hintergrund und Handlung des Werkes ist allerdings erstrebenswert. Im Alltag verhilft dies zudem, intertextuelle Anspielungen, z. B. in der Werbung oder in Karikaturen, auf dieses zentrale Werk der spanischen Literatur zu erkennen sowie z. B. den Ausdruck „luchar contra molinos de viento“, der selbst im Deutschen mit „gegen Windmühlen kämpfen“ präsent ist, inklusive seines Ursprungs zu verstehen. Dennoch wird in den meisten deutschen Bundesländern keine Vorgabe mehr gemacht, welche konkreten literarischen Werke, sondern lediglich welche Textsorten für die Abiturprüfung verpflichtend gelesen werden müssen. Der Lehrkraft bietet dies mehr Spielraum und schließt die Behandlung von Klassikern keinesfalls aus (vgl. Voss 2014).
- **Psycholinguistische Argumente**: Wolff (2003b, 167–171) konstatiert darüber hinaus, dass drei Gründe für den Literatureinsatz im Fremdsprachenunterricht sprechen: Durch die **Alternativität**, d. h. durch die Abweichung von der Alltagssprache und durch die fiktionale Welt, erfolgt eine Entautomatisierung der Wahrnehmung und demnach eine bewusstere Aufnahme des Inhalts; die **Polyvalenz** von Literatur bezieht sich auf ihre Deutungsvielfalt und erlaubt bzw. fordert verschiedene Inferenz- und Verarbeitungsstrategien und somit eine individuelle Zugangsmöglichkeit für die Lernenden; das Angebot zur **Identifikation** mit literarischen Figuren birgt des Weiteren das Potenzial, die Gedächtnisleistungen der Lernenden zu verbessern, so dass sie Rezipiertes besser behalten.
- **Interkulturelles Lernen und Persönlichkeitsbildung**: Die Auseinandersetzung mit fremden Personen, Handlungen und Situationen erlaubt eine be-

wusste Reflexion, Erweiterung und Ausdifferenzierung eigener Werte und Einstellungen (vgl. Bredella 1985, 80–81; Thaler 2012, 258). Gerade die bezüglich interkultureller Kompetenz (siehe 3.3.2) bereits thematisierten Perspektivenwechsel, die eine kurzfristige Einnahme und anschließende Reflexion anderer Sichtweisen beinhalten, werden durch literarische Texte herausgefordert und haben ein bewusstmachendes Potenzial.

- **Literarische Erfahrungen**: Im Kontext des schulischen Lernens treten die Leselust und das ästhetische Erleben bei der Rezeption literarischer Texte zwar teilweise in den Hintergrund, gerade dieses prädestiniert Literatur jedoch für den Fremdsprachenunterricht, indem die Schülerinnen und Schüler lernen, bewusst mit Fiktionalität umzugehen, stilistische Mittel in ihrer Wirkungsweise zu verstehen, die Unabschließbarkeit von Sinnbildungsprozessen und die Deutungsvielfalt nachzuvollziehen sowie Vorstellungen von Gattungen und Genres sowie ein literaturhistorisches Bewusstsein aufzubauen (vgl. Spinner 2006, 8; zum literarästhetischen Lernen im Spanischunterricht vgl. auch Kräling/Martín Fraile 2015).
- **Strukturargument**: Laut Weinrich (1983, 204) besteht des Weiteren eine Ähnlichkeit zwischen dem literarischen Lesen in der Erstsprache und dem fremdsprachlichen Lesen generell. In beiden Fällen halten sich die Rezipierenden länger an der ungewohnten – da von der Alltags- bzw. Erstsprache abweichenden – Sprache auf, wodurch die Rezeptionsgeschwindigkeit verlangsamt und mehrfaches Lesen einer Textpassage bedingt wird. Weinrichs Plädoyer lautet, dass aus diesem Grund im Fremdsprachenunterricht literarische Texte gelesen werden sollten, da diese hochstrukturiert und es damit wert sind, langsam und mehrfach gelesen zu werden – anders als z. B. ein zur schnellen und einmaligen Rezeption vorgesehener Zeitungsartikel.

Diese unterschiedlichen Einsatzgründe zeigen ebenso wie die **sechs Dimensionen**, die Surkamp für **fremdsprachliche literarische Kompetenz** definiert, die Vielschichtigkeit und Komplexität des Umgangs mit Literatur auf: Surkamp betont, dass „eine **motivationale** bzw. attitudinale, eine **kognitive**, eine **affektive**, eine **reflexive**, eine **produktive** und eine **sprachlich-diskursive** Dimension“ (Surkamp 2012, 83; Hervorhebungen: C.K.) im Unterricht berücksichtigt werden müssen. Wie bezüglich der – auf überprüfbare Kompetenzen ausgerichteten – Bildungsstandards bereits dargelegt (siehe 1.1.3 „Bildungspolitische Vorgaben für das Fach Spanisch“), muss gerade hinsichtlich literarischen und interkulturellen Lernens der Tatsache Rechnung getragen werden, dass relevante Teilaspekte dieser Bereiche nicht im klassischen Sinne messbar sind. Sie sind aber „förderbar sowie zumindest teilweise beobachtbar und evaluierbar“ (Surkamp 2012, 85), so dass eine Einbindung in den Fremdsprachenunterricht möglich und sinnvoll ist. Gerade Emotionen stellen „eine unabdingbare Voraussetzung für die Verbindung eigener Erfahrungswelten mit literarischen Erfahrungswelten“ (Donnerstag/Bosenius 2000, 153) und damit für die Herstellung einer persönlichen Beziehung zu einem Text dar. Eine Einschränkung des Umgangs mit Literatur auf deren informationsentnehmende, kognitiv-analytische Erschließung, wie dies häufig in (Vorbereitung auf) Klausuren der Fall ist, verkennt somit das besondere Bedeutungspotenzial von Literatur sowie das subjektiv-individuelle Moment von Lern- und Bildungsprozessen (vgl. Surkamp 2012, 77–78).

Im Einklang mit der auf dem gemäßigten Konstruktivismus basierenden Lernerorientierung (siehe 2.2.1) ist die **Rezeptionsästhetik** die derzeit etablierte Herangehensweise, die diese vielschichtigen Ziele zu erreichen versucht. Damit steht nicht mehr (ausschließlich) der literarische Text im Zentrum, der eine vermeintlich feste Bedeutung innehat, „die durch eine ‚richtige‘ Interpretation zutage zu fördern ist“ (Hallet 2017b, 234). Die Rezeptionsästhetik geht davon aus, dass die Bedeutung eines Textes erst im **Dialog**, d. h. in **Interaktion**, zwischen der bzw. dem einzelnen Rezipierenden und dem Text Schritt für Schritt individuell konstituiert wird (vgl. Steinbrügge 2016, 107). Dies bedeutet jedoch keine Beliebigkeit der Deutungsmöglichkeiten, sondern der Text gibt einen **Realisierungsfächer** vor, im Rahmen dessen z. B. Unbestimmtheitsstellen oder Leerstellen gefüllt werden können. Eine **Unbestimmtheitsstelle** ist z. B. „una mujer hermosa“, weil jede bzw. jeder eine etwas andere Vorstellung von Schönheit hat und gleichzeitig über ein Konzept von gesellschaftlich als „schön“ Erachtetem verfügt. **Leerstellen** sind solche, in denen die Handlung z. B. mit dem Beginn einer Feier endet und dann am nächsten Tag wieder einsetzt; die Rezipierenden sind somit gefordert, die dazwischen stattgefundene Handlung selbst zu (re-)konstruieren. Dabei geht es immer auch um die Frage, welchen Beitrag der literarische Text – ganz pragmatisch gedacht – für die persönliche Entwicklung der Lernenden und die Ausbildung ihrer interkulturellen Handlungsfähigkeit leisten kann: Sie „helfen bei der Artikulation des eigenen Lebensgefühls und bieten den Lesern Modelle an, mit deren Hilfe sie ihre Wirklichkeit besser verstehen und deuten können“ (Bredella 2007, 50).

In methodischer Hinsicht hat die Rezeptionsästhetik prägend zur Entwicklung **handlungs- und produktionsorientierter Verfahren** beigetragen (siehe auch 2.2.4 „Handlungsorientierung“). Um einen **ganzheitlichen Umgang** mit literarischen Texten zu ermöglichen (siehe auch 2.2.5 „Ganzheitlichkeit“), werden primär analytische Verfahren nun durch **kreative und lernerorientierte Methoden** ergänzt (vgl. Surkamp 2012, 87). Dadurch werden v. a. die oben bereits benannten Dimensionen der Motivation, Affektion, Produktion und Reflexion gefördert. Wie bereits bezüglich Methoden (siehe 4.4) und Medien (siehe 4.5) mehrfach betont, gilt es auch hier, jeweils denjenigen Zugang zu wählen, der die spezifischen Lernziele (siehe 4.2) der Einheit bestmöglich zu erreichen vermag. Lernende werden somit im Unterricht zeitweise „– im weitesten Sinne – ästhetisch-künstlerisch tätig“ (Paefgen 2006, 137–138), indem sie z. B. ein (alternatives) Ende, eine Fortsetzung oder eine Vorgeschichte konzipieren, den Text aus der Perspektive einer anderen Figur erzählen, eine nur angedeutete Randfigur in das Zentrum einer neuen Geschichte stellen oder aber einen inneren Monolog, Brief, Tagebucheintrag oder ein Gespräch mit einer Figur entwerfen. Auch eine Collage zum Text, ein Parallel- oder ein Gegentext durch Veränderung der Struktur oder des Themas sowie die Transformation in eine andere Textsorte sind mögliche kreative Aufgabenstellungen, die die Beschäftigung mit dem Text intensivieren können (vgl. Sommerfeldt 2017, 161–162). Ebenso ist eine szenische Umsetzung denkbar oder die Erstellung eines **Standbildes**. Letzteres kann als Standbild („la imagen fija“) eines Filmes oder eine materielle Statue („la estatua congelada“) verstanden werden. Dabei setzt eine Gruppe von Lernenden die Interpretation eines literarischen Textes oder Textausschnitts visuell um, indem sie sich selbst so positioniert, dass beispielsweise die Figurenkonstellation sichtbar (Wer steht wem nahe?) oder die Stimmung transportiert wird (z. B. über Körperhaltung, Gestik und Mimik). Das Plenum kann zunächst beschreiben, was es sieht und Vermutungen anstellen, warum sich die Lernenden so positioniert haben. Ein – am Standbild selbst nicht beteiligtes – Gruppenmitglied kann die Intentionen der Gruppe anschließend mündlich vorstellen und erläutern. Das Plenum kann zudem den Lernenden, die Teil des Standbildes sind, Fragen stellen, z. B. wie sie sich in ihrer aktuellen Position fühlen. Um mehrere Standbilder zu vergleichen, können diese fotographisch festgehalten werden, sofern dafür eine Zustimmung der Beteiligten und ggf. auch der Erziehungsberechtigten vorliegt; es entfällt dann jedoch die Situation, dass eine Person aus der Position einer literarischen Figur antwortet. Letzteres könnte allerdings ebenfalls mithilfe der Methode **„Der heiße Stuhl“** („la silla caliente“) erfolgen, bei der eine Person die Rolle einer literarischen Figur einnimmt und die anderen Lernenden dieser Person Fragen stellen, die diese beantwortet. Beide Seiten sollten zuvor in Gruppenarbeit in sprachlicher wie in inhaltlicher Hinsicht vorbereitet werden, indem beispielsweise Argumente, je nach Text ggf. Rechtfertigungen oder Erklärungsansätze, sowie Fragen gesammelt werden. All diese Verfahren können als „implizit-analytisch“ bezeichnet werden, sie werden aber in der Regel in der **Nach-Phase** angewandt und somit nachdem bereits eine explizite Analyse des Textes erfolgt ist. Deren Ergebnisse bilden dann die Grundlage für die kreativen Ausgestaltungen (zur Einteilung in Vor-, Während- und Nach-Phase siehe 3.3.1.1 „Hörverstehen“, 3.3.1.2 „Hör-Seh-Verstehen“, 3.3.1.3 „Leseverstehen“).

Trotz aller Lernerorientierung sollte des Weiteren bei all den genannten Verfahren stets darauf geachtet werden, dass literarische Texte als das Gesamtkunstwerk, als welches sie geschaffen wurden, wertgeschätzt werden. Unabhängig davon, warum oder mit welchen Methoden literarische Texte im Unterricht eingesetzt werden, sollte ihre unterrichtliche **Behandlung stets integriert sowohl auf sprachlicher und thematisch-inhaltlicher als auch auf textbezogener Ebene** erfolgen (vgl. z. B. Nieweler 2013, 23; Sommerfeldt 2017, 157). Letzteres impliziert z. B. die Machart in Form von textsortenspezifischen oder -typischen Merkmalen (Was macht die Textsorte aus?) und ihrer ästhetischen Wirkung auf die Rezipierenden, z. B bei Comics der Sprache-Bild- oder bei Liedern der Sprache-Musik-Bezug.

Bei der **Auswahl des passenden literarischen Textes** ist in der Schulpraxis meist das Thema der Ausgangspunkt, ebenso kann jedoch die Eignung hinsichtlich der oben genannten Gründe für den Einsatz maßgeblich sein. Des Weiteren muss stets der sprachliche (und textbezogene) **Schwierigkeitsgrad** Berücksichtigung finden. Bei der konkreten Auswahl des zu lesenden Textes ist zudem die Möglichkeit der individuellen Lektüre, gerade in motivatorischer Hinsicht, nicht zu unterschätzen. Lernende können z. B. durch einen von der Lehrkraft zu einem gemeinsamen Oberthema zusammengestellten **Lesekoffer** das Werk aussuchen, mit dem sie sich die nächsten Wochen beschäftigen möchten (vgl. v. a. Kräling/Löchel 2008) – dies funktioniert ebenso mit Comics, Videos oder Filmen. Die Texte in dem Koffer könnten von der Lehrkraft mit farbigen Klebepunkten zusätzlich bezüglich des Schwierigkeitsgrades markiert werden, ansonsten wählen die Lernenden primär nach Interesse aus. Je nach Länge der Texte können immer wieder kleine Plenumsphasen oder eine abschließende Präsentation nach bestimmten Vorgaben zu Länge, Inhalt und Form für eine gezielte Zusammenführung der verschiedenen Textbeiträge zum Gesamtthema eingeplant werden (vgl. Sommerfeldt 2017, 164).

Mit solchen Projekten kann **Literatur bereits von Anfang an in den Spanischunterricht** eingebunden werden: Lernende erhalten auf diese Weise früh das Erfolgserlebnis, einen authentischen literarischen Text verstehen zu können. Des Weiteren wird damit vorausschauend ein möglicher „Literaturschock“ beim Übergang von der lehrwerkbasierten Spracherwerbsphase in den primär thematisch-orientierten Unterricht abgemildert. Passende literarische Texte können zu Beginn beispielsweise (visuelle) Gedichte (vgl. z. B. del Valle Luque 2018), Kurzgeschichten (vgl. z. B. Rössler 2009c) oder Kurzfilme (z. B. Koch 2013b) sein.

4.7 Klassenraumsprache

Wie in Bezug auf die Entwicklung der Methodik im Fremdsprachenunterricht bereits erwähnt (siehe 2.1), gilt aktuell die **„aufgeklärte Einsprachigkeit“** (Butzmann 1973) als weitgehend konsensueller Sprachverwendungsansatz im modernen Fremdsprachenunterricht – Butzkamms späterer Vorschlag des Begriffs „funktionale Fremdsprachigkeit“ (Butzkamm 2003, 183), der das Gleiche meint, hat sich nicht durchgesetzt. Aufgeklärte Einsprachigkeit bedeutet zunächst einmal, dass **so viel wie möglich in der Zielsprache** gesprochen wird. Neben einem hohen zielsprachlichen Sprechanteil der Lernenden mit sinnhaften Sprechanlässen (siehe 3.3.1.4 „Sprechen“) ist folglich die möglichst konsequente Verwendung der Zielsprache als Unterrichtssprache eine weitere zentrale Säule der systematischen Sprechförderung im Fremdsprachenunterricht (vgl. Plikat 2012, 6–7). Die Erstsprache der Lernenden wird aber als „Aktivposten“ (Butzkamm 2003, 174) genutzt. Wie bei allen mehrsprachigkeitsorientierten Verfahren (siehe 2.2.8) dient die Erstsprache als Referenz für den Erwerb des Spanischen als neue Zielsprache. In dieser Funktion muss sich das Hinzuziehen des Deutschen jedoch nicht auf die Unterrichts- oder Verkehrssprache auswirken, da Vergleiche mit dem Deutschen auf Spanisch erfolgen können, z. B. „En alemán se dice ‚Hund‘“. Die Sprache, in der diese Äußerung getätigt wird, bleibt somit das Spanische. Mit dem Ziel, von Anfang an so viel wie möglich und mit zunehmendem Niveau der Lernenden immer mehr in der Zielsprache aushandeln zu können, kann insbesondere zu Anfang allerdings auch **in klar begrenzten Phasen nach vorheriger Ankündigung** aus Zeitökonomie oder Verständlichkeitsgründen etwas auf Deutsch besprochen werden. Ein **Sprachwechsel ins Deutsche** ist demnach anders als bei der „absoluten Einsprachigkeit“ bei der „aufgeklärten“ nicht ausgeschlossen. Auch eine Nutzung des Deutschen im **Sandwichverfahren** (Butzkamm 2003, 182–183) ist denkbar: „¡Sentaos! Setzt euch! ¡Sentaos!“ – idealerweise ergänzt durch eine entsprechende Geste. Diese Art der Dopplung sollte jedoch nicht überstrapaziert und nur zur ersten Einführung verwendet werden, stellt sie doch zum einen keinen natürlichen Sprachgebrauch dar und birgt zum anderen die Gefahr, dass sich Lernende irgendwann darauf verlassen, dass die Übersetzung folgt. Wann ein Ausweichen ins Deutsche im Spanischunterricht für die Lehrkraft sinnvoll erscheint, ist letztendlich eine individuelle Entscheidung (vgl. Königs 2015, 12), die grundlegend von den vorherigen Diagnoseergebnissen (siehe 3.1) und ihrer Berufserfahrung abhängt. Ziel sollte es erst einmal sein, dass sowohl die Lehrkraft als auch die Lernenden möglichst viel Spanisch im Unterricht sprechen, wobei die Besonderheit des Fremdsprachenunterrichts darin besteht, dass die Sprache gleichzeitig der Lerngegenstand und das zum Erlernen und Vermitteln genutzte Kommunikationsmittel ist (vgl. De Florio-Hansen 2019, 260).

Von Seiten der Lehrkraft braucht es dafür zunächst das notwendige sprachliche Niveau. Für **flexibles, spontanes Agieren und Reagieren ist mindestens das Niveau C1** von Nöten (vgl. Weidemeyer 2014, 85; Thaler 2014, 15). Die Sprache der Lehrkraft dient in ihrer primären Funktion der Instruktion und Kommunikation sowie als **Vorbild**, denn die Fremdsprachenlehrkraft ist in der Regel die zentrale Referenz, die die Lernenden in Sachen Aussprache, Stil, Wortschatz, Syntax, Grammatik, Register etc. am nachhaltigsten prägt.

Abgesehen von Korrektheit und Angemessenheit fragen sich viele Lehrende, deren Erstsprache Spanisch ist oder die durch einen längeren Aufenthalt in einem spanischsprachigen Land eine entsprechende Prägung erhalten haben, ob sie in einem lehrwerkbasierten Unterricht **eine andere Standardvarietät des Spanischen als kastilisches Spanisch** sprechen dürfen, welches die deutschen Spanischlehrwerke als Norm nutzen (vgl. Leitzke-Ungerer 2010, 42). Häufig fällt die Wahl auf das *español castellano* als Unterrichtssprache,

- um die Lernenden (zu Beginn) nicht zu verwirren,
- ihnen die geographisch nächste und ggf. mit einem Schulaustausch verbundene Standardvarietät beizubringen sowie
- weil das kastilische Spanisch – trotz Plurizentrik und prinzipieller Gleichstellung aller Standardvarietäten (siehe 3.3.6 „Sprachbewusstheit (Sek. II)") – häufig als akademische Norm gilt (vgl. Polzin-Haumann 2005, 278) und
- ein Einklang mit dem Lehrwerk hergestellt werden soll.

Es ist jedoch festzuhalten, dass sich diese Varietät aus linguistischer Sicht im Vergleich zu den anderen Standardvarietäten nicht mehr oder weniger gut eignet, um Lernende auf Kontaktsituationen mit *hispanohablantes* vorzubereiten. Gerade weil das kastilische Spanisch nach wie vor als Norm zu gelten scheint, ist überdies wichtig zu betonen, dass es im spanischsprachigen Raum – anders als im deutschsprachigen – eben **kein „Hochspanisch"** (Mateos Ortega 2016, 91) gibt. Spricht die Lehrkraft somit selbst eine andere Standardvarietät, ist die authentischste Situation für den Unterricht, dass die Lehrkraft eben diese Varietät spricht. Mateos Ortega (2016, 85) plädiert dabei dafür, sowohl diese Abweichung vom Lehrwerk als auch das Kennenlernen weiterer Varietäten bei einem Lehrkraftwechsel als Reichtum zu verstehen. Der Vorschlag, ein *español neutro* im Spanischunterricht einzusetzen, das keiner tatsächlich existenten Varietät entspricht, ist aufgrund der Künstlichkeit und Inkohärenz sowie aufgrund des fehlenden Identifikationspotenzials abzulehnen (vgl. Polzin-Haumann 2005, 283; Moreno Fernández 2010, 66). Eine Lehrkraft zu ‚zwingen', kastilisches Spanisch zu sprechen, obwohl dieses nicht der eigenen Standardvarietät entspricht, bezeichnet Moreno Fernández (2010, 167) zudem als „una muestra de completa ignorancia o desconocimiento del funcionamiento de las normas cultas del español" und damit als politisch nicht korrekt. Wird eine vom Lehrwerk abweichende Standardvarietät genutzt, sollte den Lernenden dies zu Beginn transparent und immer wieder bewusstgemacht werden, denn wünschenswert wäre, dass die Lernenden *eine* Standardvarietät produktiv verwenden, d. h. entweder das kastilische Spanisch oder die abweichende Lehrkraftvarietät, jedoch keine Mischung, da dies ebenfalls keiner tatsächlichen Norm entsprechen würde. Gerade bei grundlegenden grammatischen Phänomenen wie dem *voseo* muss die Lehrkraft im Vorfeld genau überlegen, welche Form die Lernenden verwenden sollten und wie mit dem abweichenden Input der anderen ‚Quelle' umgegangen wird, denn publizierte Vorschläge dazu existieren bisher nicht. Der GeR (2001, 120) sieht erst ab dem Niveau B1 das Hinzuziehen anderer Varietäten vor, um Verwirrungen zu vermeiden. Punktuell andere Varietäten, z. B. über authentische Texte, hinzuziehen und damit frühzeitig ein Verständnis für die Plurizentrik und eine rezeptive Varietätenkompetenz anzubahnen, erscheint allerdings wenig vermischungsanfällig, wird ja, in diesen Fällen, wie beim Hinzuziehen des Deutschen als Referenz (siehe oben) – die verwendete Unterrichtsvarietät nicht verändert (vgl. Koch 2017d, 40).

Welche Varietät die Lehrkraft im Unterricht auch spricht, das Ziel ist stets, die **Komplexität der Lehrkraftsprache dem jeweiligen Niveau der Lerngruppe anzunähern** – leicht über dem Niveau der produktiven funktional kommunikativen Kompetenz der Lernenden sollte sie jedoch liegen, um neue Lernanreize zu schaffen. Verfügt die Lehrkraft über das geforderte C1-Niveau, besteht die Herausforderung meist an der zeitweisen Vereinfachung der eigenen Sprache, um sich gerade gegenüber Anfängerinnen und Anfängern verständlich zu machen. Dafür kann zunächst die Sprechgeschwindigkeit herabgesetzt, mehr Pausen eingeschoben, aber ebenso die Satzlänge kurzgehalten und strukturelle Komplexität reduziert werden (vgl. Thaler 2014, 16). Ob ein sogenanntes **„Lehrerecho"** zum Einsatz kommen sollte, ist umstritten. Damit ist die exakte Wiederholung einer zuvor geäußerten Lernendenaussage gemeint, die nicht der natürlichen Kommunikation entspricht und eine mangelnde Wertschätzung der Lernendenäußerung suggerieren kann. Vorteile des Lehrerechos sind jedoch die ggf. für alle noch einmal hörbare Vermittlung der Äußerung, die als erneutes Hören auch einen Beitrag zur Memorierung leisten kann und den Lernenden die Korrektheit der Äußerung bestätigt. Wird die Lernendenäußerung leicht modifiziert, indem z. B. ein Fehler in der Lehrerfassung korrigiert wird, handelt es sich streng genommen nicht mehr um ein „Echo". In diesem Falle erfüllt die Lehrkraftäußerung eine Korrekturfunktion.

Da die Lehrkraft – von Leistungskursen einmal abgesehen – meist in all ihren Unterrichtsstunden eine auf die Lernenden abgestimmte Sprechweise nutzt und ihr primärer Kontakt mit der Zielsprache in der Regel im Gespräch mit den Lernenden erfolgt, ist die Lehrkraftsprache gleichzeitig ‚in Gefahr'. Um die Verfestigung eines *classroom pidgin* (Weidemeyer 2014, 90) zu vermeiden und **das eigene Sprachniveau zu erhalten und ggf. noch weiter auszubauen**, ist Eigeninitiative und kontinuierliche Selbstdisziplin vonseiten der individuellen Lehrkraft gefragt. Das Rezipieren von Zeitungen, Romanen, Serien, Filmen, Videos, Podcasts, Radiosendungen, Comics etc. ist ein sinnvoller und mithilfe des Internets leicht realisierbarer Weg. Dieser sollte allerdings durch produktive Kommunikationsmöglichkeiten ergänzt werden, z. B. im Rahmen von Auslandsreisen oder persönlichen oder medialen Kontakten zu Erstsprachlerinnen und Erstsprachlern am Wohn-/Dienstort, z. B. in Form von Tandempartnerschaften. Auch Sprachkurse oder Kommunikationsgruppen mit anderen Lehrkräften sind denkbar (vgl. Massler 2013, 38-39).

Damit die Lernenden im Spanischunterricht möglichst viel in der Zielsprache sprechen, ist zunächst einmal von Anfang an transparent zu machen, dass genau darin das Ziel besteht. Es gibt also die Regel, dass erst einmal ausschließlich Spanisch gesprochen wird – mit definierten Ausnahmen, die jedoch von der Lehrkraft ‚genehmigt' werden müssen. Die **Gründe für das Ausweichen ins Deutsche auf Lernendenseite** sind vielfältig: Zunächst einmal ist es für Lernende, z. B. in einer Gruppenarbeit, schlichtweg ungewohnt, mit ihren Klassenkameradinnen und -kameraden auf Spanisch zu sprechen. Dies gilt es durch Gewöhnung so weit wie möglich zu minimieren. Ein zweiter Grund ist meist die Angst davor, Fehler zu machen (siehe 3.3.1.4 „Sprechen"). Diese gilt es durch das Schaffen eines freundlichen und kooperativen Lernklimas abzuschwächen, indem Fehler als natürlicher Teil des Spracherwerbsprozesses gesehen werden. Situationen, in denen Lernende ausgelacht oder gehänselt werden, sind aus diesem Grund unmittelbar zu unterbinden. Des Weiteren können explizit ausgewiesene bewertungsfreie Phasen einigen Lernenden Mut zur aktiven Beteiligung machen. Der dritte Grund für das Ausweichen ins Deutsche ist meist, dass die sprachlichen Mittel fehlen, um die Aussageintention auf Spanisch umzusetzen. Liegt dies im grundsätzlichen Gegensatz des kognitiven und sprachlichen Niveaus, gerade im spätbeginnenden Spanischunterricht, sind bei inhaltlich bedeutsamen Themen Phasen auf Deutsch denkbar, z. B. Reflexionsphasen. Prinzipiell gilt jedoch auch hier, dass ein Maximum in der Zielsprache ausgehandelt werden sollte und dafür benötigen die Lernenden schlichtweg die sprachlichen Mittel, sowohl thematisch – und damit immer wieder neu – als auch für den grundlegenden **Klassenraumdiskurs**.

Für letzteren gilt es, mit den Lernenden gemeinsam **Standardsituationen** zu besprechen, die im Unterricht immer wieder auftauchen. Das können Anweisungen wie „¡Bajad la voz, por favor!", Impulse wie „Imaginaos …" und Fragen „¿Cómo se dice …?" der **Lehrkraft** sein, aber ebenso Sprechanlässe der **Lernenden**, z. B. Rückfragen wie „¿En qué página estamos?", Entschuldigungen wie „Perdón, no tengo mis deberes" oder Fragen an Klassenkameradinnen und -kameraden wie „¿Me dejas un marcador/tu sacapuntas ...?". Es kann somit **gemeinsam mit den Lernenden eine Übersicht über die wichtigsten Sätze** erarbeitet werden, die anschließend sukzessive ergänzt und ausdifferenziert werden soll, z. B. durch die zusätzliche Angabe, warum man die Hausaufgaben vergessen hat. Im ersten Lernjahr ist es darüber hinaus möglich, Ausdrücke als feste, intransparente Einheiten zu vermitteln, z. B. „¡Prestadme atención!", auch wenn Lernende diese Struktur sprachlich noch nicht durchblicken können. Zunächst reicht in diesem Fall, dass sie die Bedeutung, d. h. die kommunikative Funktion, im Unterrichtsgeschehen verstehen. Die Lehrkraft und die Lernenden sind nach Erstellen einer Übersicht aufgefordert, die bereits eingeführten Phrasen konsequent im Unterricht zu verwenden. Sollte eine Lernende bzw. ein Lernender doch einmal etwas von der Übersicht auf Deutsch äußern, kann z. B. auf einen entsprechenden Aushang im Klassenzimmer verwiesen werden. Zusätzlich zu einem solchen Plakat sollten die Lernenden die sprachlichen Mittel zudem in ihrem Heft oder Hefter bei sich haben (vgl. Lützen 2003, 22–23).

Wie diese Übersicht aussieht – ob Liste, Tabelle oder Mind-Map-Struktur, mit oder ohne Bilder, mit oder ohne deutsche Übersetzung – sollte im Einklang mit der sonstigen Wortschatzarbeit erfolgen. **Bilder** haben meist den Vorteil, dass sie eine schnelle Semantisierung und Erinnerungsstütze bieten können. Sie müssen allerdings gut gewählt sein, da uneindeutige Bilder eher verwirren, als dass sie unterstützen. Im Vorschlag von Lützen (2003, 21) sind z. B. einige sinnvolle Bilder zu finden, beispielsweise für „¿Puedo ir al baño, por favor?", auf dem ein Lernender offenbar dringend zur Toilette gehen muss. Allerdings sind viele Bilder der gleichen Übersicht zu uneindeutig. Drei der Abbildungen zeigen einen ratlosen Schüler ohne weitere Attribute. Die Zuordnung zu den Sätzen „¿Cómo se dice ... en español?", „¿Qué es ... en alemán?" und „¿Puede(s) hablar más alto, por favor? / ¡Otra vez, por favor!" ist folglich weder eindeutig möglich noch hilft das Bild zur späteren Reaktivierung des zugehörigen Ausdrucks. Ebenso erscheinen die Visualisierungen von „un lápiz", „una hoja" etc. in Wirtz-Kaltenberg (2012b, 15) sinnvoll, wenig zielführend ist jedoch eine Visualisierung, die suggeriert, dass jemand erst fragt, ob er den Raum verlassen darf, wenn er dies schon getan hat, bzw. dass jemand sich sprachlich entschuldigt, spät zu sein, weil der Bus Verspätung hatte, auf dem Bild aber kein Bus (sondern ein Wecker) zu sehen ist. Hier gilt es somit eine sorgfältige Auswahl zu treffen und nicht gezwungenermaßen *alle* Ausdrücke visualisieren zu wollen (für eine umfangreiche, nach Kategorien sortierte Auflistung möglicher Klassenraumphrasen für den Spanischunterricht vgl. z. B. Imedio Murillo/Arencibia Guerra 2016).

Zusammenfassung

Als **Vorbereitung** der Unterrichtsplanung muss sich die Lehrkraft einen Überblick über die Lerngruppe, die für sie geltenden bildungspolitischen Vorgaben (Kompetenzerwartungen) und den Unterrichtsgegenstand machen. In der Regel wird grob das ganze Schuljahr geplant, bevor anschließend, vom Großen zum Kleinen, eine Unterrichtsreihe, dann eine -sequenz und schließlich eine Einheit in den Blick genommen werden.

Anschließend werden konkrete (Fein-)**Lernziele** für die einzelnen Einheiten konzipiert, die in jedem Fall so operationalisiert sein müssen, dass ihre Erreichung im Unterricht überprüft werden kann.

Bei der **Phasierung** einer Unterrichtseinheit kann vor dem klassischen Dreischritt – Einstieg, Erarbeitung, Sicherung – noch eine sprechaktivierende ‚Aufwärmphase', ein *calentamiento*, auch *encarrilamiento* genannt, stattfinden, damit die Lernenden in der Sprache ‚ankommen'.

Welche **Methoden** und **Medien** eingesetzt werden, hängt schließlich von den Lernzielen ab, denen beide in dienender Funktion unterzuordnen sind. Bei den Medien eignet sich eine Kombination aus ‚alten' und Neuen Medien, die jeweils ganz spezifische Potenziale aufweisen.

Texte, die als zentraler Input neben der Lehrkraftsprache den Unterricht bestimmen, können in didaktische, authentische und didaktisierte Texte unterschieden werden, wobei gerade der zunehmende Einsatz authentischer Texte mit entsprechenden Hilfestellungen sinnvoll ist. Dabei ist eine gesunde Mischung zwischen Sach- und Gebrauchs- sowie literarischen Texten zu erreichen. Während erste primär auf alltagssprachliche Kommunikationssituationen in mündlicher oder schriftlicher Form vorbereiten, bieten literarische Texte u. a. durch das Schaffen einer fiktiven Welt Reflexions- und Diskussionsanlässe sowie vielfältiges Potenzial zur Förderung aller Kompetenzbereiche und zur persönlichen Entwicklung.

Damit der Fremdsprachenunterricht im Sinne der „aufgeklärten Einsprachigkeit" möglichst zielsprachig – mit einigen bewusst gewählten deutschen Exkursen – ablaufen kann, benötigen Lehrkraft wie Lernende eine Übersicht mit den wichtigsten **Klassenraumausdrücken**. Die Lehrkraft ist zudem dafür verantwortlich, ihre eigene Sprachvarietät für den Unterricht auszuwählen, ihr Sprachniveau flexibel an die unterschiedlichen Lernendengruppen anzupassen und ihre eigenen sprachlichen Fähigkeiten kontinuierlich zu erhalten bzw. ggf. auch weiter auszubauen.

Weiterführende Literatur: Azadian, Ramin (2016): Erste Hilfe für das Referendariat und die Berufseinstiegsphase Spanisch. Stuttgart. **Böing, Maik (2012):** Sachtexte im Französischunterricht: Herausforderungen – Potenziale – Einsatzmöglichkeiten. In: Der Fremdsprachliche Unterricht Französisch, H. 120, S. 2–11. **Imedio Murillo, María Eloísa/Arencibia Guerra, Lastenia (2016):** Unterricht – Español; Español – Unterricht. Unterricht sicher in der Zielsprache gestalten. Berlin. **SECo = Sächsisches E-Competence Zertifikat/Döring, Sandra (2010):** Formulierung von Lernzielen: Didaktische Handreichung. https://tu-dresden.de/mz/ressourcen/dateien/services/e_learning/didaktische-handreichung-formulierung-von-lernzielen-aus-dem-projekt-seco?lang=de (Zugriff: 01.12.2019). **Surkamp, Carola (2012):** Literarische Texte im kompetenzorientierten Fremdsprachenunterricht. In: Wolfgang Hallet/Ulrich Krämer (Hrsg.): Kompetenzaufgaben im Englischunterricht. Grundlagen und Unterrichtsbeispiele. Seelze, S. 77–90.

Bibliographie

Académie de Lyon (2015): Des chiffres en Bref. http://cache.media.education.gouv.fr/file/chiffres/13/3/LV_ChiffresBrefs2015_527133.pdf (Zugriff: 01.12.2019).

Acquaroni Muñoz, Rosana (2008): La incorporación de la competencia metafórica (CM) a la enseñanza-aprendizaje del español como segunda lengua (L2) a través de un taller de escritura creativa: estudio experimental. http://eprints.ucm.es/8598/1/T_30794.pdf (Zugriff: 01.12.2019).

Aitchison, Jean (1997): Wörter im Kopf. Eine Einführung in das mentale Lexikon. Tübingen.

ALA = Association for Language Awareness (o. J.): About. https://www.languageawareness.org/?page_id=48 (Zugriff: 01.12.2019).

Allwermann, Barbara (2019): Texte einfach schreiben können. Schreibkompetenz Schritt für Schritt aufbauen. In: Der Fremdsprachliche Unterricht Spanisch, H. 157, S. 2–8.

Alter, Grit (2017): Heterogenität. In: Surkamp, Carola (Hrsg.): Metzler Lexikon Fremdsprachendidaktik: Ansätze – Methoden – Grundbegriffe. Stuttgart, S. 124–125.

Ambassade de France en Espagne (2014): La place de l'espagnol dans l'enseignement des langues en France. https://es.ambafrance.org/La-place-de-l-espagnol-dans-l (Zugriff: 01.12.2019).

Aronson, Elliot/Blaney, Nancy/Sikes, Jev/Snapp, Matthew/Stephan, Cookie (1978): The Jigsaw Classroom. Beverly Hills, California.

Arriagada, Melanie/Bondonno, Denise/Bothmann, Cathrin/Cardente Aspiroz, Leticia/Cid Sánchez, Celia/Heinen-Ludzuweit, Kerstin-Sabine/Morón Garazán, Ruth/Pérez, Lucile (2018): ¡Vamos! ¡Adelante! Paso a nivel. Stuttgart/Leipzig.

Azadian, Ramin (2016): Erste Hilfe für das Referendariat und die Berufseinstiegsphase Spanisch. Stuttgart.

Baar, Robert/Schönknecht, Gudrun (2018): Außerschulische Lernorte: didaktische und methodische Grundlagen. Weinheim/Basel.

Bach, Gerhard/Timm, Johannes-Peter (2009): Handlungsorientierung als Ziel und Methode. In: dies. (Hrsg.): Englischunterricht: Grundlagen und Methoden einer handlungsorientierten Unterrichtspraxis. Tübingen/Basel, S. 1–22.

Bär, Marcus (2012a): English-Español – eine Sprachkombination im Aufwind. Ist und Soll der Verzahnung im Unterricht. In: Leitzke-Ungerer, Eva/Blell, Gabriele/Vences, Ursula (Hrsg.): English–Español: Vernetzung im kompetenzorientierten Spanischunterricht. Stuttgart, S. 35–51.

Bär, Marcus (2012b): Einführung in die (romanische) Mehrsprachigkeitsdidaktik. In: Hildenbrand, Elke/Martin, Hannelore/Vences, Ursula (Hrsg.): Mehr Sprache(n) durch Mehrsprachigkeit. Erfahrungen aus Lehrerbildung und Unterricht. Berlin, S. 7–22.

Bärenfänger, Olaf (2013): Die nationalen Bildungsstandards: Überlegungen zum Spannungsfeld von Bildungspolitik, Sprachenpolitik und schulischer Wirklichkeit. In: Die Neueren Sprachen 4, S. 24–36.

Bärenfänger, Olaf (2016): Die Skalen des Gemeinsamen europäischen Referenzrahmens für Sprachen im Praxistest: Eine empirische Studie zur Validität des Referenzrahmens. In: Zeitschrift für Fremdsprachenforschung 27, H. 1, S. 59–76.

Bärenfänger, Olaf/Harsch, Claudia/Tesch, Bernd/Vogt, Katrin (2018): Reform, Remake, Retousche? – Diskussionspapier der Deutschen Gesellschaft für Fremdsprachenforschung zum Companion to the CEFR (2017). In: Zeitschrift für Fremdsprachenforschung 30, H. 1, S. 3–9.

Balser, Joachim/Grimm, Alexander/Jorißen, Catherine/Kolacki, Heike/Lützen, Ulrike (2008): ¡Apúntate! Método de español 1. Berlin.

Balser, Joachim/Calderón Villarino, Isabel/Grimm, Alexander/Kolacki, Heike/Lützen, Ulrike (2016): ¡Apúntate! Nueva edición 1. Berlin.

Barquero, Antonio/Bizama, Liliana/Corpas, Jaime/Crovetto-Bizama, Pedro/Díaz Gutiérrez, Eva/Jeske, Claire-Marie/ Jiménez Romera, Alicia/ Navarro, Javier/Pardellas Velay, Rosamna (2011): ¡Adelante! Nivel intermedio. Spanisch als neueinsetzende Fremdsprache. Stuttgart.

Bauer, Joachim (2007): Lob der Schule. München.

Baurmann, Jürgen (2009): Sachtexte lesen und verstehen. Grundlagen – Ergebnisse – Vorschläge für einen kompetenzfördernden Unterricht. Seelze.

Bausch, Petra (2005): Positivkorrektur: Corrigez et commentez avec un sourire. In: Der Fremdsprachliche Unterricht Französisch, H. 78, S. 8–11.

Bausinger, Hermann (1988): Stereotypie und Wirklichkeit. In: Jahrbuch Deutsch als Fremdsprache 14, Heidelberg, S. 157–170.

Bayrische Staatskanzlei (2016): Bayerische Schulordnung (BaySchO) vom 1. Juli 2016 (GVBl. S. 164, 241, BayRS 2230–1–1–1–K), die zuletzt durch § 1 Abs. 207 der Verordnung vom 26. März 2019 (GVBl. S. 98) geändert worden ist. https://www.gesetze-bayern.de/Content/Document/BaySchO2016/true (Zugriff: 01.12.2019).

Bechtel, Mark (2015a): Das Bremer Schulbegleitforschungsnetzwerk ‚Fördern durch Aufgabenorientierung': Ziele – Struktur – Verlauf. In: Bechtel, Mark (Hrsg.): Fördern durch Aufgabenorientierung: Bremer Schulbegleitforschung zu Lernaufgaben im Französisch- und Spanischunterricht der Sekundarstufe I. Frankfurt a. M., S. 17–41.

Bechtel, Mark (2015b): Das Konzept der Lernaufgabe im Fremdsprachenunterricht. In: Bechtel, Mark (Hrsg.): Fördern durch Aufgabenorientierung: Bremer Schulbegleitforschung zu Lernaufgaben im Französisch- und Spanischunterricht der Sekundarstufe I. Frankfurt a. M., S. 43–82.

Bernecker, Walther L. (2006): Zur Entwicklung des Spanischen in der Bundesrepublik Deutschland. In: Martinez, Hélène/Reinfried, Marcus (Hrsg.): Mehrsprachigkeitsdidaktik gestern, heute und morgen: Festschrift für Franz-Joseph Meißner zum 60. Geburtstag. Tübingen, S. 151–165.

Besser, Sarah (2012): Und wo bleiben die Jungs? Wege einer geschlechtersensiblen Leseförderung im Französischunterricht. In: französisch heute 43, H. 2, S. 78–83.

Blaser, Jutta (2011): Phonetik und Phonologie des Spanischen. Berlin.

Blissenbach, Susanne/Díaz, Eva/Eberle-Sermeci, Sara/Grünewald, Andreas/Kuhlmann, Erika/Lima de Gomes, Anja/Lührmann Jana/Mancini, Lucia/Mailand, Britta/Mailand, Steffen/Martín Vigo, Julia/Navarro, Javier/Reuber, Anette/Schillig, Sigrid/Uribe Martín, Covadonga (2018): ¡Adelante! Curso profesional. Stuttgart/Leipzig.

Blümel-de Vries, Katrin (2014): Vielfältig diagnostizieren. Ein Überblick über Diagnoseinstrumente. In: Praxis Fremdsprachenunterricht, H. 4, S. 12–15.

Blume, Otto-Michael (2006): Der Kniff mit dem Knick. Präsentieren ohne Angst mit Stichwortzetteln. In: Der Fremdsprachliche Unterricht Französisch, H. 84, S. 18–22.

Blume, Otto-Michael (2008a): Hörverstehen konkret: Übungs- und Überprüfungsformen im Überblick. In: Der Fremdsprachliche Unterricht Französisch, H. 95, S. 24–25.

Blume, Otto-Michael (2008b): *Préparer – rédiger – corriger*. Zum Aufbau von Schreibkompetenz. In: Der Fremdsprachliche Unterricht Spanisch, H. 93, S. 2–7.

Blume, Otto-Michael (2014): Sprechen und Schreiben fördern. In: Krechel, Hans-Ludwig (Hrsg.): Französisch-Methodik. Berlin, S. 131–179.

Blume, Otto-Michael (2016): Lesen und Verstehen als komplexer Prozess: Potenziale und Grenzen im Französischunterricht. In: Der Fremdsprachliche Unterricht Französisch, H. 142, S. 2–9.

Böing, Maik (2012): Sachtexte im Französischunterricht: Herausforderungen – Potenziale – Einsatzmöglichkeiten. In: Der Fremdsprachliche Unterricht Französisch, H. 120, S. 2–11.

Bönnighausen, Marion/Winter, Katja (2019): Sachtexte verstehen in heterogenen Schulklassen: Theoretische Grundlagen, Konzeption und Evaluation des Praxisprojekts Deutsch. In: Bönnighausen, Marion (Hrsg.): Praxisprojekte in Kooperationsschulen: Fachdidaktische Modellierung von Lehrkonzepten zur Förderung strategiebasierten Textverstehens in den Fächern Deutsch, Geographie, Geschichte und Mathematik. Münster, S. 59–105.

Bonnet, Andreas (2017): Forschungsmethoden und Forschungsinstrumente. In: Surkamp, Carola (Hrsg.): Metzler Lexikon Fremdsprachendidaktik: Ansätze – Methoden – Grundbegriffe. Stuttgart, S. 81–86.

Boos, Björn/Garía Martinez, Miguel/Kling, Hella/Schierlitz, Julia/Willenbrink, Birgit/Winter, Sebastian/Lazúen Alonso, Laura (2018): Rutas Uno Nueva edición Cuaderno de actividades. Für den spätbeginnenden Spanischunterricht in der Einführungsphase. Paderborn.

Bosse, Elke (2010): Vielfalt erkunden – ein Konzept für Interkulturelles Training an Hochschulen. In: Hiller, Gundula G./Vogler-Lipp, Stefanie (Hrsg.): Schlüsselqualifikation Interkulturelle Kompetenz an Hochschulen. Grundlagen, Konzepte, Methoden. Wiesbaden, S. 109–133.

Boye-Griesel, Martina (2017): Fördern und Fordern: Schulentwicklung vor dem Hintergrund individuell ausgestalteter Förderpläne. In: Der Fremdsprachliche Unterricht Französisch, H. 149, S. 40–44.

Braun, Axel (2004): Hat Französisch am Beruflichen Gymnasium noch eine Chance? In: Neusprachliche Mitteilungen aus Wissenschaft und Praxis 57, H. 1, S. 2–6.

Braun, Cordula (2017): *La pêche aux mots?!* Lernenden mit Lese-Recht-schreib-Schwäche (LRS) das Erfassen und Verfassen von Texten erleichtern. In: Der Fremdsprachliche Unterricht Französisch, H. 149, S. 26–32.

Bredella, Lothar (1985): Leseerfahrungen im Unterricht. Kognitive und affektive Reaktionen bei der Lektüre literarischer Texte. In: Bredella, Lothar/Legutke, Michael (Hrsg.): Schüleraktivierende Methoden im Fremdsprachenunterricht Englisch. Bochum, S. 54–82.

Bredella, Lothar (2007): Bildung als Interaktion zwischen literarischen Texten und Leser/innen. Zur Begründung der rezeptionsästhetischen Literaturdidaktik. In: Hallet, Wolfgang/Nünning, Ansgar (Hrsg.): Neue Ansätze und Konzepte der Literatur- und Kulturdidaktik. Trier, S. 49–68.

Bredella, Lothar (2017): Interkulturelles Lernen. In: Surkamp, Carola (Hrsg.): Metzler Lexikon Fremdsprachendidaktik: Ansätze – Methoden – Grundbegriffe. Stuttgart, S. 149–152.

Brinker, Klaus (1992): Linguistische Textanalyse. Eine Einführung in Grundbegriffe und Methoden. Berlin.

Brüning, Ludger/Saum, Tobias (2017): Erfolgreich unterrichten durch Kooperatives Lernen. Strategien zur Schüleraktivierung 1. Essen.

Buda, Christiane (2012): Fremdsprachenlegasthenie Englisch. Defizite berücksichtigen, Kompetenzen fördern. Lehrte.

Bürgel, Christoph (2016): Sprechen – theoretisch und praktisch. In: Bär, Marcus/Franke, Manuela (Hrsg.): Spanischdidaktik: Praxishandbuch für die Sekundarstufe I und II. Berlin, S. 43–48 und S. 223–229.

Bürgel, Christoph/Koch, Corinna (2019): Fachdidaktische Begleitforschung im Praxissemester an der Universität Paderborn: Ein Konzept für die Fächer Französisch und Spanisch. In: Zeitschrift für Romanische Sprachen und ihre Didaktik 13, H. 1, S. 81–97.

Bürgel, Christoph/Siepmann, Dirk (Hrsg.) (2014): Sprachwissenschaft und Fremdsprachendidaktik: Sprache und Sprachkompetenzen im Fokus. Baltmannsweiler.

Bürgel, Christoph/Siepmann, Dirk (Hrsg.) (2016): Sprachwissenschaft und Fremdsprachendidaktik: Zum Verhältnis von sprachlichen Mitteln und Kompetenzentwicklung. Baltmannsweiler.

Bürsgens, Gloria/Drüeke, Martin/Vidal García, María Dolores/Vila Baleato, Manuel (2017): a_tope.com Nueva edición. Spanischlehrwerk für Spätbeginner. Berlin.

Bundesministerium für Bildung und Forschung (2019): Wissenswertes zum DigitalPakt Schule. https://www.bmbf.de/digitalpakt (Zugriff: 01.12. 2019).

Burwitz-Melzer, Eva/Caspari, Daniela u. a. (2017): Lernaufgaben: Definitionen, Prinzipien und Kriterien. In: Tesch, Bernd/von Hammerstein, Xenia/Stanat, Petra/Rossa, Henning (Hrsg.): Bildungsstandards aktuell: Englisch / Französisch in der Sekundarstufe II. Braunschweig, S. 244–265.

Butzkamm, Wolfgang (1973): Aufgeklärte Einsprachigkeit. Zur Entdogmatisierung der Methode im Fremdsprachenunterricht. Heidelberg.

Butzkamm, Wolfgang (2003): Die Muttersprache als Sprach-Mutter: Ein Gegenentwurf zur herrschenden Theorie. In: französisch heute 34, H. 3, S. 174–192.

Byram, Michael (1997): Teaching and assessing intercultural communicative competence. Clevedon.

Cameron, Heather (2014): Multiprofessionelle Teams in Kanada – Das Community School Team-Programm. In: Erdsiek-Rave, Ute/John-Ohnesorg, Marei (Hrsg.): Individuell Fördern mit multiprofessionellen Teams. Berlin, S. 49–54.

Candelier, Michel/Camilleri Grima, Antoinette/Castellotti, Véronique/de Pietro, Jean-François/Lörinez, Ildikó/Meißner, Franz-Joseph/Schröder-Sura, Anna/Noguerol, Artur/Molinié, Muriel (Hrsg.) (2009): Referenzrahmen für Plurale Ansätze zu Sprachen und Kulturen. https://archive.ecml.at/mtp2/publications/C4_RePA_090724_IDT.pdf (Zugriff: 01.12.2019).

Caspari, Daniela/Grünewald, Andreas/Hu, Adelheid/Küster, Lutz/Nold, Günter/Vollmer, Helmut J./Zydatiß, Wolfgang (2008): Kompetenzorientierung, Bildungsstandards und fremdsprachliches Lernen – Herausforderungen an die Fremdsprachenforschung. Positionspapier von Vorstand und Beirat der DGFF. Oktober 2008. https://www.dgff.de/assets/Uploads/Kompetenzpapier-DGFF.pdf (Zugriff: 01.12.2019).

Caspari, Daniela/Burwitz-Melzer u. a. (2017a): Interkulturelle kommunikative Kompetenz. In: Tesch, Bernd/von Hammerstein, Xenia/Stanat, Petra/Rossa, Henning (Hrsg.): Bildungsstandards aktuell: Englisch / Französisch in der Sekundarstufe II. Braunschweig, S. 36–55.

Caspari, Daniela/Burwitz-Melzer u. a. (2017b): Text- und Medienkompetenz. In: Tesch, Bernd/von Hammerstein, Xenia/Stanat, Petra/Rossa, Henning (Hrsg.): Bildungsstandards aktuell: Englisch / Französisch in der Sekundarstufe II. Braunschweig, S. 56–83.

Caspari, Daniela/Schinschke, Andrea u. a. (2017): Sprachmittlung. In: Tesch, Bernd/von Hammerstein, Xenia/Stanat, Petra/Rossa, Henning (Hrsg.): Bildungsstandards aktuell: Englisch / Französisch in der Sekundarstufe II. Braunschweig, S. 179–200.

Caspari, Daniela/Klippel, Friederike/Legutke, Michael/Schramm, Karen (Hrsg.) (2016): Forschungsmethoden in der Fremdsprachendidaktik. Ein Handbuch. Tübingen.

Caspari, Daniela/Rössler, Andrea (2008): Französisch gegen Spanisch? Überlegungen aus Sicht der romanischen Mehrsprachigkeitsdidaktik. In: Zeitschrift für Fremdsprachenforschung 19, H. 1, S. 61–82.

Chamot, Anna U./O'Malley, Michael J. (1994): The CALLA Handbook. Implementing the Cognitive Academic Language Learning Approach. White Plains, New York.

Christ, Herbert (1983): Zur Geschichte des Französischunterrichts und der Französischlehrer. In: Mannzmann, Anneliese (Hrsg.): Geschichte der Unterrichtsfächer I: Deutsch, Englisch, Französisch, Russisch, Latein, Griechisch, Musik, Kunst. München, S. 94–117.

Christ, Ingeborg (2004): Zur Stellung der spanischen Sprache in Deutschland. In: Bader, Wolfgang/Olmos, Ignacio (Hrsg.): Die deutsch-spanischen Kulturbeziehungen im europäischen Kontext: Bestandsaufnahme, Probleme, Perspektiven. Frankfurt a. M., S. 73–89.

Corti, Agustín (2019): La construcción de la cultura en el Español como lengua extranjera (ELE). Münster.

Daase, Andrea/Hinrichs, Beatrix/Settinieri, Julia (2014): Befragung. In: Settinieri, Julia/Demirkaya, Sevilen/Feldmeier, Alexis/Gültekin-Karakoc, Nazan/Riemer, Claudia: Empirische Forschungsmethoden für Deutsch als Fremd- und Zweitsprache: Eine Einführung. Paderborn, S. 103–122.

da Silva, Vasco (2010): *Critical incidents* in Spanien und Frankreich: Eine Evaluation studentischer Selbstanalysen. Stuttgart.

Decke-Cornill, Helene (2015): Differenzsensibel unterrichten. In: Der Fremdsprachliche Unterricht Englisch, H. 135, S. 10–12.

Decke-Cornill, Helene/Küster, Lutz (2015): Fremdsprachendidaktik. Eine Einführung. Tübingen.

De Florio-Hansen, Inez (2005): Schreibforschung und Schreibdidaktik – Überlegungen zum Schreiben im Fremdsprachenunterricht. In: französisch heute 36, H. 3, S. 218–230.

De Florio-Hansen, Inez (2019): Fachdidaktik Französisch – Lehren und Lernen im digitalen Zeitalter. Stuttgart.

Delius, Katharina/Surkamp, Carola (2017): Inklusion. In: Surkamp, Carola (Hrsg.): Metzler Lexikon Fremdsprachendidaktik: Ansätze – Methoden – Grundbegriffe. Stuttgart, S. 139–140.

del Valle Luque, Victoria (2018): *Poesía visual* im Spanischunterricht. Von der literaturwissenschaftlichen Analyse zur gegenstands- und kompetenzorientierten Didaktik. Tübingen.

Deutsche UNESCO-Kommission e.V. (2014): Inklusion: Leitlinien für die Bildungspolitik. Bonn.

Deutsch-Französische Hochschule (2016): Leitfaden interkulturelle Kommunikation und Kompetenz. https://www.dfh-ufa.org/fileadmin/Dateien/stabsstelle/2016/DFH_Leitfaden_deutsch_web.pdf (Zugriff: 01.12.2019).

Doff, Sabine (2017): Fremdsprachendidaktik. In: Surkamp, Carola (Hrsg.): Metzler Lexikon Fremdsprachendidaktik: Ansätze – Methoden – Grundbegriffe. Stuttgart, S. 90–93.

Donnerstag, Jürgen/Bosenius, Petra (2000): Die Funktion der Emotionen in der Konstruktion von Bedeutung zu englischen literarischen Texten. In: Wendt, Michael (Hrsg.): Konstruktion statt Instruktion. Frankfurt a. M., S. 153–162.

Ellis, Rod (2003): Task-based language learning and teaching. Oxford.

Elsner, Daniela (2016): Lehrwerke. In: Burwitz-Melzer, Eva/Mehlhorn, Grit/Riemer, Claudia/Bausch, Karl-Richard/Krumm, Hans-Jürgen (Hrsg.): Handbuch Fremdsprachenunterricht. Tübingen, S. 441–445.

Engelberg, Stefan/Lemnitzer, Lothar (2009): Lexikographie und Wörterbuchbenutzung. Tübingen.

Erdsiek-Rave, Ute/John-Ohnesorg, Marei (2014): Individuell Fördern mit multiprofessionellen Teams. Berlin.

Europarat (Hrsg.) (2001): Gemeinsamer europäischer Referenzrahmen für Sprachen: lernen, lehren, beurteilen. Niveau A1, A2, B1, B2, C1, C2. München.

Europarat (Hrsg.) (2018): Common European Framework of Reference for Languages: Learning, Teaching, Assessment: Companion Volume with New Descriptors. https://rm.coe.int/cefr-companion-volume-with-new-descriptors-2018/1680787989 (Zugriff: 01.12.2019).

Fäcke, Christiane (2016a): Selbstständiges Lernen im lehrwerkbasierten Französischunterricht: Genese und Design der Studie. In: Fäcke, Christiane (Hrsg.): Selbstständiges Lernen im lehrwerkbasierten Französischunterricht. Stuttgart, S. 7–21.

Fäcke, Christiane (2016b): Selbstständiges Lernen im lehrwerkbasierten Französischunterricht: Gesamtauswertung der Studie. In: Fäcke, Christiane (Hrsg.): Selbstständiges Lernen im lehrwerkbasierten Französischunterricht. Stuttgart, S. 149–162.

Fäcke, Christiane (2017a): Bezugswissenschaften. In: Surkamp, Carola (Hrsg.): Metzler Lexikon Fremdsprachendidaktik: Ansätze – Methoden – Grundbegriffe. Stuttgart, S. 21–23.

Fäcke, Christiane (2017b): Fachdidaktik Französisch. Eine Einführung. Tübingen.

Fäcke, Christiane/Tesch, Bernd (2017): Die standardbasierte Abiturprüfung Französisch: Prüfungsaufgaben in Theorie und Praxis. Seelze.

Fehn, Marianne (2016): Sprachlern-Apps im und nach dem Unterricht: Quizlet, Busuu und Tellagami. In: Praxis Fremdsprachenunterricht, H. 3, S. 14.

Freie Hansestadt Bremen (2005/2018): Bremisches Schulgesetz (BremSchulG) in der Fassung der Bekanntmachung vom 28. Juni 2005 (Brem.GBl. 2005, 260, 388, 398), zuletzt Inhaltsübersicht und § 53 geändert, § 72a eingefügt durch Gesetz vom 26. Juni 2018 (Brem.GBl. S. 304). https://www.transparenz.bremen.de/sixcms/detail.php?gsid=bremen 2014_tp.c.69600.de&asl=bremen203_tpgesetz.c.55340.de&template=20_gp_ifg_meta_detail_d (Zugriff: 01.12.2019).

Freistaat Thüringen (2003/2018): Thüringer Schulgesetz (ThürSchulG) in der Fassung der Bekanntmachung vom 30. April 2003. letzte berücksichtigte Änderung: § 57 neu gefasst, §§ 58 und 60 geändert durch Artikel 13 des Gesetzes vom 6. Juni 2018 (GVBl. S. 229, 262) http://landesrecht.thueringen.de/jportal/?quelle=jlink&query=SchulG+TH&psml=bsthue prod.psml&max=true&aiz=true (Zugriff: 01.12.2019).

Freitag-Hild, Britta (2017): Interkulturelle kommunikative Kompetenz. In: Surkamp, Carola (Hrsg.): Metzler Lexikon Fremdsprachendidaktik: Ansätze – Methoden – Grundbegriffe. Stuttgart, S. 147–149.

Fritsch, Anette (2009): Welcher Lerntyp bin ich? Mit lerntypgemäßen Techniken effektiver lernen. In: Der Fremdsprachliche Unterricht, H. 98, S. 12–17.

Frühe Mehrsprachigkeit an Kitas und Schulen (fkms) (2014): Bilinguale Kitas in Deutschland. https://www.fmks-online.de/index.html (Zugriff: 24.05.2018)

Fuchs, Stefanie (2013): Geschlechtsunterschiede bei motivationalen Faktoren im Kontext des Englischunterrichts. Eine empirische Studie zu Motivation, Selbstkonzept und Interesse im Fach Englisch in der Sekundarstufe I. Frankfurt a. M.

Funk, Hermann (2004): Qualitätsmerkmale von Lehrwerken prüfen – ein Verfahrensvorschlag. In: Babylonia, H. 3, S. 41–46.

Gerlach, David/Leupold, Eynar (2019): Kontextsensibler Fremdsprachenunterricht. Tübingen.

Gloeckner, Mareike (2019): Digitale Medien im FSU – keine Frage des Ob, sondern des Wie. In: Hispanorama, H. 163, S. 96–97.

Gnutzmann, Claus (2013): Language awareness. In: Hallet, Wolfgang/Königs, Frank G. (Hrsg.): Handbuch Fremdsprachendidaktik. Seelze, S. 115–119.

Green, Norm (2004): Der Unterschied zwischen Kooperativem Lernen und Gruppenarbeit besteht in den 5 grundlegenden Elementen. http://methoden pool.uni-koeln.de/koopunterricht/ger_the_difference.pdf (Zugriff: 01.12.2019).

Greving, Johannes/Paradies, Liane (2018): Unterrichtseinstiege. Berlin.

Grotjahn, Rüdiger (1998): Lernstile und Lernstrategien: Definition, Identifikation, unterrichtliche Relevanz. In: Der Fremdsprachliche Unterricht Französisch, H. 32, S. 11–15.

Grünewald, Andreas (2016): Üben und Übungen im Fremdsprachenunterricht. In: Burwitz-Melzer, Eva/Königs, Frank. G./Riemer, Claudia/ Schmelter, Lars (Hrsg.): Üben und Übungen beim Fremdsprachenlernen: Perspektiven und Konzepte für Unterricht und Forschung. Tübingen, S. 84–92.

Grünewald, Andreas (2017a): Geschichte des Unterrichtsfaches in der Erwachsenenbildung und in der Schule. In: Grünewald, Andreas/Küster, Lutz (Hrsg.): Fachdidaktik Spanisch: Handbuch für Theorie und Praxis. Stuttgart, S. 12–16.

Grünewald, Andreas (2017b): Spezifische Ausbildungsgänge. In: Grünewald, Andreas/Küster, Lutz (Hrsg.): Fachdidaktik Spanisch: Handbuch für Theorie und Praxis. Stuttgart, S. 47–52.

Grünewald, Andreas (2017c): Ein Rückblick auf die wichtigsten Methodenkonzeptionen der Fremdsprachenvermittlung. In: Grünewald, Andreas/Küster, Lutz (Hrsg.): Fachdidaktik Spanisch: Handbuch für Theorie und Praxis. Stuttgart, S. 112–118.

Grünewald, Andreas (2017d): Offener Unterricht, Projektunterricht. In: Grünewald, Andreas/Küster, Lutz (Hrsg.): Fachdidaktik Spanisch: Handbuch für Theorie und Praxis. Stuttgart, S. 292–301.

Grünewald, Andreas/Bäker, Christian/Bermejo Muñoz, Sandra/Hethey, Meike/Roviró, Bàrbara (2014): Forschendes Studieren in der Didaktik der romanischen Sprachen an der Universität Bremen: Design-Based Research. In: Zeitschrift für Fremdsprachenforschung 25, H. 2, S. 237–253.

Grünewald, Andreas/Küster, Lutz/Lüning, Marita (2011): Fokus Kultur/Interkulturalität. In: Meißner, Franz-Joseph/Krämer, Ulrich (Hrsg.): Spanischunterricht gestalten. Wege zu Mehrsprachigkeit und Mehrkulturalität. Seelze, S. 49–80.

Grünewald, Andreas/Verriere, Katharina (2015): Stellensituation und Ausstattung der Fremdsprachendidaktiken an bundesdeutschen Hochschulen. In: Doff, Sabine/Grünewald, Andreas (Hrsg.): WECHSEL-Jahre? Wandel und Wirken in der Fremdsprachenforschung. Trier, S. 17–32.

Gudjons, Herbert (1994): Was ist Projektunterricht. In: Bastian, Johannes/Gudjons, Herbert (Hrsg.): Projektbuch 1: Theorie – Praxisbeispiele – Erfahrungen. Hamburg, S. 14–27.

Hahn, Angela (2017a): Sprachdidaktik. In: Surkamp, Carola (Hrsg.): Metzler Lexikon Fremdsprachendidaktik: Ansätze – Methoden – Grundbegriffe. Stuttgart, S. 311–313.

Hahn, Angela (2017b): Sprachwissenschaft. In: Surkamp, Carola (Hrsg.): Metzler Lexikon Fremdsprachendidaktik: Ansätze – Methoden – Grundbegriffe. Stuttgart, S. 328–332.

Hallet, Wolfgang (2006): Didaktische Kompetenzen. Lehr- und Lernprozesse erfolgreich gestalten. Stuttgart.

Hallet, Wolfgang (2015): Literatur, Bildung und Kompetenzen. Eine bildungstheoretische Begründung für ein literaturbezogenes Kompetenzcurriculum. In: Hallet, Wolfgang/Surkamp, Carola/Krämer, Ulrich (Hrsg.): Literaturkompetenzen Englisch. Modellierung – Curriculum – Unterrichtsbeispiele. Seelze, S. 9–20.

Hallet, Wolfgang (2016): Genres im fremdsprachlichen und bilingualen Unterricht: Formen und Muster der sprachlichen Interaktion. Seelze.

Hallet, Wolfgang (2017a): Kulturdidaktik. In: Surkamp, Carola (Hrsg.): Metzler Lexikon Fremdsprachendidaktik: Ansätze – Methoden – Grundbegriffe. Stuttgart, S. 180–184.

Hallet, Wolfgang (2017b): Literaturdidaktik. In: Surkamp, Carola (Hrsg.): Metzler Lexikon Fremdsprachendidaktik: Ansätze – Methoden – Grundbegriffe. Stuttgart, S. 233–237.

Haß, Frank (2017): Differenzierung. In: Surkamp, Carola (Hrsg.): Metzler Lexikon Fremdsprachendidaktik: Ansätze – Methoden – Grundbegriffe. Stuttgart, S. 45–47.

Hattie, John (2013): Lernen sichtbar machen. Baltmannsweiler.

Hattie, John/Zierer, Klaus (2017): Kenne deinen Einfluss! „Visible Learning“ für die Unterrichtspraxis. Baltmannsweiler.

Heinbokel, Annette (1996): Überspringen von Klassen. Münster.

Helle, Patrick (1993): Fremdsprachenunterricht in der ehemaligen DDR und in den neuen Bundesländern unter besonderer Berücksichtigung des Spanischunterrichts. Bochum.

Helmke, Andreas (2013): Individualisierung: Hintergrund, Missverständnisse, Perspektiven. In: Pädagogik, H. 2, S. 34–37.

Helmke, Andreas/Helmke, Tuyet/Kleinbub, Iris/Nordheider, Iris/Schrader, Friedich-Wilhelm/Wagner, Wolfgang (2007): Die DESI-Videostudie. Unterrichtstranskripte für die Lehrerausbildung nutzen. In: Der Fremdsprachliche Unterricht Englisch, H. 90, S. 37–45.

Herzog, Walter (2013): Bildungsstandards: Eine kritische Einführung. Stuttgart.

Hessisches Kultusministerium (2017/2018): Hessisches Schulgesetz in der Fassung vom 30. Juni 2017 (GVBl.S.150), geändert durch Gesetz vom 3. Mai 2018 (GVBl. S. 82). https://kultusministerium.hessen.de/sites/default/files/media/hkm/lesefassung_schulgesetz_mit_inhaltsverzeichnis_zweispaltig_stand_30.05.2018.pdf (Zugriff: 01.12.2019).

Hinger, Barbara (2017): Diagnostik, Evaluation und Leistungsbewertung. In: Grünewald, Andreas/Küster, Lutz (Hrsg.): Fachdidaktik Spanisch: Handbuch für Theorie und Praxis. Stuttgart, S. 303–341.

Holzinger, Gabriele/Brandner, Irene/Castillo de Kastenhuber, Claudia/de Lara Fernández, Carlos/Higueras Ruiz, Susana/Moriggi, Rachele/Pruniaux, Flavie/ Rigamonti, Enrica/ Rückl, Michaela/Seeleitner, Isolde/ Vázquez Arco, Josefina (2012): Descubramos el español: Spanisch interlingual. Wien.

Holzinger, Gabriele/Seeleitner, Isolde/Castillo de Kastenhuber, Claudia/de Lara Fernández, Carlos/Rückl, Michaela (2012): Descubramos el español: Spanisch interlingual. Serviceheft für Lehrer/innen. Wien.

Horstkemper, Marianne (2003): Warum soll man im Lehramtsstudium forschen lernen? In: Obolenski, Alexandra/Meyer, Hilbert (Hrsg.): Forschendes Lernen. Theorie und Praxis einer professionellen LehrerInnenausbildung. Bad Heilbrunn, S. 117–128.

Horstkemper, Marianne (2006): Fördern heißt diagnostizieren. In: Becker, Gerold/Horstkemper, Marianne/Risse, Erika/Stäudel, Lutz/Werning, Rolf/Winter, Felix (Hrsg.): Diagnostizieren und Fördern. Stärken entdecken – Können entwickeln. Seelze, S. 56–59.

Hu, Adelheid/Leupold, Eynar (2008): Kompetenzorientierung und Französischunterricht. In: Tesch, Bernd/Leupold, Eynar/Köller, Olaf (Hrsg.): Bildungsstandards Französisch: konkret. Sekundarstufe I: Grundlagen, Aufgabenbeispiele und Unterrichtsanregungen. Berlin, S. 51–84.

Huber, Ludwig (2003): Forschendes Lernen in Deutschen Hochschulen. Zum Stand der Diskussion. In: Obolenski, Alexandra/Meyer, Hilbert (Hrsg.): Forschendes Lernen. Theorie und Praxis einer professionellen LehrerInnenausbildung. Bad Heilbrunn, S. 15–36.

Husemann, Veit (2017): Kompetenzorientierung im Französischunterricht. In: Nieweler, Andreas (Hrsg.): Fachdidaktik Französisch: Das Handbuch für Theorie und Praxis. Stuttgart, S. 85–94.

Imedio Murillo, María Eloísa/Arencibia Guerra, Lastenia (2016): Unterricht – Español; Español – Unterricht. Unterricht sicher in der Zielsprache gestalten. Berlin.

Instituto Cervantes (2018): El español: una lengua viva: Informe 2018. https://cvc.cervantes.es/lengua/espanol_lengua_viva/pdf/espanol_lengua_viva_2018.pdf (Zugriff: 01.12.2019).

Jank, Werner/Meyer, Hilbert (2002): Didaktische Modelle. Berlin.

Jones, Neil (2013): Defining an inclusive framework for languages. In: Galaczi, Evelina D./Weir, Cyril (Hrsg.): Exploring Language Frameworks. Proceedings of the ALTE Kraków Conference July 2011. Cambridge, S. 105–117.

Jürgens, Eiko (2008): Außerschulische Lernorte. In: Jürgens, Eiko/Standop, Jutta (Hrsg.): Taschenbuch Grundschule. 3. Grundlegung von Bildung. Baltmannsweiler, S. 101–112.

Jung, Udo (2017): Tafel, Tafelbild und Tafelanschrieb. In: Surkamp, Carola (Hrsg.): Metzler Lexikon Fremdsprachendidaktik: Ansätze – Methoden – Grundbegriffe. Stuttgart, S. 341–343.

Kannengießer-Krebs, Gisela (2017): ¿Cómo se dice qué? Y ¿qué se dice dónde? In: Der Fremdsprachliche Unterricht Spanisch, H. 58, S. 2–10.

Kecker, Gabriele (2016): Der GeR als Referenzsystem für kompetenzorientiertes Testen: Was bedeutet der Bezug zum GeR für eine Sprachprüfung? In: Zeitschrift für Fremdsprachenforschung 27, H. 1, S. 13–37.

Keuffer, Josef/Oelkers, Jürgen (2001): Reform der Lehrerbildung in Hamburg. Weinheim.

Kieweg, Werner (2009): Schreibprozesse gestalten, Schreibkompetenz entwickeln. In: Der Fremdsprachliche Unterricht Englisch, H. 97, S. 2–8.

Kieweg, Werner (2010): Kompetenzorientiert diagnostizieren und fördern. In: Der Fremdsprachliche Unterricht Englisch, H. 105, S. 2–7.

Kieweg, Werner (2012): Lernschwierigkeiten überwinden. In: Der Fremdsprachliche Unterricht Englisch, H. 119, S. 2–8.

Kieweg, Werner (2017): Der Erwerb sprachlicher Mittel: Wortschatz. In: Haß, Frank (Hrsg.): Fachdidaktik Englisch: Tradition, Innovation, Praxis. Stuttgart, S. 92–105.

Klein, Horst G./Stegmann, Tilbert D. (2000): EuroComRom – Die sieben Siebe: Romanische Sprachen sofort lesen können. Aachen.

Klemm, Klaus (2015): Inklusion in Deutschland: Daten und Fakten. (Im Auftrag der Bertelsmannstiftung) https://www.bertelsmannstiftung.de/fileadmin/files/BSt/Publikationen/GrauePublikationen/Studie_IB_Klemm-Studie_Inklusion_2015.pdf (Zugriff: 01.12.2019).

Kleppin, Karin (1998): Fehler und Fehlerkorrektur. München.

Kleppin, Karin (2005): Mit Fehlern umgehen – neue Herausforderungen. In: Der Fremdsprachliche Unterricht Spanisch, H. 11, S. 16–20.

Kleppin, Karin (2016a): Üben und Trainieren mit und ohne Hilfestellung. In: Burwitz-Melzer, Eva/Königs, Frank. G./Riemer, Claudia/Schmelter, Lars (Hrsg.): Üben und Übungen beim Fremdsprachenlernen: Perspektiven und Konzepte für Unterricht und Forschung. Tübingen, S. 102–110.

Kleppin, Karin (2016b): Prozesse mündlicher Fehlerkorrektur. In: Burwitz-Melzer, Eva/Mehlhorn, Grit/Riemer, Claudia/Bausch, Karl-Richard/Krumm, Hans-Jürgen (Hrsg.): Handbuch Fremdsprachenunterricht. Tübingen, S. 412–416.

Kleppin, Karin/Königs, Frank G. (1997): Der Korrektur auf der Spur – Untersuchungen zum mündlichen Korrekturverhalten von Fremdsprachenlehrern. Bochum.

Kleppin, Karin/Tönshoff, Wolfsgang (1998): Lernstrategien? Was noch alles in den paar Stunden Französisch? In: Der Fremdsprachliche Unterricht Französisch, H. 34, S. 52–56.

Kleppin, Karin/Tönshoff, Wolfsgang (2000): Autonomiefördernde Strategievermittlung als Gegenstand und Verfahren in der Ausbildung von Fremdsprachenlehrern. In: Helbig, Beate/Kleppin, Karin/Königs, Frank G. (Hrsg.): Sprachlehrforschung im Wandel. Festschrift für Karl-Richard Bausch. Tübingen, S. 113–128.

Klieme, Eckard/Avenarius, Hermann/Blum, Werner/Döbrich, Peter/Gruber, Hans/Prenzel, Manfred/Reiss, Kristina/Riquarts, Kur/Rost, Jürgen/Tenorth, Heinz-Elmar/Vollmer, Helmut J. (2003): Bildungsreform. Bd. 1: Zur Entwicklung nationaler Bildungsstandards. Eine Expertise. Bonn.

Klieme, Eckhard/Eichler, Wolfgang/Helmke, Andreas/Lehmann, Rainer H./Nold, Günther/Rolff, Hans-Günther/Schröder, Konrad/Thomé, Günther/Willenberg, Heiner (2006): Unterricht und Kompetenzerwerb in Deutsch und Englisch. Zentrale Befunde der Studie Deutsch Englisch Schülerleistungen International (DESI). Frankfurt a. M. https://www.dipf.de/de/forschung/aktuelle-projekte/pdf/biqua/desi-zentrale-befunde (Zugriff: 01.12.2019).

Klippel, Friederike (2017): Übung. In: Surkamp, Carola (Hrsg.): Metzler Lexikon Fremdsprachendidaktik: Ansätze – Methoden – Grundbegriffe. Stuttgart, S. 356–358.

KMK = Sekretariat der Ständigen Konferenz der Kultusminister der Länder in der Bundesrepublik Deutschland (Hrsg.) (1994): Empfehlungen zur sonderpädagogischen Förderung in den Schulen in der Bundesrepublik Deutschland. https://www.kmk.org/fileadmin/Dateien/veroeffentlichungen_beschluesse/1994/1994_05_06-Empfehl-Sonderpaedagogische-Foerderung.pdf (Zugriff: 01.12.2019).

KMK = Sekretariat der Ständigen Konferenz der Kultusminister der Länder in der Bundesrepublik Deutschland (Hrsg.) (2003): Bildungsstandards für die erste Fremdsprache (Englisch/Französisch) für den Mittleren Schulabschluss. https://www.kmk.org/fileadmin/Dateien/veroeffentlichungen_beschluesse/2003/2003_12_04-BS-erste-Fremdsprache.pdf (Zugriff: 01.12.2019).

KMK = Sekretariat der Ständigen Konferenz der Kultusminister der Länder in der Bundesrepublik Deutschland (Hrsg.) (2004): Bildungsstandards für die erste Fremdsprache (Englisch/Französisch) für den Hauptschulabschluss. https://www.kmk.org/fileadmin/Dateien/veroeffentlichungen_beschluesse/2004/2004_10_15-Bildungsstandards-ersteFS-Haupt.pdf (Zugriff: 01.12.2019).

KMK = Sekretariat der Ständigen Konferenz der Kultusminister der Länder in der Bundesrepublik Deutschland (Hrsg.) (2012): Bildungsstandards für die erste Fremdsprache (Englisch/Französisch) für die Allgemeine Hochschulreife. https://www.kmk.org/fileadmin/Dateien/veroeffentlichungen_beschluesse/2012/2012_10_18-Bildungsstandards-Fortgef-FS-Abi.pdf (Zugriff: 01.12.2019).

KMK = Sekretariat der Ständigen Konferenz der Kultusminister der Länder in der Bundesrepublik Deutschland (Hrsg.) (2013): Konzepte für den bilingualen Unterricht – Erfahrungsbericht und Vorschläge zur Weiterentwicklung. https://www.kmk.org/fileadmin/Dateien/veroeffentlichungen_beschluesse/2013/201_10_17-Konzepte-bilingualer-Unterricht.pdf (Zugriff: 01.12.2019).

KMK = Sekretariat der Ständigen Konferenz der Kultusminister der Länder in der Bundesrepublik Deutschland (Hrsg.) (2015): Lehrerbildung für eine Schule der Vielfalt: Gemeinsame Empfehlung von Hochschulrektorenkonferenz und Kulturministerkonferenz. https://www.kmk.org/fileadmin/Dateien/veroeffentlichungen_beschluesse/2015/2015_03_12-Schule-der-Vielfalt.pdf (Zugriff: 01.12.2019).

KMK = Sekretariat der Ständigen Konferenz der Kultusminister der Länder in der Bundesrepublik Deutschland (Hrsg.) (2016): Bildung in der digitalen Welt: Strategie der Kultusministerkonferenz. https://www.kmk.org/fileadmin/Dateien/veroeffentlichungen_beschluesse/2018/Strategie_Bildung_in_der_digitalen_Welt_idF._vom_07.12.2017.pdf (Zugriff: 01.12.2019).

Knapp, Annelie (2013): Still aware of language awareness? In: Fremdsprachen Lehren und Lernen 42, H. 1, S. 65–79.

Koch, Corinna (2011): Strategisch kommunizieren mit und durch Metaphern. In: Der Fremdsprachliche Unterricht Spanisch, H. 35, S. 12–17.

Koch, Corinna (2013a): Metaphern im Fremdsprachenunterricht: Englisch, Französisch, Spanisch. Frankfurt a. M.

Koch, Corinna (2013b): *Une histoire d'amour sans un mot*: Der Kurzfilm *Paperman* im Französischunterricht. In: französisch heute 44, H. 3, S. 121–127.

Koch, Corinna (2015a): Dienen, nicht dominieren: Ein Plädoyer für die Instrumentalisierung von Grammatik im Französischunterricht. In: Der Fremdsprachliche Unterricht Französisch, H. 135, S. 2–9.

Koch, Corinna (2015b): Faszination Harry Potter: Ein Plädoyer für den Einsatz des Originals. In: Praxis Fremdsprachenunterricht Englisch, H. 5, S. 4–6.

Koch, Corinna (2016a): Hörverstehen – theoretisch und praktisch. In: Bär, Marcus/Franke, Manuela (Hrsg.): Spanischdidaktik: Praxishandbuch für die Sekundarstufe I und II. Berlin, S. 26–32 und S. 211–215.

Koch, Corinna (2016b): Hörsehverstehen – theoretisch und praktisch. In: Bär, Marcus/Franke, Manuela (Hrsg.): Spanischdidaktik: Praxishandbuch für die Sekundarstufe I und II. Berlin, S. 32–37 und S. 215–218.

Koch, Corinna (2016c): Leseverstehen – theoretisch und praktisch. In: Bär, Marcus/Franke, Manuela (Hrsg.): Spanischdidaktik: Praxishandbuch für die Sekundarstufe I und II. Berlin, S. 37–43 und S. 219–222.

Koch, Corinna (2017a): Curriculare Vorgaben für den Spanischunterricht in Deutschland. In: Grünewald, Andreas/Küster, Lutz (Hrsg.): Fachdidaktik Spanisch: Handbuch für Theorie und Praxis. Stuttgart, S. 28–36.

Koch, Corinna (2017b): Texte und Medien in Fremdsprachenunterricht und Alltag: eine empirische Bestandsaufnahme per Fragebogen mit einem Schwerpunkt auf Comics. Stuttgart.

Koch, Corinna (2017c): Verfügung über die sprachlichen Mittel. In: Grünewald, Andreas/Küster, Lutz (Hrsg.): Fachdidaktik Spanisch: Handbuch für Theorie und Praxis. Stuttgart, S. 168–182.

Koch, Corinna (2017d): Die spanische Sprache als Lerngegenstand. In: Grünewald, Andreas/Küster, Lutz (Hrsg.): Fachdidaktik Spanisch: Handbuch für Theorie und Praxis. Stuttgart, S. 37–41.

Koch, Corinna/Lang, Sandra/Schmitz, Sabine (Hrsg.) (2017): Dialogische Krimianalysen: Fachdidaktik und Literaturwissenschaft untersuchen aktuelle Repräsentationsformen des französischen Krimis. Frankfurt a. M.

Koch, Peter/Oesterreicher, Wulf (1990): Gesprochene Sprache in der Romania: Französisch, Italienisch, Spanisch. Tübingen.

Koch, Corinna/Schmitz, Sabine (Hrsg.) (im Druck): *Convivencia*: Dialogische Studien von Fachdidaktik und Fachwissenschaft zu ambivalenten Deutungsmustern gesellschaftlichen Zusammenlebens in Spanien. Berlin.

Königs, Frank G. (2015): Keine Angst vor der Muttersprache – vor den (anderen) Fremdsprachen aber auch nicht! Überlegungen zum Verhältnis von Einsprachigkeit und Zweisprachigkeit im Fremdsprachenunterricht. In: Zeitschrift für Interkulturellen Fremdsprachenunterricht 20, H. 2, S. 5–14. https://tujournals.ulb.tu-darmstadt.de/index.php/zif/article/view/756/758 (Zugriff: 01.12.2019).

Königs, Frank G. (2018): Ein Plädoyer für den kommunikativen Fremdsprachenunterricht – und gegen den Hang zur Verabsolutierung. In: Martinez, Hélène/Meißner, Franz–Joseph (Hrsg.): Fremdsprachenunterricht in Geschichte und Gegenwart. Festschrift für Marcus Reinfried. Tübingen, S. 233–243.

Kolacki, Heike/Ávalos León, Úrsula/Gebel, Ute/Malinowski, Heike (2016): ¡Apúntate! Nueva edición 1. Cuaderno de ejercicios. Berlin.

Kracht, Katharina (2016): Spracharbeit mit *trozos léxicos* und Konversationskarten. In: Der Fremdsprachliche Unterricht Spanisch, H. 55, S. 12–16.

Kräling, Katharina (2017a): Veränderte Rahmenbedingungen und überfachliche Bildungsaufträge. In: Grünewald, Andreas/Küster, Lutz (Hrsg.): Fachdidaktik Spanisch: Handbuch für Theorie und Praxis. Stuttgart, S. 17–27.

Kräling, Katharina (2017b): Spanisch im Kontext der Schulfächer. In: Grünewald, Andreas/Küster, Lutz (Hrsg.): Fachdidaktik Spanisch: Handbuch für Theorie und Praxis. Stuttgart, S. 53–58.

Kräling, Katharina/Löchel, Waltraud (2008): Der Lesekoffer: Individuelle Zugänge zu authentischen Jugendromanen. In: Der Fremdsprachliche Unterricht Spanisch, H. 23, S. 24–30.

Kräling, Katharina/Martín Fraile, Katharina (2015): *Un lujo de primera necesidad.* Literarästhetisches Lernen im Spanischunterricht. In: Der Fremdsprachliche Unterricht Spanisch, H. 49, S. 4–9.

Kramsch, Claire (1993): Context and culture in language teaching. Oxford.

Kraus, Alexander (2009): Diagnostizieren und Fördern: Hand in Hand mit den Lernern. In: Der Fremdsprachliche Unterricht Französisch, H. 98, S. 2–10.

Kraus, Alexander (2015): Feedback im Französischunterricht: Metaunterrichtliche Evaluationsphasen helfen, Gelerntes zu bilanzieren und die Weiterarbeit zu gestalten. In: Der Fremdsprachliche Unterricht Französisch, H. 136, S. 2–9.

Kraus, Alexander/Nieweler, Andreas (2014): Heterogenität und individuelle Förderung: Ein Plädoyer für mehr Mut. In: Der Fremdsprachliche Unterricht Französisch, H. 128, S. 2–8.

Kraus, Alexander/Topf, Silke (2017): Lernschwierigkeiten überwinden: Heterogene Lerngruppen erfolgreich fördern und unterrichten, In: Der Fremdsprachliche Unterricht Französisch, H. 149, S. 2–10.

Krogmeier, Lena (2017): Teilkompetenzen schriftlicher Sprachmittlung trainieren. In: Hispanorama, H. 155, S. 18–29.

Krumm, Hans-Jürgen (2001): *Please, lies!* Hat Literatur einen Platz in der gegenwärtigen Diskussion über das Lehren und Lernen von Fremdsprachen? In: 1000 und 1 Buch: Das österreichische Magazin für Kinder- und Jugendliteratur, H. 1, S. 24–28.

Krummrich, Wolfgang/Maul-Krummrich, Gabriele (2010): Gut vorbereitet im Unterricht: Lernprozesse planen und begleiten. Weinheim/Basel.

Küster, Lutz (2009): Gegen den Geist der Vereinheitlichung. Perspektiven einer Verbindung von Kompetenz- und Inhaltsorientierung schulischen Fremdsprachenunterrichts. In: Bausch, Karl-Richard/Burwitz-Melzer, Eva/Königs, Frank G./Krumm, Hans-Jürgen (Hrsg.): Fremdsprachenunterricht im Spannungsfeld von Inhaltsorientierung und Kompetenzorientierung. Arbeitspapiere der 29. Frühjahrskonferenz zur Erforschung des Fremdsprachenunterrichts. Tübingen, S. 113–121.

Küster, Lutz (2013): Wortschatzerwerb – einleitende Ausführungen zur Vermessung des Terrains und zur Klärung der Begriffe. In: Küster, Lutz/Krämer, Ulrich (Hrsg.): Mythos Grammatik: Kompetenzorientierte Spracharbeit im Französischunterricht. Seelze, S. 46–51.

Küster, Lutz (2017a): Hispanistik. In: Grünewald, Andreas/Küster, Lutz (Hrsg.): Fachdidaktik Spanisch: Handbuch für Theorie und Praxis. Stuttgart, S. 61–70.

Küster, Lutz (2017b): Kognitionswissenschaften. In: Grünewald, Andreas/Küster, Lutz (Hrsg.): Fachdidaktik Spanisch: Handbuch für Theorie und Praxis. Stuttgart, S. 82–86.

Kumaravadivelu, Bala (2006): Unterstanding Language Teaching. From Method to Postmethod. Mahwah, New Jersey.

Kuty, Margitta (2009): Innere Differenzierung und Individualisierung. In: Praxis Fremdsprachenunterricht, H. 3, S. 62–63.

Land Baden-Württemberg (1983/2019): Schulgesetz für Baden-Württemberg (SchG) in der Fassung vom 1. August 1983. letzte berücksichtigte Änderung: §§ 23, 76, 88 und 106 geändert sowie § 107a neu eingefügt durch Gesetz vom 19. Februar 2019 (GBl. S. 53). http://www.landesrecht-bw.de/jportal/?quelle=jlink&query=SchulG+BW&psml=bsbawueprod.psml&max=true&aiz=true (Zugriff: 01.12.2019).

Land Berlin (2004/2019): Schulgesetz für das Land Berlin (Schulgesetz – SchulG) vom 26. Januar 2004. letzte berücksichtigte Änderung: zuletzt geändert durch Artikel 1 des Gesetzes vom 09.04.2019 (GVBl. S. 255) http://gesetze.berlin.de/jportal/?quelle=jlink&query=SchulG+BE&psml=bsbeprod.psml&max=true&aiz=true (Zugriff: 01.12.2019).

Land Brandenburg (2002/2018): Gesetz über die Schulen im Land Brandenburg (Brandenburgisches Schulgesetz – BbgSchulG) in der Fassung der Bekanntmachung vom 2. August 2002(GVBl.I/02, [Nr. 08], S.78), zuletzt geändert durch Artikel 4 des Gesetzes vom 18. Dezember 2018 (GVBl.I/18, [Nr. 35], S.15). http://bravors.brandenburg.de/gesetze/bbgschulg (Zugriff: 01.12.2019).

Land Sachsen-Anhalt (2018): Schulgesetz des Landes Sachsen-Anhalt (SchulG LSA) in der Fassung der Bekanntmachung vom 9. August 2018. https://www.bildung-lsa.de/schule/schulrecht/ausgewaehlte_gesetze__verordnungen_und_erlasse/schulgesetz.html (Zugriff: 01.12.2019).

Landesregierung Schleswig-Holstein (2007/2018): Schleswig-Holsteinisches Schulgesetz (Schulgesetz – SchulG) Vom 24. Januar 2007. letzte berücksichtigte Änderung: § 150 geändert (Art. 2 Ges. v. 12.12. 2018, GVOBl. S. 896) http://www.gesetze-rechtsprechung.sh.juris.de/ jportal/?quelle=jlink&query=SchulG+SH&psml=bsshoprod.psml&max=true&aiz=true (Zugriff: 01.12.2019).

Lankau, Ralf (2017): Kein Mensch lernt digital: Über den sinnvollen Einsatz neuer Medien im Unterricht. Weinheim.

Lebsanft, Franz/Mihatsch, Wiltrud/Polzin-Haumann, Claudia (2012): Variación diatópica, normas pluricéntricas y el ideal de una norma panhispánica. In: dies. (Hrsg.): El español, ¿desde las variedades a la lengua pluricéntrica? Frankfurt a. M./Madrid, S. 7–18.

Legutke, Michael K. (2015): Vernetzte Lernorte. In: Burwitz-Melzer, Eva/Königs, Frank G./Riemer, Claudia (Hrsg.): Lernen an allen Orten? Die Rolle der Lernorte beim Lehren und Lernen von Fremdsprachen. Arbeitspapiere der 35. Frühjahrskonferenz zur Erforschung des Fremdsprachenunterrichts. Tübingen, S. 127–135.

Legutke, Michael (2016): Theoretische Forschung. In: Caspari, Daniela/Klippel, Friederike/Legutke, Michael/Schramm, Karen (Hrsg.): Forschungsmethode in der Fremdsprachendidaktik. Ein Handbuch. Tübingen, S. 39–49.

Leisen, Josef (2009): Grundlagenteil. In: Studienseminar Koblenz (Hrsg.): Sachtexte lesen im Fachunterricht der Sekundarstufe. Seelze, S. 8–108.

Leitzke-Ungerer, Eva (2010): Zielkulturelle und lernkontextbezogene Authentizität. In: Frings, Michael/Leitzke-Ungerer, Eva (Hrsg.): Authentizität im Unterricht romanischer Sprachen. Stuttgart, S. 11–24.

Leitzke-Ungerer (2017): *Vosotros* oder *ustedes*: Wie viele Standardvarietäten verträgt der Spanischunterricht in den ersten Lernjahren? In: Leitzke-Ungerer, Eva/Polzin-Haumann, Claudia (Hrsg.): Varietäten im Spanischunterricht. Ihre Rolle in Schule, Hochschule, Lehrerbildung und Sprachzertifikaten. Stuttgart, S. 42–68.

Leitzke-Ungerer, Eva/Blell, Gabriele/Vences, Ursula (Hrsg.) (2012): *English-Español:* Vernetzung im kompetenzorientierten Spanischunterricht. Stuttgart.

Lembke, Gerald/Leipner, Ingo (2018): Die Lüge der digitalen Bildung: Warum unsere Kinder das Lernen verlernen. München.

Lenz, Kerstin (2017): Multiprofessionelle Teamarbeit – Spezifische Gelingensbedingungen für die Arbeit an Schulen am Beispiel der Schulstadt Bremerhaven. Technische Universität Dortmund Fakultät Erziehungswissenschaft, Psychologie und Soziologie. https://eldorado.tu-dortmund.de/bitstream/2003/36938/1/Dissertation_Lenz.pdf (Zugriff: 01.12.2019).

Leupold, Eynar (2007): Französischunterricht planen, durchführen, beurteilen. Hilfen für den Berufsalltag. Seelze.

Levelt, Willem J.M. (1989): Speaking: From intention to articulation. Cambridge, Massachusetts.

LISUM (Landesinstitut für Schule und Medien Berlin) (2006): Handreichungen zur Sprachmittlung in den modernen Fremdsprachen: Englisch, Französisch, Spanisch. http://www.kmk-format.de/material/Fremdsprachen/6-1-3_Handreichung_Berlin_Sprachmittlung_Abitur.pdf (Zugriff: 01.12.2019).

Lohmann, Christa (2015): Lernstrategien: Anleitung zum autonomen Lernen. Schülerinnen und Schüler lernen, ihren Lernfortschritt eigenständig zu organisieren. In: Praxis Englisch Extra I, S. 7–8.

Long, Robert/Danechi, Shadi (2018): Language teaching in schools (England). House of Commons Library https://researchbriefings.parliament.uk/ResearchBriefing/Summary/CBP-7388 (Zugriff: 01.12.2019).

Lüsebrink, Hans-Jürgen (2008): Interkulturelle Kommunikation. Interaktion, Fremdwahrnehmung, Kulturtransfer. Stuttgart/Weimar.

Lützen, Ulrike (2003): Frases para la clase. In: Der Fremdsprachliche Unterricht Spanisch, H. 1, S. 20–23.

Martinez, Hélène/Meißner, Franz-Joseph u. a. (2017): Sprachlernkompetenz. In: Tesch, Bernd/von Hammerstein, Xenia/Stanat, Petra/Rossa, Henning (Hrsg.): Bildungsstandards aktuell: Englisch / Französisch in der Sekundarstufe II. Braunschweig, S. 220–243.

Martos Villa, Pilar/Menzel, Wolfgang/Nilsson, Torsten/Rohde, Ada/Schuckay, Doris/ Eulenfeld, Sophie/Hoffmann, Michaela S./Rother, Vanessa/ Seoane Garcia, Silvia (2016): ¿Qué pasa? Nueva edición 1. Braunschweig.

Massler, Ute (2013): Wider den Abbau der eigenen Sprachkompetenz: *Pimp your Englisch!* In: Grundschulmagazin Englisch, H. 2, S. 37–38.

Mateos Ortega, Yolanda (2016): Pronunciación. In: Brinitzer, Michaela/Hantschel, Hans-Jürgen/Kroemer, Sandra/Mateos Ortega, Yolanda/Möller-Frorath, Monika/Pérez, Noema/Ros, Lourdes (Hrsg.): Enseñar español. Conocimientos básicos de didáctica Español como lengua extranjera. Stuttgart, S. 82–94.

Medienkompetenzrahmen NRW (2019): Medienkompetenz vermitteln: Informationen, Unterrichtsmaterial und Hilfestellungen. https://medienkompetenzrahmen.nrw/ (Zugriff: 01.12.2019).

Medienpädagogischer Forschungsverbund Südwest (2018): JIM-Studie 2018: Jugend, Information, Medien. https://www.mpfs.de/fileadmin/files/Studien/JIM/2018/Studie/JIM2018_Gesamt.pdf (Zugriff: 01.12.2019).

Mertens, Jürgen (2017): Aufgabenorientiertes Lernen. In: Surkamp, Carola (Hrsg.): Metzler Lexikon Fremdsprachendidaktik: Ansätze – Methoden – Grundbegriffe. Stuttgart, S. 9–11.

Meyer, Hilbert (1974): Trainingsprogramm zur Lernzielanalyse. Weinheim.

Meyer, Hilbert (2016): Was ist guter Unterricht? Berlin.

Meyer, Hilbert/Fichten, Wolfgang (2009): Einführung in die schulische Aktionsforschung. Ziele, Verfahren und Ergebnisse eines BLK-Modellversuchs. Oldenburg.

Meyer, Hilbert/Fichten, Wolfgang (2010): Gemeinsam forschen lernen. Handout zum Eröffnungsvortrag der XV. Fachtagung des Nordverbunds Schulbegleitforschung.

Michler, Christine (2015): Einführung in die Didaktik der romanischen Sprachen und Literaturen. Bamberg.

Ministerium der Justiz Rheinland-Pfalz (2004/2018): Schulgesetz (SchulG) vom 30. März 2004, zuletzt geändert durch Artikel 6 des Gesetzes vom 19.12.2018 (GVBl. S. 463). http://landesrecht.rlp.de/jportal/portal/t/q26/page/bsrlpprod.psml?showdoccase=1&doc.id=jlr-SchulGRP2004rahmen&doc.part=X (Zugriff: 01.12.2019).

Ministerium der Justiz Saarland (1965/2016): Gesetz Nr. 812 zur Ordnung des Schulwesens im Saarland (Schulordnungsgesetz SchoG) vom 5. Mai 1965 [1] in der Fassung der Bekanntmachung vom 21. August 1996 (Amtsbl. S. 846, ber. 1997 S. 147). http://sl.juris.de/cgi-bin/landesrecht.py?d=http://sl.juris.de/sl/gesamt/SchulOG_SL.htm#SchulOG_SL_rahmen (Zugriff: 01.12.2019).

Ministerium für Inneres und Europa Mecklenburg-Vorpommern (2010/2018): Schulgesetz für das Land Mecklenburg-Vorpommern (Schulgesetz – SchulG M-V) in der Fassung der Bekanntmachung vom 10. September 2010. letzte berücksichtigte Änderung: § 128a angepasst durch Bekanntmachung vom 29. Mai 2018 (GVOBl. M-V S. 210) http://www.landesrecht-mv.de/jportal/portal/page/bsmvprod.psml?showdoccase=1&doc.id=jlr-SchulGMV2010rahmen&doc.part=X&doc.origin=bs&st=lr (Zugriff: 01.12.2019).

Ministerium für Schule und Bildung des Landes Nordrhein-Westfalen (2005/2018): Schulgesetz für das Land Nordrhein-Westfalen (Schulgesetz NRW – SchulG) vom 15. Februar 2005 (GV. NRW. S. 102), zuletzt geändert durch Gesetz vom 21. Juli 2018 (SGV. NRW. 223). https://bass.schul-welt.de/6043.htm (Zugriff: 01.12.2019).

Ministerium für Schule und Bildung des Landes Nordrhein-Westfalen (2014a): Kernlehrplan für die Sekundarstufe II. Gymnasien/Gesamtschulen in Nordrhein-Westfalen. https://www.schulentwicklung.nrw.de/lehrplaene/lehrplan/139/KLP_GOSt_Spanisch.pdf (Zugriff: 01.12. 2019).

Ministerium für Schule und Bildung des Landes Nordrhein-Westfalen (2014b): Mündliche Prüfungen in den modernen Fremdsprachen in der gymnasialen Oberstufe. Handreichung. https://www.standardsicherung.schulministerium.nrw.de/cms/upload/angebote/muendliche_kompetenzen/docs/1503_Handreichung_Muendliche_Pruefungen.pdf (Zugriff: 01.12. 2019).

Ministerium für Schule und Bildung des Landes Nordrhein-Westfalen (2017): Bewertung der sprachlichen Leistung / Darstellungsleistung. Englisch, Französisch, Spanisch, Italienisch, Russisch, Niederländisch, Türkisch, Portugiesisch, Neugriechisch. Ab Abitur 2017. https://www.standardsicherung.schulministerium.nrw.de/cms/zentralabitur-gost/faecher/getfile.php?file=4779 (Zugriff: 01.12.2019).

Ministerium für Schule und Bildung des Landes Nordrhein-Westfalen (2019a): Kernlehrplan für die Sekundarstufe I Gymnasium. Online-Fassung Inkraftsetzung 23.06.2019. https://www.schulentwicklung.nrw.de/lehrplaene/lehrplan/209/3416_Spanisch.pdf (Zugriff: 01.12.2019).

Ministerium für Schule und Bildung des Landes Nordrhein-Westfalen (2019b): Medienkompetenzrahmen NRW. https://www.schulministerium.nrw.de/docs/Schulsystem/Medien/Medienkompetenzrahmen/index.html (Zugriff: 01.12.2019).

Möller-Frorath, Monika (2016): Expresión escrita. In: Brinitzer, Michaela/Hantschel, Hans-Jürgen/Kroemer, Sandra/Mateos Ortega, Yolanda/Möller-Frorath, Monika/Pérez, Noema/Ros, Lourdes (Hrsg.): Enseñar español. Conocimientos básicos de didáctica Español como lengua extranjera. Stuttgart, S. 35–48.

Montiel Alafont, Francisco J./Vatter, Christoph/Zapf, Elke Ch. (2014): Interkulturelle Kompetenz. Spanisch. Stuttgart/Leipzig.

Moreno Fernández, Francisco (2007): ¿Qué español enseñar?. Madrid.

Moreno Fernández, Francisco (2010): Las variedades de la lengua española y su enseñanza. Madrid.

Moreno Fernández, Francisco (2014): Qué español hablar – qué español enseñar. In: Hispanorama, H. 145, S. 52–60.

Müller-Hartmann, Andreas (2016): Die Fachdidaktik im Spannungsfeld der Bezugswissenschaften. In: Haß, Frank (Hrsg.): Fachdidaktik Englisch: Tradition, Innovation, Praxis. Stuttgart, S. 14–20.

Müller-Lancé, J. (2001): Thesen zur Zukunft des Lateinunterrichts – aus der Sicht eines Linguisten. In: Forum Classicum, H. 2, S. 100–106.

Müller, Katharina/Rohling, Bettina (2016): Referendariat Spanisch. Kompaktwissen für Berufseinstieg und Examensvorbereitung. Berlin.

Münnich, Udo A. (1969): Zehn Regeln für den Tafelanschrieb im Sprachunterricht. In: Die Unterrichtspraxis / Teaching German 2, H. 1, S. 30–33.

Neuner, Gerhard (2003): Lehrwerke. In: Bausch, Karl-Richard/Christ, Herbert/Krumm, Hans-Jürgen (Hrsg.): Handbuch Fremdsprachenunterricht. Tübingen, S. 399–402.

Neveling, Christiane (2000): Hörverstehen im Fremdsprachenunterricht: Psycholinguistische Grundsatzüberlegungen. In: Praxis des neusprachlichen Unterrichts 47, H. 1, S. 3–9.

Neveling, Christiane (2004): Wörterlernen mit Wörternetzen – eine kognitiv-affektive Strategie. In: Börner, Wolfgang/Vogel, Klaus (Hrsg.): Emotion und Kognition im Fremdsprachenunterricht. Tübingen, S. 190–216.

Neveling, Christiane (2006): Leichter Französisch lernen durch Latein? In: französisch heute 37, H. 1, S. 36–46. [endgültige Fassung unter: http://home.uni-leipzig.de/didakrom/old/pdf/Latein-Artikel_Neveling.pdf (Zugriff: 01.12.2019).]

Neveling, Christiane/Hoyer, Bettina/Zausch, Alexandra (2012): Unterrichtsverfahren zur Förderung der Sprechkompetenzen. In: französisch heute 43, H. 3, S. 107–115.

Nieweler, Andreas (2000): Sprachenlernen mit dem Lehrwerk – Thesen zur Lehrbucharbeit im Fremdsprachenunterricht. In: Fery, Renate/Raddatz, Volker (Hrsg.): Lehrwerke und ihre Alternativen. Frankfurt a. M., S. 13–19.

Nieweler, Andreas (2005a): Korrigieren und Berichtigen: Lernerorientierter Umgang mit schriftlichen Arbeiten. In: Der Fremdsprachliche Unterricht Französisch, H. 78, S. 2–6.

Nieweler, Andreas (2005b): Dem Fehlervirus auf der Spur: Ein Immunsystem gegen Fehler aufbauen. In: Der Fremdsprachliche Unterricht Französisch, H. 78, S. 32–36.

Nieweler, Andreas (2005c): Wie entstehen Lehrwerke? In: französisch heute, H. 2, S. 124–133.

Nieweler, Andreas (2013): Die Arbeit mit literarischen Texten. In: Der Fremdsprachliche Unterricht Französisch, H. 126, S. 22–25.

Nieweler, Andreas (2017a): Inhaltsorientierung. In: Surkamp, Carola (Hrsg.): Metzler Lexikon Fremdsprachendidaktik: Ansätze – Methoden – Grundbegriffe. Stuttgart, S. 138–139.

Nieweler, Andreas (2017b): Lernziel. In: Surkamp, Carola (Hrsg.): Metzler Lexikon Fremdsprachendidaktik: Ansätze – Methoden – Grundbegriffe. Stuttgart, S. 226–227.

Nieweler, Andreas (2017c): Sachtexte und Gebrauchstexte. In Nieweler, Andreas (Hrsg.): Fachdidaktik Französisch: Das Handbuch für Theorie und Praxis. Stuttgart, S. 217–219.

Nold, Günter/Rossa, Henning u. a. (2017): Hörsehverstehen. In: Tesch, Bernd/von Hammerstein, Xenia/Stanat, Petra/Rossa, Henning (Hrsg.): Bildungsstandards aktuell: Englisch / Französisch in der Sekundarstufe II. Braunschweig, S. 100–119.

Nünning, Ansgar (2017a): Literaturwissenschaft. In: Surkamp, Carola (Hrsg.): Metzler Lexikon Fremdsprachendidaktik: Ansätze – Methoden – Grundbegriffe. Stuttgart, S. 237–239.

Nünning, Ansgar (2017b): Kulturwissenschaft. In: Surkamp, Carola (Hrsg.): Metzler Lexikon Fremdsprachendidaktik: Ansätze – Methoden – Grundbegriffe. Stuttgart, S. 184–186.

Nunan, David (1989): Designing tasks for the communicative classroom. Cambridge.

Nuñez Villaveirán, Luis (2018): Las jirafas del zoo se quedan sin disfrutar de la nieve. https://www.elmundo.es/madrid/2018/02/05/5a78616d268e3ed1608b45ff.html (Zugriff: 01.12.2019).

Paefgen, Elisabeth K. (2006): Einführung in die Literaturdidaktik. Stuttgart.

Peppel, Henning (2017): Das ‚Bödetchen' im Spanischunterricht: Mit Schülern das [r] ins Rollen bringen. In: Der Fremdsprachliche Unterricht Spanisch, H. 58, S. 21–26.

Pfeiffer, Alexander (2013): Was ist eine sinnvolle Sprachmittlungsaufgabe? Ein Instrument zur Evaluation und Erstellung von Aufgaben für den Fremdsprachenunterricht. In: Reimann, Daniel/Rössler, Andrea (Hrsg.): Sprachmittlung im Fremdsprachenunterricht. Tübingen, S. 44–64.

Philipp, Elke/Rauch, Kerstin (2010): Verständigung im Austausch: Grundlagen, Bedeutung und Potenzial von Sprachmittlung. In: Der Fremdsprachliche Unterricht Französisch, H. 108, S. 2–7.

Pienemann, Manfred (1998): Language processing and second language development. Processability Theory. Amsterdam/Philadelphia.

Piepho, Hans-Eberhard (1998): Schreiben – eine Kulturtechnik zwischen Konvention und Kreativität. In: Fremdsprachenunterricht 41/51, H. 1, S. 8–10.

PISA-Konsortium (Hrsg.) (2004): PISA 2003: Ergebnisse des zweiten internationalen Vergleichs – Zusammenfassung. http://archiv.ipn.uni-kiel.de/PISA/Zusammenfassung_2003.pdf (Zugriff: 01.12.2019).

Plikat, Jochen (2012): *Hable con ellos*. Sprechkompetenz im Spanischunterricht gezielt fördern. In: Der Fremdsprachliche Unterricht Spanisch, H. 39, S. 4–9.

Plikat, Jochen (2017a): Plurimethodische Ansätze. In: Grünewald, Andreas/Küster, Lutz (Hrsg.): Fachdidaktik Spanisch: Handbuch für Theorie und Praxis. Stuttgart, S. 119–130.

Plikat, Jochen (2017b): Gegenwärtige Leitkonzepte. In: Grünewald, Andreas/Küster, Lutz (Hrsg.): Fachdidaktik Spanisch: Handbuch für Theorie und Praxis. Stuttgart, S. 131–150.

Polleti, Alex (2001): *Mon Dieu! Qu'est-ce qu'ils faisent?* Von kapitalen Böcken und ihrer Erlegung. In: Der Fremdsprachliche Unterricht Französisch, H. 52, S. 4–13.

Polzin-Haumann, Claudia (2005): Zwischen *unidad* und *diversidad* – Sprachliche Variation und sprachliche Identität im hispanophonen Raum. In: Romanistisches Jahrbuch 56, S. 271–295.

Prahbu, N. S. (1990): There Is No Best Method – Why? In: TESOL Quarterly 24, H. 2, S. 161–176.

Preckel, Franzis/Vock, Miriam (2013): Hochbegabung. Ein Lehrbuch zu Grundlagen, Diagnostik und Fördermöglichkeiten. Göttingen.

Pukrop, Andrea (2016): Quizlet: Mit Spaß (nicht nur) Vokabeln lernen. In: Praxis Fremdsprachenunterricht Russisch, H. 2, S. 12.

QUA-LiS = Qualitäts- und UnterstützungsAgentur – Landesinstitut für Schule (2015): Korrekturzeichen und Hinweise zu Korrektur von Klausuren – Spanisch https://www.standardsicherung.schulministerium.nrw.de/cms/zentralabitur-gost/faecher/fach.php?fach=32 (Zugriff: 01.12.2019).

Quandt, Karin (2005): Der Lernordner: Eine andere Form der Berichtigung. In: Der Fremdsprachliche Unterricht Französisch, H. 78, S. 12–15.

Quetz, Jürgen (2007): Standards und Kompetenzentwicklung in Fremd- und Zweitsprachen: Der Gemeinsame europäische Referenzrahmen für Sprachen und das Europäische Sprachenportfolio. In: Reich, Hans H./Roth, Hans-Joachim/Neumann, Ursula (Hrsg.): Sprachdiagnostik im Lernprozess. Verfahren zur Analyse von Sprachständen im Kontext von Zweisprachigkeit. Münster, S. 43–54.

Raabe, Horst (1998): Lernstrategien (nicht nur) im Französischunterricht. In: Der Fremdsprachliche Unterricht Französisch, H. 34, S. 4–10.

Raabe, Horst (2005): „Wieviel Grammatik braucht der Mensch?“ – Reflexionen aus Praxis und Forschung. In: Duxa, Susanne/Hu, Adelheid/Schmenk, Barbara (Hrsg.): Grenzen überschreiten: Menschen, Sprachen, Kulturen. Festschrift für Inge Christine Schwerdtfeger zum 60. Geburtstag. Tübingen, S. 269–284.

Radatz, Hans-Ingo (2016): Von der Zusammenarbeit zwischen Linguistik und Fachdidaktik: Plädoyer für eine phänomenologische Linguistik mit didaktischem Aha-Effekt. In: Robles i Sabater, Ferran/Reimann, Daniel/Sánchez Prieto, Raúl (Hrsg.): Sprachdidaktik Spanisch – Deutsch: Forschungen an der Schnittstelle von Linguistik und Fremdsprachendidaktik. Tübingen, S. 7–21.

Raeth, Christiane (2017): La ERRE: Tipps aus der Logopädie-Praxis. In: Der Fremdsprachliche Unterricht Spanisch, H. 58, S. 11–15.

Rampillon, Ute (2003): Autonomes Fremdsprachenlernen – Wege zu einer veränderten Lernkultur. In: Der Fremdsprachliche Unterricht Englisch, H. 6, S. 4–11.

Raupach, Manfred (2009): Zur Einführung in den Themenschwerpunkt. In: Fremdsprachen Lehren und Lernen, H. 38, S. 3–17.

Reder, Anna (2016): Wörterbücher und digitale Tools als Ratgeber bei der Kollokatorsuche. In: Beiträge zur Fremdsprachenvermittlung, H. 58, S. 18–30.

Reichart, Elisabeth/Huntemann, Hella/Lux, Thomas (2018): Volkshochschul-Statistik: 56. Folge, Arbeitsjahr 2017. Bielefeld. https://www.die-bonn.de/doks/2018-volkshochschule-01.pdf (Zugriff: 20.08.2018).

Reimann, Daniel (2013a): Evaluation mündlicher Sprachmittlungskompetenz. Entwicklung von Deskriptoren auf translationswissenschaftlicher Grundlage. In: Reimann, Daniel/Rössler, Andrea (Hrsg.): Sprachmittlung im Unterricht der romanischen Sprachen. Tübingen, S. 194–226.

Reimann, Daniel (2013b): Mündliche Sprachmittlung im Spanischunterricht. In: Der Fremdsprachliche Unterricht Spanisch, H. 43, S. 4–11.

Reimann, Daniel (2016a): Aussprache im Unterricht der romanischen Sprachen. Eine Einführung. Berlin.

Reimann, Daniel (2016b): Sprachmittlung – theoretisch und praktisch. In: Bär, Marcus/Franke, Manuela (Hrsg.): Spanischdidaktik: Praxishandbuch für die Sekundarstufe I und II. Berlin, S. 52–60 und S. 233–237.

Reimann, Daniel (2017): Multilinguale Sprachmittlung: Herkunftssprachen in den Spanischunterricht integrieren (Beispiel: Griechisch). In: Hispanorama, H. 158, S. 30–36.

Reimann, Daniel (2018): Fremdsprachenforschung in Deutschland im Spannungsfeld zwischen Philologie und Schulpraxis – Geschichte, Gegenwart und Perspektiven unter besonderer Berücksichtigung der romanischen Sprachen. In: Revista de Estudos Alemães, H. 7, S. 120–168.

Reimann, Daniel/Siems, Maren (2015): Herkunftssprachen im Spanischunterricht: Sprachmittlung Spanisch – Türkisch – Deutsch. In: Der Fremdsprachliche Unterricht Spanisch, H. 51, S. 33–43.

Reinfried, Marcus (2001): Neokommunikativer Fremdsprachenunterricht: ein neues methodisches Paradigma. In: Meißner, Franz-Joseph/Reinfried, Marcus (Hrsg.): Bausteine für einen neokommunikativen Französischunterricht. Lernerzentrierung, Ganzheitlichkeit, Handlungsorientierung, Interkulturalität, Mehrsprachigkeitsdidaktik. Tübingen, S. 1–20.

Reinfried, Marcus (2008): Der Unterricht des Französischen in Deutschland. In: Kolboom, Ingo/Kotschi, Thomas/Reichel, Edward (Hrsg.): Handbuch Französisch. Sprache, Literatur, Kultur, Gesellschaft. Für Studium, Lehre, Praxis. Berlin, S. 148–159.

Reinfried, Marcus (2013): Audio-visual language teaching. In: Byram, Michael/Hu, Adelheid (Hrsg.): Routledge Encyclopedia of Language Teaching and Learning. London/New York, S. 67–70.

Reinfried, Marcus (2017a): Fachdidaktik Französisch und ihre Bezugswissenschaften. In: Nieweler, Andreas (Hrsg.): Fachdidaktik Französisch: Das Handbuch für Theorie und Praxis. Stuttgart, S. 64–67.

Reinfried, Marcus (2017b): Ein Rückblick auf die ‚großen' Methoden des Fremdsprachenunterrichts. In: Nieweler, Andreas (Hrsg.): Fachdidaktik Französisch: Das Handbuch für Theorie und Praxis. Stuttgart, S. 68–73.

Reinfried, Marcus (2017c): Didaktisch-methodische Prinzipien heute. In: Nieweler, Andreas (Hrsg.): Fachdidaktik Französisch: Das Handbuch für Theorie und Praxis. Stuttgart, S. 74–84.

Reinfried, Marcus (2017d): Wortschatzarbeit. In: Nieweler, Andreas (Hrsg.): Fachdidaktik Französisch: Das Handbuch für Theorie und Praxis. Stuttgart, S. 176–191.

Reinfried, Marcus/Volkmann, Laurenz (2012): Medien im neokommunikativen Fremdsprachenunterricht: Einsatzformen und Nutzungsmöglichkeiten. In: dies. (Hrsg.): Medien im neokommunikativen Fremdsprachenunterricht. Frankfurt a. M., S. 9–39.

Ribas Moliné, Rosa/d'Aquino Hilt, Alessandra (2004): ¿Cómo corregir errores y no equivocarse en el intento? Técnicas de corrección prática para la clase de español como lengua extranjera; libro de referencia para profesores y futuros profesores. Madrid.

Riemer, Claudia (2013): Empirische Unterrichtsforschung und *Action research*. In: Hallet, Wolfgang/Königs, Frank G. (Hrsg.): Handbuch Fremdsprachendidaktik. Seelze, S. 359–363.

Riemer, Claudia (2014): Forschungsmethodologie Deutsch als Fremd- und Zweitsprache. In: Settinieri, Julia/Demirkaya, Sevilen/Feldmeier, Alexis/Gültekin-Karakoc, Nazan/Riemer, Claudia (Hrsg.): Empirische Forschungsmethoden für Deutsch als Fremd- und Zweitsprache: Eine Einführung. Paderborn, S. 15–31.

Rösler, Dietmar (2015): Übersetzen und Übersetzungen als sprachdidaktische und kulturkundliche Herausforderungen für den Fremdsprachenunterricht. In: Hoffmann, Sabine/Stork, Antje (Hrsg.): Lernerorientierte Fremdsprachenforschung und -didaktik. Festschrift für Frank G. Königs zum 60. Geburtstag. Tübingen, S. 247–258.

Rössler, Andrea (2007): Standards ohne Stoff? Anmerkungen zum Verschwinden bildungsrelevanter Inhalte aus den curricularen Vorgaben für den Französisch- und Spanischunterricht. In: Beiträge zur Fremdsprachenvermittlung 46, S. 3–20.

Rössler Andrea (2009a): Damit ein Wort das andere gibt: Erfolgreich spanische Wörter lernen. In: Der Fremdsprachliche Unterricht Spanisch, H. 27, S. 4–14.

Rössler, Andrea (2009b): Strategisch sprachmitteln im Spanischunterricht. In: Fremdsprachen Lehren und Lernen, H. 38, S. 158–174.

Rössler, Andrea (2009c): Überraschende Begegnungen der kurzen Art: Zum Einsatz von Kurzspielfilmen im Fremdsprachenunterricht. In: Leitzke-Ungerer, Eva (Hrsg.): Film im Fremdsprachenunterricht: Literarische Stoffe, interkulturelle Ziele, mediale Wirkung. Stuttgart, S. 309–326.

Roncel Vega, Victor M. (2007): Aprende–le: Inventario de Estrategias de Aprendizaje para la Lengua Española. In: redELE, H. 9: https://www.educacionyfp.gob.es/dam/jcr:90c01f73-a493-4fd8-ab66-35c52dddc235/2007-redele-9-07roncel-pdf.pdf (Zugriff: 01.12.2019).

Rossa, Henning/Meißner, Franz-Joseph (2017): Hörverstehen. In: Tesch, Bernd/von Hammerstein, Xenia/Stanat, Petra/Rossa, Henning (Hrsg.): Bildungsstandards aktuell: Englisch/Französisch in der Sekundarstufe II. Braunschweig, S. 84–99.

Sächsische Staatskanzlei (2018): Sächsisches Schulgesetz in der Fassung der Bekanntmachung vom 27. September 2018 (SächsGVBl. S. 648), das durch Artikel 14 des Gesetzes vom 14. Dezember 2018 (SächsGVBl. S. 782) geändert worden ist. https://www.recht.sachsen.de/vorschrift/4192 (Zugriff: 01.12.2019).

Schaumburg, Heike/Prasse, Doreen (2019): Medien und Schule. Bad Heilbrunn.

Schiffler, Ludger (1993): Omniumkontakt – nach jeder Einführung. Eine neue interaktive Phase der Sprachverarbeitung. In: Praxis des neusprachlichen Unterrichts 40, H. 3, S. 238–243.

Schlaak, Claudia (2015): Fremdsprachendidaktik und Inklusionspädagogik: Herausforderungen im Kontext von Migration und Mehrsprachigkeit. Stuttgart.

Schmelter, Lars (2010a): Fachwissenschaftliche und fachdidaktische Überlegungen zum Interkulturellen Lernen: Fachdidaktische Dimension. In: Leupold, Eynar/Krämer, Ulrich (Hrsg.): Französischunterricht als Ort interkulturellen Lernens. Seelze, S. 30–38.

Schmelter, Lars (2010b): Fachwissenschaftliche und fachdidaktische Überlegungen zum Interkulturellen Lernen: Auswahl der Inhalte. In: Leupold, Eynar/Krämer, Ulrich (Hrsg.): Französischunterricht als Ort interkulturellen Lernens. Seelze, S. 45–52.

Schmelter, Lars (2014): Gütekriterien. In: Settinieri, Julia/Demirkaya, Sevilen/Feldmeier, Alexis/Gültekin-Karakoc, Nazan/Riemer, Claudia (Hrsg.): Empirische Forschungsmethoden für Deutsch als Fremd- und Zweitsprache: Eine Einführung. Paderborn, S. 33–45.

Schmenk, Barbara (2009): Kulturelle und soziale Aspekte von Lernstrategien und individuellem Strategiegebrauch. In: Fremdsprachen Lehren und Lernen, H. 38, S. 70–88.

Schmenk, Barbara (2015): Eine sonderbare Spezies: Fremdsprachendidaktik. Eine (?) Disziplin (?) an den Schnittstellen von akademischen, bildungspolitischen, gesellschaftlichen und erzieherischen Forschungs- und Wirkungsfeldern. In: Doff, Sabine/Grünewald, Andreas (Hrsg.): WECHSEL-Jahre? Wandel und Wirken in der Fremdsprachenforschung. Trier, S. 5–15.

Schmenk, Barbara (2016): Geschlecht. In: Burwitz-Melzer, Eva/Mehlhorn, Grit/Riemer, Claudia/Bausch, Karl-Richard/Krumm, Hans-Jürgen (Hrsg.): Handbuch Fremdsprachenunterricht. Tübingen, S. 254–257.

Schmenk, Barbara (2017): Individualisierung. In: Surkamp, Carola (Hrsg.): Metzler Lexikon Fremdsprachendidaktik: Ansätze – Methoden – Grundbegriffe. Stuttgart, S. 136–137.

Schmidt, Torben/Würffel, Nicola (2018): Digitalisierung und Differenzierung: Zur Einführung in den Themenschwerpunkt. In: Fremdsprachen Lehren und Lernen 47, H. 2, S. 3–7.

Schocker-von Ditfurth, Marita (2001): Forschendes Lernen in der fremdsprachlichen Lehrerbildung. Tübingen.

Schramm, Karen (2009): Sprachlernstrategieplakate. In: Fremdsprachen Lehren und Lernen, H. 38, S. 107–122.

Schröder, Konrad/Tesch, Bernd/Nold, Günter u. a. (2017): Kompetenzen und Bildung. In: Tesch, Bernd/von Hammerstein, Xenia/Stanat, Petra/Rossa, Henning (Hrsg.): Bildungsstandards aktuell: Englisch / Französisch in der Sekundarstufe II. Braunschweig, S. 14–24.

Schröder, Konrad/Nold, Günter/Tesch, Bernd u. a. (2017): Schreiben. In: Tesch, Bernd/von Hammerstein, Xenia/Stanat, Petra/Rossa, Henning (Hrsg.): Bildungsstandards aktuell: Englisch / Französisch in der Sekundarstufe II. Braunschweig, S. 140–158.

Schule und Recht in Niedersachsen (1998/2018): Niedersächsisches Schulgesetz (NSchG) in der Fassung vom 3. März 1998, zuletzt geändert wurde Art. 15 des Gesetzes vom 16.5.2018. http://www.schure.de/2241001/nschg.htm (Zugriff: 01.12.2019).

Schulte-Melchior, Ralph (2009): Sachtexte lesen im Fach Französisch. In: Studienseminar Koblenz (Hrsg.): Sachtexte lesen im Fachunterricht der Sekundarstufe. Seelze, S. 162–177.

Schulz von Thun, Friedemann (1981/2011): Miteinander reden. Bd 1: Störungen und Klärungen. Allgemeine Psychologie der Kommunikation. Reinbek bei Hamburg.

Schumann, Adelheid (2000): Der kulturwissenschaftliche Ansatz der Landeskunde und seine Auswirkungen auf den Französischunterricht. In: Fremdsprachen und Hochschule, H. 58, S. 7–18.

Schumann, Adelheid (2008): Stereotypen im Französischunterricht. Kulturwissenschaftliche und fachdidaktische Grundlagen. In: Schumann, Adelheid/Steinbrügge, Lieselotte (Hrsg.): Didaktische Transformation und Konstruktion. Zum Verhältnis von Fachwissenschaft und Fremdsprachendidaktik in der Romanistik. Frankfurt a. M., S. 113–130.

Schumann, Adelheid (2009): Förderung interkultureller Bildung und Kompetenzen. In: Grünewald, Andreas/Küster, Lutz (Hrsg.): Fachdidaktik Spanisch. Stuttgart, S. 213–225.

Schumann, Adelheid/Steinbrügge, Lieselotte (Hrsg.) (2008): Didaktische Transformation und Konstruktion: Zum Verhältnis von Fachwissenschaft und Fremdsprachendidaktik. Frankfurt a. M.

Schwarz, Theresa (2018): Spanischunterricht zugunsten von LegasthenikerInnen. In: Hispanorama, H. 159, S. 74–79.

SECo = Sächsisches E-Competence Zertifikat/Döring, Sandra (2010): Formulierung von Lernzielen: Didaktische Handreichung. https://tu-dresden.de/mz/ressourcen/dateien/services/e_learning/didaktische-handreichung-formulierung-von-lernzielen-aus-dem-projekt-seco?lang=de (Zugriff: 01.12.2019).

Segermann, Krista/Wicher, Oliver (2016): Fehlerprophylaxe durch Schulung des lexiko-grammatischen Strukturbewusstseins im Französischunterricht. In: Bürgel, Christoph/Siepmann, Dirk (Hrsg.): Sprachwissenschaft und Fremdsprachendidaktik: Zum Verhältnis von sprachlichen Mitteln und Kompetenzentwicklung. Baltmannsweiler, S. 45–75.

Selinker, Larry (1972): Interlanguage. In: International Review of Applied Linguistics 10, H. 3, S. 31–54.

Sellin, Katrin (2008): Wenn Kinder mit Legasthenie Fremdsprachen lernen. München.

Senat der Hansestadt Hamburg (1997/2018): Hamburgisches Schulgesetz (HmbSG) vom 16. April 1997. letzte berücksichtigte Änderung: mehrfach geändert durch Gesetz vom 31. August 2018 (HmbGVBl. S. 280) http://www.landesrecht-hamburg.de/jportal/portal/page/bshaprod.psml?showdoccase=1&doc.id=jlr-SchulGHArahmen&st=lr (Zugriff: 01.12.2019).

Siepmann, Dirk (2007): Wortschatz und Grammatik: zusammenbringen, was zusammengehört. In: Beiträge zur Fremdsprachenvermittlung, H. 46, S. 59–80.

Siepmann, Dirk (2013): Sprachmitteln im Fremdsprachenunterricht: Eine kritische Bestandsaufnahme aus übersetzungswissenschaftlicher Sicht und Vorschläge für eine verbesserte Praxis. In: Bürgel, Christoph/Siepmann, Dirk (Hrsg.): Sprachwissenschaft – Fremdsprachendidaktik: Neue Impulse. Baltmannsweiler, S. 189–208.

Sinner, Carsten/Bahr, Christian (2015): Reflexionen über didaktische Materialien zur Sprachmittlung im Fremdsprachenunterricht. Das Beispiel von ‚Kommunikativ stark – Sprachmittlung Spanisch' (Schöpp/Rojas Riether 2014). In: Hispanorama, H. 150, S. 77–85.

Sommerfeldt, Kathrin (2017): Literatur behandeln. In: dies. (Hrsg.): Spanisch Methodik: Handbuch für die Sekundarstufe I und II. Berlin, S. 151–174.

Spinner, Kaspar (2006): Literarisches Lernen. In: Praxis Deutsch, H. 200, S. 6–16.

Sprenger, Cathrin (2017): Forschendes Lernen. In: Surkamp, Carola (Hrsg.): Metzler Lexikon Fremdsprachendidaktik: Ansätze – Methoden – Grundbegriffe. Stuttgart, S. 79–80.

Staatsinstitut für Schulqualität und Bildungsforschung München (2008): Pädagogisch diagnostizieren im Schulalltag. www.isb.bayern.de/download/7409/paedagogisch_diagnostizieren.pdf (Zugriff: 01.12.2019).

Statistisches Bundesamt (2007): Bildung und Kultur – Allgemeinbildende Schulen. Schuljahr 2006/07. https://www.destatis.de/GPStatistik/receive/DESerie_serie_00000110 (Zugriff: 01.12.2019).

Statistisches Bundesamt (2012): Bildung und Kultur – Allgemeinbildende Schulen. Schuljahr 2011/12. https://www.destatis.de/GPStatistik/receive/DESerie_serie_00000110 (Zugriff: 01.12.2019).

Statistisches Bundesamt (2019): Bildung und Kultur – Allgemeinbildende Schulen. Schuljahr 2018/19. https://www.destatis.de/DE/Themen/Gesellschaft-Umwelt/Bildung-Forschung-Kultur/Schulen/_inhalt.html (Zugriff: 01.12.2019).

Stein, Achim (2010): Einführung in die französische Sprachwissenschaft. Stuttgart, Weimar.

Steinbrügge, Lieselotte (2008): Didaktische Transformationen: Fremdsprachendidaktik zwischen Unterrichtspraxis und philologischer Wissenschaft. In: Schumann, Adelheid/Steinbrügge, Lieselotte (Hrsg.): Didaktische Transformation und Konstruktion: Zum Verhältnis von Fachwissenschaft und Fremdsprachendidaktik. Frankfurt a. M., S. 13–21.

Steinbrügge, Lieselotte (2016): Fremdsprache Literatur: Literarische Texte im Fremdsprachenunterricht. Tübingen.

Sternberg, Robert J. (1995): A triarchic approach to giftedness (Research Monograph 95126). Storrs: The National Research Center on the Gifted and Talented. New Haven, Connecticut.

Steveker, Wolfgang (2016): Das Hör(seh)verstehen in Klassenarbeiten und Klausuren. In: Der Fremdsprachliche Unterricht Spanisch, H. 53, S. 30–35.

Steveker, Wolfgang/Goreczka-Hehl, Carolina/Gropper, Alexander/Reifenstein, Marit/Vila Baleato, Manuel/Weber, Gisela (2018): Encuentros hoy. Schülerbuch. Lehrwerk für Spanisch als dritte Fremdsprache. Berlin.

Stratenwerth, Dietrich (2016): Mutter Latein – keine falsche Freundin! In: Der altsprachliche Unterricht Latein 59, H. 1, S. 46–47.

Sunderland, Jane (2000): Issues of language and gender in second and foreign language education. In: Language Teaching 33, H. 4, S. 203–223.

Surkamp, Carola (2007): Handlungs-und Produktionsorientierung im fremdsprachlichen Literaturunterricht. In: Hallet, Wolfgang/Nünning, Ansgar (Hrsg.): Neue Ansätze und Konzepte der Literatur- und Kulturdidaktik. Trier, S. 89–108.

Surkamp, Carola (2012): Literarische Texte im kompetenzorientierten Fremdsprachenunterricht. In: Wolfgang Hallet/Ulrich Krämer (Hrsg.): Kompetenzaufgaben im Englischunterricht. Grundlagen und Unterrichtsbeispiele. Seelze, S. 77–90.

Tesch, Bernd/Nold, Günter u. a. (2017): Sprechen. In: Tesch, Bernd/von Hammerstein, Xenia/Stanat, Petra/Rossa, Henning (Hrsg.): Bildungsstandards aktuell: Englisch / Französisch in der Sekundarstufe II. Braunschweig, S. 159–178.

Thaler, Engelbert (2012): Englisch unterrichten: Grundlagen, Kompetenzen, Methoden. Berlin.

Thaler, Engelbert (2014): Lehrersprache. In: Praxis Fremdsprachenunterricht, H. 1, S. 15–16.

Thaler, Engelbert (2016): Hausaufgaben. In: Praxis Fremdsprachenunterricht, H. 2, S. 16.

The New London Group (1996): A Pedagogy of Multiliteracies: Designing Social futures. In: Harvard Educational Review 66, H. 1, S. 60–92. http://newarcproject.pbworks.com/f/Pedagogy+of+Multiliteracies_New+London+Group.pdf (Zugriff: 01.12.2019).

Timm, Johannes Peter (2009): Lernerorientierter Fremdsprachenunterricht: Förderung systemisch-konstruktiver Lernprozesse. In: Bach, Gerhard/Timm, Johannes-Peter (Hrsg.): Englischunterricht: Grundlagen und Methoden einer handlungsorientierten Unterrichtspraxis. Tübingen/Basel, S. 43–60.

Tinsley, Teresa/Board, Kathryn (2017): Languages for the future: The foreign languages the United Kingdom needs to become a truly global nation. https://www.britishcouncil.org/research-policy-insight/policy-reports/languages-future-2017 (Zugriff: 01.12.2019).

Tönshoff, Wolfgang (2009): Fortbildungsgegenstand ‚Strategien im Fremdsprachenunterricht': Inhalte, seminarmethodische Verfahren, Erfahrungen aus der Fortbildungspraxis. In: Fremdsprachen Lehren und Lernen, H. 38, S. 89–106.

Universidad de Murcia (o. J.) Guía de uso no sexista del vocabulario español. https://www.um.es/estructura/unidades/u-igualdad/recursos/guia-leng-no-sexista.pdf (Zugriff: 01.12.2019).

Universidad Politécnica de Madrid (o. J.): Manual de lenguaje no sexista en la Universidad. https://www.etsit.upm.es/fileadmin/documentos/igualdad/Guia_lenguaje_no_sexista._Unidad_de_igualdad_UPM.pdf (Zugriff: 12.08.2019).

Viebrock, Britta (2017): Lernertypen. In: Surkamp, Carola (Hrsg.): Metzler Lexikon Fremdsprachendidaktik: Ansätze – Methoden – Grundbegriffe. Stuttgart, S. 217–219.

Vogt, Katrin (2011): Pädagogische Diagnostik – Potentiale entdecken und fördern. http://www.bwpat.de/ht2011/ft11/vogt_ft11-ht2011.pdf (Zugriff: 01.12.2019).

Voigt, Burkhard (1998): Zur Geschichte des Spanischunterrichts in Deutschland. In: ders. (Hrsg.): Spanischunterricht heute: Beiträge zur spanischen Fachdidaktik. Bonn, S. 23–52.

Vollmer, Helmut Johannes u. a. (2017): Sprachbewusstheit. In: Tesch, Bernd/von Hammerstein, Xenia/Stanat, Petra/Rossa, Henning (Hrsg.): Bildungsstandards aktuell: Englisch / Französisch in der Sekundarstufe II. Braunschweig, S. 201–219.

Voss, Hermann (2012): Mündliche Klassenarbeiten und Prüfungen: Anforderungen und Formate zur Überprüfung der Sprechkompetenz. In: Der Fremdsprachliche Unterricht Französisch, H. 117, S. 2–8.

Voss, Hermann (2014): Wie Molière, Maupassant und Zola immer noch Schule machen. Stellenwert und Einsatzmöglichkeiten französischer „Klassiker" im kompetenzorientierten Unterricht. In: Der Fremdsprachliche Unterricht Französisch, H. 132, S. 2–8.

Vygotsky, Lev S. (1978): Mind in Society. Cambridge, Massachusetts.

Wacker, Albrecht (2008): Bildungsstandards als Steuerungselemente der Bildungsplanung: Eine empirische Studie zur Realschule in Baden-Württemberg. Bad Heilbrunn.

Weidemeyer, Helmuth (2014): Fremdsprachenlehrer aus Passion: Wie ich wurde, was ich war – und welchen Anteil die Fachdidaktik daran hatte. In: Fremdsprachen Lehren und Lernen 43, H. 1, S. 81–93.

Weinert, Franz E. (2001): Vergleichende Leistungsmessung in Schulen – eine umstrittene Selbstverständlichkeit. In: ders. (Hrsg.): Leistungsmessung in Schulen. Weinheim/Basel, S. 17–31.

Weinrich, Harald (1983): Literatur im Fremdsprachenunterricht – ja, aber mit Phantasie. In: Die Neueren Sprachen 82, H. 3, S. 200–216.

Welsch, Wolfgang (1999): Transkulturalität. In: Cesana, Andreas (Hrsg.): Interkulturalität – Grundprobleme der Kulturbegegnung. Mainz, S. 45–72.

Welsch, Wolfgang (2012): Was ist eigentlich Transkulturalität? In: Schahadat, Schamma/Kimmich, Dorothee (Hrsg.): Kulturen in Bewegung. Bielefeld, S. 25–40.

Wendt, Michael (1998): Fremdsprachenlernen ist konstruktiv. In: Der Fremdsprachliche Unterricht Französisch, H. 32, S. 4–11.

Wieland, Katharina (2016): Erkenntnisse aus Translationswissenschaft und -didaktik für die Entwicklung von Strategien und Techniken zur Sprachmittlung im Fremdsprachenunterricht. In: Fremdsprachen Lehren und Lernen 45, H. 2, S. 108–123.

Wieland, Katharina (2017): ‚Wenn du das nicht richtig mittelst, …' Dramapädagogische Verfahren zur Förderung von Sprachmittlung. In: Hispanorama, H. 155, S. 36–41.

Willis, Jane (1996): A Framework for Task-based Learning. London.

Wirtz-Kaltenberg, Petra (2012a): Eine mündliche Prüfung? – Was muss ich denn da alles können? Unterrichtliche Vorbereitung auf mündliche Prüfungen. In: Der Fremdsprachliche Unterricht Spanisch, H. 39, S. 51–54.

Wirtz-Kaltenberg, Petra (2012b): *¡Qué hablen español!* Ideen und Materialien zur Förderung der Zielsprache im Unterricht. In: Der Fremdsprachliche Unterricht Spanisch, H. 39, S. 10–16.

Wissenschaftsrat (2001): Empfehlungen zur zukünftigen Struktur der Lehrerausbildung. Berlin. www.wissenschaftsrat.de/download/archiv/5065-01.pdf (Zugriff: 01.12.2019).

Wlasak-Feik, Christine (2016): Evaluation mündlicher Leistungen in Klassenarbeiten: Praxistipps für Einsteiger. In: Der Fremdsprachliche Unterricht Spanisch, H. 53, S. 22–29.

Wolff, Dieter (2003a): Hören und Lesen als Interaktion: zur Prozesshaftigkeit der Sprachverarbeitung. In: Der Fremdsprachliche Unterricht Englisch, H. 64/65, S. 11–16.

Wolff, Dieter (2003b): Texte im Fremdsprachenunterricht: Plädoyer eines Sprachdidaktikers für die Arbeit mit literarischen Texten im Klassenzimmer. In: Abendroth-Timmer, Dagmar/Viebdrock, Britta/Wendt, Michael (Hrsg.): Text, Kontext und Fremdsprachenunterricht. Frankfurt a. M., S. 161–172.

Zerck, Katja/Bürgens, Gloria/Drüeke, Martin/Vidal García, María Dolores/ Vila Baleato, Manuel (2017): a_tope.com Nueva edición. Cuaderno de ejercicios. Berlin.

Zierer, Klaus (2018): Lernen 4.0: Pädagogik vor Technik: Möglichkeiten und Grenzen einer Digitalisierung im Bildungsbereich. Baltmannsweiler.

Zimmermann, Günther (1984): Erkundungen zur Praxis des Grammatikunterrichts. Frankfurt a. M.

Zimmermann, Klaus (2006): La selección de una variedad nacional como variedad principal para la enseñanza del español como lengua extranjera. In: Terborg, Roland/Garciá Landa, Laura (Hrsg.): Los retos de la planificación del lenguaje en el siglo XXI. Vol. 2. México, S. 565–590.

Zöfgen, Ekkehard (2013): Wörterbuchdidaktik. In: Hallet, Wolfgang/Königs, Frank G. (Hrsg.): Handbuch Fremdsprachendidaktik. Seelze, S. 107–111.

Zydatiß, Bettina (2017): „Unser Kind ist hochbegabt!“: Hochbegabung – Segen oder Fluch?! In: Praxis Fremdsprachenunterricht 14, H. 1, S. 5–6.

Zydatiß, Wolfgang/Klippel, Friederike (1998): Bestandsaufnahme zur Ausstattung der Fachdidaktiken in den fremdsprachlichen Fächern (geordnet nach Universitäten und wissenschaftlichen Hochschulen der einzelnen Bundesländer). In: Zydatiß, Wolfgang (Hrsg.): Fremdsprachenlehrerausbildung – Reform oder Konkurs. Berlin/München, S. 116–141.

Register

E

F

G

Z